SUDOKU

PUZZLE BOOK

This Book
Belongs To

_____

_____

_____

EASY TO MEDIUM

FOR ADULTS

TABLE OF CONTENTS

INSTRUCTIONS

Fill **each row, column, and 3x3 subgrid** with numbers from 1 to 9 without repeating any number.

Numbers can only appear **once in each row, column, and subgrid.**

Use logic and deduction to solve the puzzle **without guessing.**

Start by identifying numbers that must be in **certain positions based on the given numbers.**

Repeat the process of **elimination and deduction** until the puzzle is complete.

Puzzle 1 - Easy

6	7	4	8					3
8	9		6	5	3		4	
	1	5	7					6
9	6							
4	5			2			7	
7	2	1	5					
	8	9				1	3	
	3	6		8			2	
		7	1			9		

Puzzle 2 - Easy

9		2	5	3		6		
	6			1		2	7	
1			2		7			8
3				2		4		9
		7				3		
			3	4	1	8	2	
4	3		6					
	9					5		
6		5		2	9		8	

Puzzle 3 - Easy

	1				8	4		
	3	7	5	9		6	8	1
	8	9			4	2	7	
		5	2			3		
8			4					
				3		8	4	2
	5	4	8		1			3
								4
3	9	1	7	4				

Puzzle 4 - Easy

4		7	5	2				
1		5			8	3		
			4	1	9	5		8
3	5		6	4				
						9		
7			3			2		4
	3		1	5	4			
	6		2	3				9
				8		4	2	3

Puzzle 5 - Easy

9	7			6			5	8
1		3						
		8		9	7		1	
					5		2	3
3		2	8					
5			2					
4		6		5		8	7	
8	1	9		4	2			
7				8	3	1	4	

Puzzle 6 - Easy

3	5		6					
1			7	3	8			
	9		4			3		8
		1		2		4	5	9
	2	5					7	
	3	4			6	8	2	1
	1		9			7	8	
				5			3	
2	8	6		1			9	

Puzzle 7 - Easy

		4			7		1	8
		3		4	5	9		
7			8					6
1			7	3	9		4	
			5	8	4	1	6	9
		9				8		
6	7	5		1		3	2	4
4	3		2					
		8			3			

Puzzle 8 - Easy

7			6					2
	1						6	
3	9			8				
		7				6	4	8
		9		6	8	7		3
		2		7	3	9		1
	2	7			6	5		4
	3		9	5		2		
5		8	3	2	7			

Puzzle 9 - Easy

```
. 8 4 | . . . | 6 . .
. . 2 | . 9 . | . . 7
3 . . | . 8 . | 1 9 .
------+-------+------
. 4 . | . . 3 | 2 . 8
. 2 3 | 6 . 8 | 9 . 5
7 5 . | . 2 . | 3 4 6
------+-------+------
. . . | . 6 . | 8 . 9
. . . | 8 5 4 | . . 1
. 7 . | 2 . . | 6 . .
```

Puzzle 10 - Easy

```
. . . | 4 . . | . 6 3
. 4 . | 6 . . | 7 5 .
5 . . | . 2 . | . . .
------+-------+------
. 9 . | 5 . . | . . .
6 1 . | . . 2 | 4 . 5
4 . . | 7 . 9 | . . 6
------+-------+------
. . 6 | . 8 1 | . 3 .
3 . . | 9 . . | 4 8 7
2 . . | 4 3 . | 5 6 .
```

Puzzle 11 - Easy

```
3 6 8 | 1 . . | 7 . .
. 2 . | 8 . 5 | . 3 6
. . . | . . . | . 1 8
------+-------+------
. . 2 | 9 . . | . 7 .
4 3 . | . 5 . | . . .
7 8 . | . . 2 | . 9 .
------+-------+------
. . . | 4 . . | 8 . .
8 . 4 | 6 9 . | . 2 5
2 9 6 | 5 . 8 | . . 7
```

Puzzle 12 - Easy

```
. . . | 7 3 . | 5 6 4
. 7 6 | 8 . . | 2 3 .
5 . . | 6 2 . | . . .
------+-------+------
6 . 7 | . . . | 4 . .
3 . 9 | . 5 . | . 7 2
. . . | 3 7 2 | 6 1 9
------+-------+------
. . . | . . . | . . 6
9 . . | . 3 . | . . 7
7 5 . | 2 . 9 | 1 . .
```

Puzzle 13 - Easy

```
. 3 9 | 6 . 2 | . . .
. . 1 | . . 3 | . . 5
. 2 . | . . . | . 3 8
------+-------+------
. . . | . 9 3 | 8 6 .
9 . . | 1 3 . | . 4 2
3 4 2 | 5 . . | 7 . 9
------+-------+------
. . . | . . . | . . .
8 1 . | . 7 6 | . . .
2 7 . | 3 9 . | 6 . .
```

Puzzle 14 - Easy

```
7 . . | 8 6 . | 4 . 9
. . . | . . . | 1 7 3
. . . | . . . | . . 8
------+-------+------
9 . . | 3 7 . | . . 1
1 2 4 | . 8 . | . . .
. 7 . | . . 6 | 9 . 5
------+-------+------
. . 2 | 1 3 . | 6 . .
. . 1 | 6 . 8 | . . .
6 . 7 | 9 4 5 | . 1 2
```

Puzzle 15 - Easy

```
. 7 8 | 6 4 . | 5 . 1
1 . 4 | . . . | . . 7
5 . . | 8 . . | 4 . .
------+-------+------
. 2 8 | . 9 7 | . . 5
3 5 . | . 1 . | . . .
8 1 . | 5 7 . | . . .
------+-------+------
2 . . | . 8 6 | . . 4
4 . . | . 8 . | . . .
. 8 . | 9 5 4 | 1 . 2
```

Puzzle 16 - Easy

```
3 . 6 | . 5 7 | . . .
4 9 . | . . . | . . 3
2 5 . | . . 4 | 7 . .
------+-------+------
7 . 3 | 2 9 . | 5 . 8
6 . . | 4 7 5 | . . 1
5 4 . | 3 . 1 | . . .
------+-------+------
. . . | 5 . . | 9 3 4
. . 5 | . 4 9 | . . 7
. 4 . | . . . | . . .
```

Puzzle 17 - Easy

5	4			1		6	9	
			4	8		1	2	5
			3			7		8
	2	3	5	1		9		7
9			6					
		1		3		2	5	4
1				6				
				4		5		
6		2	5	7	8	4		

Puzzle 18 - Easy

	2		9		3	4	7	8
	8		2				1	6
		9	4	1			3	
2				7		6	5	
		8						9
9								
	9		1	2				3
4	3		7	8	6			
1		7				8	2	

Puzzle 19 - Easy

9				1				
5	4		6	9		2		
	3		4	7				
6	5				7			4
			1		8	7		5
7		3			9			
1	8		7					2
2	6	4						8
		9		8	6		4	1

Puzzle 20 - Easy

3			8			9		2
9			2	7		4	5	
	7			1				
	2			3				4
7	1	5		9	4	2		6
4	9		6			7	8	
			4	7	5		2	
8			2	6			1	
						5	4	

Puzzle 21 - Easy

7	2		8			5		
			8					
	9				3	8	4	
8			9		7			4
			5	3		9		
9	5	2		6				8
		9	6	7			2	1
5	6	7		4		3		9
2		4		9				

Puzzle 22 - Easy

	8			5	4			
5	7	9	6		8		1	3
6						8		
	6	3				7		
9	5	7				6		
					6	3	5	9
	6	1				2		
	2		7				6	8
7	9	1		6			3	

Puzzle 23 - Easy

		8	9	1				
	1	6		7		2	5	8
4	3						6	1
		4	5	3		8		
	9				7	3		
5		3	8	9		7	4	
			7	5			3	
			3	6	8	1		
		9			4	5		

Puzzle 24 - Easy

		3		8				
	2		9	3		8		
		8	5	2		3		1
	5		7		3	1	2	
				4		9		5
		1		9			7	
	7		3	1	6			8
4	1						3	9
	8	2		5	9	7		

Puzzle 25 - Easy

```
2 7 . | . 5 . | . 3 .
9 6 8 | . . . | . . .
3 . . | 9 . 6 | 8 1 7
------+-------+------
. . 9 | . . . | 8 . .
1 . . | . . 9 | 2 4 5
. . . | 8 4 . | . . 3
------+-------+------
6 . 4 | . . 2 | 9 . .
. . . | 7 9 4 | . . .
. 9 . | . 8 1 | 4 5 .
```

Puzzle 26 - Easy

```
1 . 4 | . 6 . | 9 8 5
. 7 . | . 9 . | 1 . .
8 9 . | . . . | . . 7
------+-------+------
. . . | 6 . . | 4 . .
9 . 3 | 4 8 . | 2 7 .
. . 5 | 7 . 9 | 8 . .
------+-------+------
4 . 8 | . . . | . . 1
. 2 . | . . 6 | 5 . 8
. . . | . . 2 | 7 9 4
```

Puzzle 27 - Easy

```
. 3 6 | . . 5 | . . 4
. . . | 3 1 . | . . .
. . 8 | 7 . 2 | . . .
------+-------+------
1 2 9 | 4 . 3 | 6 . 5
. 4 . | . . . | . . 3
8 . . | . . . | 4 9 .
------+-------+------
3 . . | 6 5 8 | . 7 1
. 6 1 | . . . | . 3 .
7 8 . | 9 3 1 | 5 . .
```

Puzzle 28 - Easy

```
. . 2 | . 8 5 | . . .
. 2 1 | . . . | 6 . 8
8 . 6 | . 4 . | . . .
------+-------+------
. . 1 | 4 9 . | 7 . 6
9 2 . | . . . | . . 3
. 7 4 | . . 2 | 9 . .
------+-------+------
. 3 9 | . . . | 8 5 .
. . . | 3 . 2 | . . .
2 9 8 | 5 1 . | . 6 7
```

Puzzle 29 - Easy

```
. 8 . | . . . | . . .
2 . . | . 5 . | 8 9 .
7 . 5 | . . . | 1 4 .
------+-------+------
9 . 7 | 1 . . | 2 . 6
. 4 . | 5 6 . | . . 7
. 6 . | 9 . . | 5 . .
------+-------+------
1 3 9 | . 8 7 | . . .
. . 8 | 6 9 4 | 3 7 .
4 . . | 6 3 . | . 2 .
```

Puzzle 30 - Easy

```
1 5 3 | 6 . . | . . .
2 . . | . 1 . | . 5 .
. . 9 | . . 3 | . 1 .
------+-------+------
4 . . | 1 9 2 | . 7 .
6 . 5 | 7 . . | . . 1
. 1 2 | 8 5 6 | 3 . .
------+-------+------
. . . | . . . | . . 7
9 . 4 | 2 . . | 5 3 8
. . 1 | 3 . 8 | 4 . .
```

Puzzle 31 - Easy

```
. . 2 | . 9 5 | . . .
. . 3 | 4 8 . | . 1 5
. . 7 | . 6 1 | . . .
------+-------+------
. 2 4 | 9 . . | 5 6 .
1 . 8 | . . 7 | 3 9 .
9 7 . | . . 4 | 2 . .
------+-------+------
5 . . | . 2 . | 6 7 9
. . . | . . 9 | 1 4 .
. 3 . | . 4 . | . 5 .
```

Puzzle 32 - Easy

```
2 6 . | 8 3 . | . . 5
. 8 . | 4 2 . | . 6 .
. 7 . | 6 5 . | . . .
------+-------+------
7 . . | 1 . . | 6 . .
5 . . | . 6 . | 1 . 9
. 9 6 | 2 8 5 | . . .
------+-------+------
3 5 . | . . . | . 4 .
8 4 . | . . 2 | 5 . 6
. . 9 | . . . | . 7 3
```

Puzzle 33 - Easy

```
. . . | . . . | . 1 .
. 4 6 | 2 . 7 | . . .
7 8 2 | 5 . . | . . 6
------+-------+------
. . . | 2 . 5 | . . .
. . 6 | . 9 8 | . 5 1
8 . 5 | . 3 1 | 4 . .
------+-------+------
. . . | 1 . 2 | 6 . .
1 . 3 | . 8 6 | . 7 4
. 6 8 | . . 4 | . . 9
```

Puzzle 34 - Easy

```
. . . | 6 1 3 | . 8 .
. 1 9 | . . . | . . 5
. 6 . | 9 . . | 7 1 .
------+-------+------
. . 7 | . 5 . | . 3 .
. . 2 | . . 7 | . 5 .
. . 1 | 6 3 . | . 4 .
------+-------+------
. . . | 4 9 3 | 1 . 2
2 9 6 | 7 . 5 | . . .
. . . | 2 8 6 | 5 . 9
```

Puzzle 35 - Easy

```
3 4 9 | . . . | . . 1
. . . | 8 9 . | 1 . 5
. . . | . 3 8 | 6 . .
------+-------+------
. . 4 | 3 . . | 7 . 2
. . . | . 7 5 | . . 4
. . 7 | 4 . . | 8 5 3
------+-------+------
. . 3 | . 6 . | 4 . .
. 6 . | 5 . 3 | . . .
. 7 2 | 1 9 . | . . 6
```

Puzzle 36 - Easy

```
. 6 . | . 2 . | 1 7 9
. . 4 | . . . | 2 . .
. 7 . | . 5 9 | . . 6
------+-------+------
5 . 7 | . . . | 4 3 .
6 . . | . 1 . | 9 2 5
. . 9 | . . 2 | . . 7
------+-------+------
. . 2 | . . . | . 9 .
. 5 . | 4 7 . | . . 2
4 3 6 | 2 . . | 7 1 8
```

Puzzle 37 - Easy

```
. . 5 | 8 . 9 | 3 4 7
. 7 3 | . . 5 | 1 9 .
. 4 9 | . . . | . . .
------+-------+------
7 8 . | 6 . . | . . .
4 . . | 2 . . | 7 3 8
5 3 . | . . 7 | . . 9
------+-------+------
9 . . | 6 7 . | . . .
6 . . | . . 2 | 9 . 4
3 5 . | . . . | 8 6 .
```

Puzzle 38 - Easy

```
7 2 6 | 3 . . | . 8 .
1 . . | . . 8 | 2 . 7
. . 8 | 2 . 7 | . 6 1
------+-------+------
. 9 5 | . 3 . | 6 . .
. 3 . | 8 . 9 | . . 5
. 7 . | . . . | . . 9
------+-------+------
9 7 . | . . . | 8 . .
. . . | . . 1 | 7 . 2
. . 4 | 7 5 6 | 1 . .
```

Puzzle 39 - Easy

```
. . 9 | 7 8 1 | 6 . .
2 . 7 | 9 . . | 4 8 .
1 6 . | . 5 . | . . .
------+-------+------
4 . 6 | . . . | 1 . .
9 1 . | 3 4 . | . . 6
7 . . | . 1 . | . . .
------+-------+------
. . 4 | . . 2 | . . .
. 3 1 | 6 8 . | . 4 7
8 7 . | 4 . . | . 6 5
```

Puzzle 40 - Easy

```
1 . . | 5 3 9 | . . .
. 8 . | . . 1 | . . 9
. 9 . | . . . | 6 . 2
------+-------+------
9 5 1 | . . 8 | . . 3
3 . . | 9 1 . | 5 7 8
. . 8 | . 6 . | . . .
------+-------+------
4 2 7 | . . . | . . 1
6 . 9 | . . 4 | 8 . .
. 5 . | . . 3 | 7 4 6
```

Puzzle 41 - Easy

1			6		7	8		
8		3			5	6		
2			3		5	9		
			7			8	9	
5	3	4	1	8		2	6	
						1		
9		5			3			
		2	9	5	6			
		6	4				5	2

Puzzle 42 - Easy

6		3	9		7		8	4
						6	2	
		1		4		3		
9	3			6		5	1	
		2					6	
	6		1			7	9	
8	4	6		9		2		1
3	2		6		4		7	
1			2					6

Puzzle 43 - Easy

		3		8	5	6	7	
2	5		9	6				
								2
6			4	5				3
	8	5		7				1
9		7		8			5	6
7		9				6	3	5
1	6			2	5	8		
		8					2	

Puzzle 44 - Easy

	5	3					6	
	7		4				2	
2				9			4	3
		2						
7			2			6		9
	4	9		6	5		7	
6			5		8	4	3	
5			4	1				6
	1	8			7		9	5

Puzzle 45 - Easy

		5			1			
7	9	8					5	
	1		7				2	
1	7			8	2			
		3	1	5	7	4	6	
			3	4		8		7
			2		6		8	
6	3		5	8		1		
			4		3	7		

Puzzle 46 - Easy

	1	7	2		6	4	9	
9	6							3
	8	4		7			1	
		8	6	1	7			
	4							
6	7	3	8		4			5
		5				1	9	
		6	5	8				
	9	1		6		2		

Puzzle 47 - Easy

	8			2		1		
			9	1	7		8	
	9	1		8				
	7			3		4	5	9
	3					2	7	1
1		2				6	3	8
		7	1					5
			5	4	3		9	
	6		7	2				3

Puzzle 48 - Easy

7		9		1	2	4		
8	5			4	7		6	
			5					7
	1	8	4		3			
						9	5	1
9				1	3			
	8					7	4	
	4	1				5	2	8
	5					6	1	3

Puzzle 49 - Easy

3		1	6	8		4		
7				9				
9		4				5	2	
				2	6			5
	7	3	1					
6		2		3	9			
		6	8				5	9
			9		3	2		
2		9	4		6		7	1

Puzzle 50 - Easy

9	2					7		5
8	5	7			2			
1		4			7		6	
	8	1		3		6		2
7	6		5	8			9	3
		3				8		
	1		7		3	9	4	
2	7						3	
		9		6			2	

Puzzle 51 - Easy

3	9	5	4	7			2	
4	2	6	9			5	7	
8			5					
1	6	3					5	
5				7			1	
2	7	4	6				8	
		2			8	6		
	3	8						1
7			3	6				5

Puzzle 52 - Easy

		1		5	2		9	
9		4		8			3	1
		2		3			4	5
5	1		3		4	8		
2		3						
		8	9	6	1			2
8						9		7
			6	1				
	3	7			5	4	2	

Puzzle 53 - Easy

	9					7		
	6	1	7					3
7				4	2			1
		7		5	1			
	4		3	7	1	5		8
			9		6	4		7
	7	6				3		4
1	3		6		9			
	2	8		3		6		

Puzzle 54 - Easy

				2		7	8	
2	7	9	1					
	8		9			2	1	
4	2	5					6	3
	9			8	6	1	2	4
5	1			4		9	2	
		2	3		1	5	7	8
			9			6	4	

Puzzle 55 - Easy

			8	1		4	6	
3	1	7	6		4	9	5	
	6					2	1	7
			3	9			7	
5		3	4					
	7							9
6		5						
	2			3	6	4		
	4	9		7		1	6	3

Puzzle 56 - Easy

			5	8	1	2	7	
			3		4	8		1
4	8	1			7		3	
	5		8		2			7
2						4	1	8
		4		1	3			2
			2				4	
	7				5			6
6	4			7			2	3

Puzzle 57 - Easy

3	7	8			1			
6	9	4			5			8
		2	8	4	9	6		
5	1			6	3		8	
	6		5	7	8		1	
2	8					5		
				8	6		4	5
9								
			3		7			

Puzzle 58 - Easy

3		9				7		6
6				7	4	9	2	
				1	6	3		4
		6	2		5	4		
5	9	8			7			2
	7	2			3		5	
8		7		6	9		4	3
	6		4					8

Puzzle 59 - Easy

	9		1	2	8			6
8		2	9	6	7			5
		1	3	5				9
3	1		4				2	
				1				
9			8			6	1	
4			7	8		3	9	2
					6		7	8
2			5	3				

Puzzle 60 - Easy

			8			3	2	
3	8	9		5		1		
		2	1			5		8
7						4		
			7	6	5		3	
		3					5	1
4	2				9			7
9			4	7			1	5
	1	7			6			3

Puzzle 61 - Easy

1	6	8	2					
	3				5		6	8
2				6	8	9	1	
	7		5	8	9			2
8				2			9	7
9			1			3	8	
4	9			2		8		1
					1		3	
		1						

Puzzle 62 - Easy

6			8	3	9		2	4
9	3		4		5		8	
		5		7	2		1	
				4				
				9				2
		4			8	7	5	
		9	2	4		1	3	
4			1	8	7		9	
	6				3			8

Puzzle 63 - Easy

			6			9		
		3			8	4		
9	6	8		2				5
			4		5		1	9
		1	2	6	7		3	
4	3	2			9		6	
		7					9	1
6			8		3			
			7	1	2		4	

Puzzle 64 - Easy

	8		1	5	3			
1			6	7	9	2	4	
		7						1
				1				
		2				5		4
4	3							
6	2	9			7	8		
	4	1	3	9	2		7	5
		5	8			4	9	

Puzzle 65 - Easy

```
. . . | 3 2 . | . . 7
. . 6 | 9 8 1 | . . .
8 4 . | . . . | . . .
------+-------+------
. 6 8 | . 1 . | . . .
9 2 . | 7 . 3 | . 1 .
. 1 4 | 2 . . | 7 . 9
------+-------+------
4 9 . | 8 . 1 | . . 3
6 8 . | 3 . 4 | . . .
. . 2 | . . . | 4 8 .
```

Puzzle 66 - Easy

```
. 6 . | . 1 . | 4 8 .
. 7 . | 2 . 3 | 5 . 6
. . 5 | . . . | 2 . .
------+-------+------
. . 6 | . 3 . | . 2 .
8 . 3 | . . . | . 5 .
7 9 . | . 5 4 | . 1 3
------+-------+------
. . 1 | . 9 . | . . 4
. 3 . | 8 1 2 | 9 . 5
9 5 8 | 4 . . | . . .
```

Puzzle 67 - Easy

```
9 . 4 | . . 6 | 3 1 .
6 5 8 | 2 3 1 | . . 7
. . . | 4 . . | . 5 .
------+-------+------
2 1 3 | 9 7 . | 8 . .
. 8 . | 3 . . | . . 1
5 . . | 8 . . | . . 3
------+-------+------
. 9 . | 7 . 3 | 2 . 4
. 2 . | . . 8 | 1 . .
. . . | 1 . 9 | . . .
```

Puzzle 68 - Easy

```
. . . | 2 7 5 | . 3 .
. 9 . | . . . | . . 2
. . . | 6 9 . | 8 7 .
------+-------+------
9 . 3 | 2 . 6 | 4 . .
2 . 6 | . 4 . | . . .
7 4 5 | . . . | . 6 .
------+-------+------
. 2 . | . 1 9 | . 8 .
6 9 . | . 8 . | 3 . .
. . . | 3 6 2 | . 4 1
```

Puzzle 69 - Easy

```
1 6 . | . 8 4 | 9 3 7
5 . . | 8 2 . | 3 . .
. . . | . 6 . | . . .
------+-------+------
. 5 6 | 4 . . | 8 . 2
. . . | . . 2 | 7 . .
4 . . | . . . | 5 6 .
------+-------+------
. . 5 | 9 . . | 6 . 4
6 1 . | 8 . . | . . 9
8 3 9 | . . . | . 2 .
```

Puzzle 70 - Easy

```
. 7 8 | 9 4 . | . . .
1 . 9 | . . 5 | 4 . .
4 . . | . 1 . | 7 . .
------+-------+------
. 1 2 | 4 5 . | 3 . .
9 . . | . 3 1 | . 8 .
. 3 5 | 2 . 8 | 1 . .
------+-------+------
. . 4 | 1 . . | . 3 6
. . 7 | . . . | 2 4 .
. 9 1 | . . 4 | . 5 .
```

Puzzle 71 - Easy

```
. 5 . | . 4 6 | 7 . 1
. 7 . | 8 . 3 | . . 6
. 6 8 | . . . | . 3 9
------+-------+------
. . . | 7 . 1 | . . .
7 1 9 | . 5 8 | . 2 .
3 . . | 9 2 . | . . 7
------+-------+------
5 . 7 | . . . | 9 1 .
2 . . | . . . | 3 . .
8 . . | 1 3 . | . 5 .
```

Puzzle 72 - Easy

```
. . 7 | 1 . . | 4 . 5
5 2 . | . . . | . . .
8 9 . | . 7 4 | . . .
------+-------+------
. . . | . . . | 8 3 .
9 . 3 | . 5 2 | 8 1 .
6 . . | 4 . . | . 2 .
------+-------+------
. 5 . | . 4 . | 9 7 1
1 . . | . . . | 5 4 .
. 4 8 | . 1 . | 6 3 .
```

12

Puzzle 73 - Easy

5			6	4			1	9
		4	5	1	9	6		
	1						8	5
			1			9		
9	6					5		7
2		5	9	7	3	8		
		3	4		5			6
4		2				7	9	
	8		2	9				

Puzzle 74 - Easy

9	7	8	5	2		1	4	
				7	8		2	9
6		2		9				
	5		9	8		4	7	
	8	6	4	1			9	
8	9	5	3	4				
	7						3	
4			8		1			

Puzzle 75 - Easy

	6		4		3	9		2
3	8			2				
			6					
6	5		9	7	4			
2			1	6		7		
					2			5
	1	3	2			8	5	
5		6	8		7	4	2	
	2			9			7	

Puzzle 76 - Easy

5				1	6		7	8
	6	8		7			2	5
	9		2					
6	4				7			
	8			3		7	5	
		7				6	4	2
	7	3			5			6
2			7				8	
			1			4	9	7

Puzzle 77 - Easy

		7	8	6	3			
		1	7	2	3		8	5
6		3		1				4
8	2							3
1		5		9		2		6
	6		5				9	
		2		5		4		
5					4			
3			6	2		8	5	1

Puzzle 78 - Easy

				1			9	2
				4		3		1
					8	6	7	
			5	9		4	8	6
1			8	7		5	3	
		9	4				2	7
7	5				4		6	3
2					3		4	
8	4		2	6	7			

Puzzle 79 - Easy

	6		4	1	5			
2	7		9					
1		9				5		3
					2			
		6	3	7	4		9	8
3			5			2	6	4
						3	1	
6	8		7	5			2	
			2			8	5	6

Puzzle 80 - Easy

			9	2	4		6	5
3			7		6	2		4
	4		3					7
4	9		2		5	1	7	
	3		4			8	2	
		1		9				3
	4		7	9				8
7		5	1			2		
			8					1

Puzzle 81 - Easy

8						7	4	6
	4			6		2		
6	7		5	9	4			
		7	1			4		
			8	7	3	9	5	
4	8		9		3		6	
1		3	2	4	5	6		
7								
				7	1			3

Puzzle 82 - Easy

	2		7	5				6
		2		3				
	5		8	1		7	4	
5		1	3	9		8		
8	7	4						
	2	3		6	8		5	1
			1			6		
1				6	3			
2		6		3		9		

Puzzle 83 - Easy

6	9	1	5	7		2		
2				1				3
5	7	3		2				
3		5				6		
			3	9		1	2	4
4	1							
	6					3		
				2	4		6	
1	3	2	8	6				7

Puzzle 84 - Easy

	1	4	8		3			7
		5				1		
7			4	9		5		
		9				6		
4		2		3		7	9	
1	6			2				3
					9			4
2	9	8			7	1	3	
6			1				7	5

Puzzle 85 - Easy

	2	3	1		4			9
8		4						
6	1	5					3	4
			4	1				
	6	7	3		2	4	9	8
		9			7			1
	3			7		1		
	7		2				8	3
2		6		3		9		7

Puzzle 86 - Easy

2		7						3
	3		2			7		9
1					7	2		8
6	5							
7		9	6	1				
3	1	2		4		9		
	7	4	8		1	3	2	5
	6				2	1	8	
				5				

Puzzle 87 - Easy

	2				7	4		6
3				9		7		8
	8		6	1		5	2	
	9	7		5	6			4
	5	8						
		2	8	4	1			7
			9			6		5
	6	5		7			4	9
				6		1		

Puzzle 88 - Easy

	7		3	4			8	2
		8						1
	2					5		3
5	3			7	1			
	9			5			1	
2		1		9		7		
			3	8			6	9
6		9	2		7	8		
8				6		2	5	7

Puzzle 89 - Easy

7	1	6		2				5
	4	9	5		3			
		3			7	6		8
9	3	4					6	2
2			1				8	9
	6				7			
6			3	8	4			1
		5						6
4			6		2	8	7	

Puzzle 90 - Easy

	4		3	9		6	1	
			8			2		9
	3		1		2		8	
								4
				9	3			
		5		4			7	1
4			6			7	2	3
1		2		7		5	6	
			9		3	1	4	8

Puzzle 91 - Easy

3	7				8		6	5
		1		7			3	4
6	4			2		3		1
	9	8					4	3
2		6		8	1		9	
					7			
	8		5	1	4			
1		3						
5	2	4	9			7		8

Puzzle 92 - Easy

5		7	4			9		
4	8		5	6			2	7
	6	9	3			5	4	
9	4						7	6
			6			3	9	2
		6	9	2	7			
	4			5	6			
							1	
1						7	3	

Puzzle 93 - Easy

		5	2		8	4	3	
		4		3		2	9	7
				4				
		6						9
9	8			5			1	4
7		1	4			8		
			5	8				
	4	7	9					8
		8	3		6	9	4	2

Puzzle 94 - Easy

3			4		1			
4	1		5			8		9
2	5				9			
		5	1	7			6	
			2		6			5
6		2	3		4	1		
				6		3		
	2				3	6	4	8
	6		7			9	5	1

Puzzle 95 - Easy

				2				
	5				1	4		
9	3		6		5	7		2
5	1		2	8				
8	2				7			
	7	3	1	5		8	2	9
					2			
1	8	2		3	9		4	
4	6			9				

Puzzle 96 - Easy

3			5	2	7			
		7	1	9	6	4		3
1	6	9		4			7	
6				1	5			4
2		1		8		7	5	6
9								
8					1			
7			3	2				9
		6		3		5		

Puzzle 97 - Easy

4						3		9
	1	8						2
	3		6				1	8
		7		1			8	4
	8		5	4	2			
2	4	1				6	9	
8		5		6		7	4	
	6	2		8				
1	7		3			2	6	

Puzzle 98 - Easy

	8	4	5	7		6	2	
	4	1		6	5	7		
6		2		9				
	9			8	7	4	5	
4								3
3	5	7						
4			9			1		
6		1		4	9			
		6				4	5	8

Puzzle 99 - Easy

	2	9					1	
	4		2	3			8	
3	8	1				5		2
2		8	4				6	
1				7	8			4
4			1		8		9	5
				1		6		9
			7		9		3	1
		1	6		3		5	

Puzzle 100 - Easy

		6	7		9	1		
	1			3		2		9
	8			1		3	6	
7	5		4		8		3	2
8	6	2		9		4		
9								
			9		3			
1		5	8		6		9	3
6				7	5			

Puzzle 101 - Easy

9						4	7	
6			4		2			8
	3		7	6			2	9
	8		2			7	3	
2	9		8	7	3	4		
3	4			5		8		2
	2		6			3	1	
			5			8		
			1	2	4			

Puzzle 102 - Easy

			8	6				
8	2					4		
6			4	1	9		5	8
								5
	4			1	8			
5	1	7	2				9	
7	9		1					
	8		6	2		9		
3	4	2	9	8		7		1

Puzzle 103 - Easy

6		3	7	8				1
9				6	4	2		
	8			5	3			9
2	1				6	8	3	7
3	6		8	2	7	5		
	4			3	2		9	
	3	2		7			1	6
						3		

Puzzle 104 - Easy

	5		4			8		
	6			8	5	1	7	3
	3	1	6		7			5
3				1	6		4	
	5		4	9		7	2	
1	7			5	8	9	3	
	3		6					
						3	1	
	5							

Puzzle 105 - Easy

7		2		4		9	1	6
					9			
8			2	7				
2		1			3	4		
3	4	8		6		1	5	9
	6	5		8				
	2		9	5				1
	9						7	4
5	8		6	1		2		

Puzzle 106 - Easy

	8	2	3	1		5	4	7
		9				2		1
7	1			5			8	
	4			9	3		1	
		8	4			9	5	3
	9						2	
	3	9			8			
5						4		
8	7	1				3	9	

Puzzle 107 - Easy

8	6					7		
7		3	9			6	5	
						3	4	9
	2	6			4			
	8	1			9			2
		7	8	2		9		4
	1			9			3	
3	7	4		6				
	9	8	2		3		1	7

Puzzle 108 - Easy

			2			6		
8		2						1
6			5	1				8
4		1	7		9	2		
2				4	1			9
7		9		6		4		
9				4	5			
1			8		3	6		
	3	8		1	7	9		

Puzzle 109 - Easy

			2	5	6	8		1
6	8			1			7	
			9	7			4	
	1			4	7			
8		7		1				
		6	7	8	2		9	
7			6				1	
9		8			3			
3	2			7	8	4	6	

Puzzle 110 - Easy

	1	3	5	8			9	6
8	5		3	9	4			
2	9			6		3		
	2			9				3
1			6		3			
		5			2	9	6	
4	6		9			7	8	1
				4				9
	3			8			2	

Puzzle 111 - Easy

1	5		4		2	7	8	3
		4				1		
7	3			1	8			5
				8		5		4
						3		
3	1	8				9	2	7
		1	7	3	9			6
9		7	8					1
			4					

Puzzle 112 - Easy

	4			5	9			
8		5	7	1				3
2	3		6					
	9	3		4	5	8		6
	2		9	6	7			
6	1	4	8	2			7	9
							6	1
	8	1					9	7
3			2					

Puzzle 113 - Easy

```
3 . . | . . . | 6 . .
6 1 2 | . . . | 4 9 .
9 . 8 | . 3 . | . 5 .
------+-------+------
1 8 . | . . 5 | . 2 .
7 3 5 | 8 . . | 9 1 .
4 2 9 | 3 . . | . . 5
------+-------+------
. . . | . . 4 | 6 . .
. 6 7 | . 1 3 | . 4 .
2 . . | . . . | . 3 8
```

Puzzle 114 - Easy

```
8 . . | . 4 . | . 7 2
5 3 . | 9 . . | . . .
. . 6 | 1 2 3 | . . .
------+-------+------
. 9 . | . 6 . | 7 1 8
1 . . | 4 . . | 2 . .
2 . 5 | 8 . 7 | . 3 9
------+-------+------
. . . | 8 . . | 6 4 7
. 8 1 | . 9 . | . . 3
. 5 . | . . . | 8 . .
```

Puzzle 115 - Easy

```
7 . . | 6 4 3 | . 5 2
. . . | . 7 3 | . . .
. . . | . 2 . | 7 1 4
------+-------+------
. . 7 | . 6 . | 2 . .
. 5 3 | 7 . 9 | . 4 1
2 . . | 3 . . | . . .
------+-------+------
. 8 . | . 3 . | . . 9
5 . . | 8 . 1 | 4 . 3
. . 1 | . 4 . | 8 . .
```

Puzzle 116 - Easy

```
. . 3 | 8 2 . | 6 . 5
. 2 4 | . 3 6 | . 7 .
. . 5 | 1 . . | . 3 .
------+-------+------
4 5 7 | . . . | . . 9
. . 6 | . 5 1 | . . .
. 8 . | . 2 . | . . .
------+-------+------
. 7 8 | . . 9 | . 5 6
. . 1 | 8 . . | . . 7
5 4 . | . 6 . | 3 . .
```

Puzzle 117 - Easy

```
2 . 1 | . 7 . | 8 . .
6 . 7 | 9 . . | 1 . 2
. . . | . 2 6 | . . .
------+-------+------
. 2 9 | 5 4 . | . . 8
. 6 . | . 8 2 | 9 . .
. 4 . | 6 . . | . . 7
------+-------+------
. . . | . 6 7 | 4 8 .
3 8 . | . . . | 7 . 1
. . . | 1 3 . | 2 9 5
```

Puzzle 118 - Easy

```
. 5 . | . . . | 9 . .
9 4 . | 5 . 7 | . . .
. . 8 | . . 6 | . . .
------+-------+------
. . . | 4 . 9 | 3 . .
7 . 9 | 1 . 8 | . . 5
. 8 . | . 6 . | . 2 9
------+-------+------
. . 7 | 6 . . | . . 4
. . 2 | . . 1 | 9 7 6
8 9 6 | . 7 . | 5 1 .
```

Puzzle 119 - Easy

```
. . . | 6 3 . | 1 . 5
3 6 . | . . 9 | . 8 4
5 . 1 | . . 4 | . . 6
------+-------+------
. . . | . 6 1 | 8 . .
. 7 3 | . . 8 | 4 5 .
. 1 . | 3 4 . | . 6 .
------+-------+------
. . . | . 5 7 | . . 8
8 . . | . 2 3 | 7 1 .
. 9 . | . . 6 | . 2 .
```

Puzzle 120 - Easy

```
4 . 1 | . 7 . | 5 8 .
. 7 9 | . 8 3 | . . .
3 . 5 | . 1 . | . . .
------+-------+------
. 4 8 | . 9 5 | . 2 1
. 1 3 | . 2 7 | . . 8
. . . | 1 . 8 | . 7 .
------+-------+------
. 4 . | . . . | . . .
. 6 . | 4 1 . | 8 3 5
. . 3 | . 2 . | . . 4
```

Puzzle 121 - Easy

```
. . 6 | 1 . . | 3 . 8
8 . . | 9 . . | . 7 .
7 3 . | . 5 . | . 2 .
------+-------+------
. . . | 5 . . | 4 9 7
. 5 . | . . . | 2 . .
6 . . | . . 9 | . 5 1
------+-------+------
. 8 . | . . 1 | . . 2
. . 3 | . . 7 | . 8 .
2 6 7 | 4 . . | 9 1 3
```

Puzzle 122 - Easy

```
9 6 . | . 5 . | . 4 .
. . . | . . 8 | . . 6
. . 5 | . . 9 | 1 . 2
------+-------+------
. . . | 7 . . | . . 3
7 . . | 4 . . | . . .
. 2 6 | 9 . . | . . 7
------+-------+------
. . 2 | 8 1 . | 7 6 9
6 8 . | 5 9 7 | . . 4
. . 9 | 2 3 6 | . 1 5
```

Puzzle 123 - Easy

```
. . . | 2 . . | 5 9 .
4 . 6 | . . 9 | 2 8 .
2 . . | . . 4 | . . .
------+-------+------
. 2 . | . . 6 | . . 5
. . . | 3 . . | 2 . .
3 . 5 | 1 8 2 | 9 . 6
------+-------+------
7 9 . | 8 6 3 | 1 . 2
8 . . | . 4 . | . 3 .
. . . | 2 . 1 | . 7 .
```

Puzzle 124 - Easy

```
. . . | 3 8 1 | 2 . .
. 1 . | . . 4 | 3 7 .
8 5 . | 7 . 2 | 4 6 .
------+-------+------
. 7 5 | . 3 . | . 2 6
. . . | 2 5 . | 1 . .
6 2 1 | . . . | . 9 .
------+-------+------
. . 4 | . 8 6 | 1 . .
5 . . | . . 7 | . . .
. . . | 6 2 . | 9 3 .
```

Puzzle 125 - Easy

```
. . 7 | 6 . 2 | 8 . .
5 . . | . 4 3 | . 9 1
. . . | 1 6 4 | 7 . .
------+-------+------
. . 1 | 8 5 3 | 6 9 .
. 3 . | . . . | . . 5
. . 5 | . . 4 | . 1 2
------+-------+------
7 . 4 | . 9 . | 2 . .
. . 8 | . . . | . . 6
. . . | 2 8 9 | . . .
```

Puzzle 126 - Easy

```
. 4 9 | . . . | 7 . .
. . . | 6 . . | . . 5
2 . 7 | . 1 9 | . 6 .
------+-------+------
. . 2 | . . . | 1 . 4
. . . | 9 2 1 | . . 3
. . . | . . 4 | . 7 .
------+-------+------
7 2 8 | 4 . 3 | . 1 6
. 9 . | . . 5 | 3 4 2
4 . . | 1 6 2 | . 9 .
```

Puzzle 127 - Easy

```
. 2 7 | 3 . . | . . 9
5 . 1 | 6 . . | 2 . .
. 4 9 | . . . | . . 6
------+-------+------
. 5 6 | . . . | 3 . .
. . . | 4 1 . | 8 6 2
. 8 4 | 7 3 . | 1 . .
------+-------+------
. . . | 9 5 4 | . . 3
3 . 5 | . 6 . | . 8 7
. 6 . | . . 7 | 3 . .
```

Puzzle 128 - Easy

```
. 1 8 | . . . | 6 . 7
9 . . | 1 2 . | 4 3 .
. . . | . . 6 | . . .
------+-------+------
8 9 . | . 1 2 | . . 5
1 4 7 | 8 3 . | . . .
. 2 6 | 7 . . | 3 . .
------+-------+------
4 3 . | 5 . . | . 2 6
6 . . | 2 4 9 | . . 3
. . . | 3 . . | . 5 .
```

Puzzle 129 - Easy

8			3				4	5
		3	2		5		7	1
			1	4				
	2			3		5	8	4
6						9	3	
3		8	4			1		7
	3					7		
4				7	9			
	7	1	6			4		8

Puzzle 130 - Easy

6		5	1		8		3	
						9		8
	4		3	2	5	7		
5				8		3	2	
4		2				8		7
	3	1				6	4	5
			5			1	9	3
			8	4		2	7	6
						5		4

Puzzle 131 - Easy

2		8		9				4
6	4		2		8			7
	5				4	3	8	
5			4					1
		6		5	1			
8					6	5	2	3
4				3	7			
7		1	6	2				
		6	2				8	5

Puzzle 132 - Easy

4				1				
		9				3		2
1	3			6		7		
8		3		4	6		9	
	6				2		3	
			8	7			5	
		5	6		7	1	8	
			4		9		7	3
		4		8	5	6		9

Puzzle 133 - Easy

6	9	2		3				4
		1		4				
	4	3	6	9	1			7
2		6			4		9	3
							6	5
	5		9				2	
1	3						7	
8			1					
4	6	5	3	8	7			2

Puzzle 134 - Easy

		6	3		1	7	4	9
		2	4	6	7		5	
	3	4	5	9		1	2	6
			6	5	3			4
	1					7		
6			1			9		5
8		1			9			3
				5				
							8	7

Puzzle 135 - Easy

1			4	8		5		
7					5	4		
4			3	7	9	6		1
3	7	2	6					5
9	4		2	5		7		6
5				3			8	
6							5	9
			8		3			
		7	5			3		

Puzzle 136 - Easy

		4			1	5		
8				5		3	1	
		5		7	2	8		
	9	3			6			7
6	1	2			7		3	8
4		8				9	5	6
	5			6				
2			9	1			8	3
				3				

Puzzle 137 - Easy

7	9		6	3			8	
		5				3	1	
6			5	4			2	7
8			1	2	7		9	
	2		3		5	8		
	3		9					
9	4	8	7	5		1		
2								
	7		4		2			8

Puzzle 138 - Easy

6				7	2			
						3	6	5
	5				7		8	
	9			2	1			6
	6		3			9		
	8		7	9	6	4		
		4						1
8	1	6		4			7	
	2	3	6		1		5	4

Puzzle 139 - Easy

	7						4	6
					5		9	7
5			4			1	2	
4			3					2
6	1		9			4		
7	9						3	
8	4			3	1	7		
2	5			9				
9	3	7	6	5	8		1	

Puzzle 140 - Easy

	5	4		7				3
1		9	8		3			7
	3	6	5	4	2		1	
			6			4		1
		2					9	
	4			5	9		7	
		3	2	8		1		9
		1						4
7	5	4			6	3		

Puzzle 141 - Easy

6		8	1	2			9	
		1		3	8	2		6
4					9		1	
3		5						7
					7	6		
1				4			2	
	1		9		6	8	4	2
		4	8	7		1	6	
		6			4	9		5

Puzzle 142 - Easy

		9			7		5	
5	6		1	8		2	3	9
4			5	9			6	1
		2		3		1	8	
6	1							
	8	3	9					6
					1	5	7	8
3	7						4	
		6				9		3

Puzzle 143 - Easy

		3		1	8	5		2
						3	4	
5		9	3	7			1	6
		5	4	6	9			
6	9						5	4
	1	4		8			3	9
				5		2	7	
		2		4		9		1
		7	9		2			

Puzzle 144 - Easy

	1	4						8
6		7	2	3				
3	8				9	7		6
		8			1			
5							7	9
9	6		7			2		
			9	2	8	1		
8	3	9	4				6	
			5	8			9	7

Puzzle 145 - Easy

	1		3	6	4			
5	4			7	2			8
	7	6						
1		4		9	2			
					5			1
3			2	1	7	9	4	
		5		2	4		9	
	3		7	6			2	
		7	8		3	1		5

Puzzle 146 - Easy

		3	2			7	4	1
			3				5	
		2	1	4		3		6
			8		2			
7			9			2	8	
			3			6	9	
		8	9				6	4
	1			7	5		3	
5	2		4	8	3	9		

Puzzle 147 - Easy

	9		5	2	7			
8	4		9	1		3	6	
7		5		6		2	4	9
4		7	9		8			
		1				9		
			6					7
	6		1					
	7	1			3	8	9	4
			4	7			1	3

Puzzle 148 - Easy

			2	9		5	6	7
2								9
			4			8		
	3		5	2	1			8
		1	6	3	4	9		2
	9					3		
		9			3			4
		6	8		9		1	
8	2	7	4	1			9	

Puzzle 149 - Easy

5	7		1			4		8
		2	3				7	
	9	3			4		1	5
3	1					6	5	
								9
			5	3	7	1	2	
	3		7	4			9	
4	8			2	3			
	2	9			1			

Puzzle 150 - Easy

	8				4		5	
1		5			2			
	2	4	5	6				
4		3	9			8		6
6		2		3				9
				2				1
2	6		7	4				
8		1			5		3	7
5		7	1		6			

Puzzle 151 - Easy

	3	2		1				7
						9	3	
	8	5	2			7	6	
4	9		1			2		
		6		8	4	3	1	9
6				3		4		8
	5		6		8			
3	4	8		5		6	7	2

Puzzle 152 - Easy

6		9					2	1
4			8	6				
5	2	7			3		8	4
9				8			7	
	5			9		1		8
	1		2		7			
		3	5	2			6	7
			7		6	8	1	3
		1					4	2

22

Puzzle 153 - Easy

```
. 6 1 | 2 3 . | . . .
2 9 . | 1 . . | 8 4 6
. 8 . | . . 6 | . 2 .
------+-------+------
. 1 7 | 8 2 . | 6 3 .
. . . | . . . | 1 8 9
. . . | 3 . . | 2 . 5
------+-------+------
3 . . | . 6 . | . 1 .
1 . 4 | . 8 . | 7 . .
. . 8 | . . . | 4 . 2
```

Puzzle 154 - Easy

```
2 . 6 | . . . | 3 1 .
. . . | 7 3 . | 6 4 9
3 . . | . . 1 | 7 . .
------+-------+------
. . . | 4 8 9 | . 7 .
8 1 . | 3 . . | . . 4
4 . . | 2 . . | . . 8
------+-------+------
7 . 1 | 8 . . | 4 5 .
. . 4 | 5 . . | . 2 .
. 6 3 | . . 4 | . 9 7
```

Puzzle 155 - Easy

```
. . 9 | 7 3 8 | 1 4 .
. 1 . | . 8 6 | . . 7
4 7 8 | . . . | 3 2 .
------+-------+------
. . 6 | . 5 . | 2 . .
. 2 . | 7 6 . | . . 1
. . . | 3 . 4 | . . 5
------+-------+------
3 . . | 1 . 9 | . . .
. 9 . | 4 3 . | 5 . 8
. 4 . | 6 . . | . . .
```

Puzzle 156 - Easy

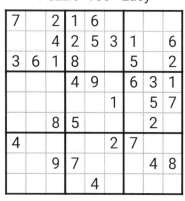

```
7 . 2 | 1 6 . | . . .
. . 4 | 2 5 3 | 1 . 6
3 6 1 | 8 . . | 5 . 2
------+-------+------
. . . | 4 9 . | 6 3 1
. . . | . . 1 | . 5 7
. . 8 | 5 . . | 2 . .
------+-------+------
4 . . | . . 2 | 7 . .
. . 9 | 7 . . | . 4 8
. . . | . 4 . | . . .
```

Puzzle 157 - Easy

```
. . . | 1 7 . | . . .
. 7 2 | . . 5 | 6 4 .
5 . . | . 2 . | . . .
------+-------+------
. 3 . | 5 4 9 | . 1 .
. . . | 2 . 8 | . . 4
. 9 6 | 7 . 1 | . 8 .
------+-------+------
3 . . | 9 . . | . . 8
. 2 . | 3 . 7 | 1 6 .
6 8 1 | 4 . 2 | 9 . .
```

Puzzle 158 - Easy

```
2 . 7 | . 1 . | 8 5 .
5 . 6 | 2 . . | 3 . 4
. . . | . . . | 2 7 .
------+-------+------
. . 4 | 8 . . | . . .
. 6 . | . 2 1 | 4 . 8
1 5 . | . 4 9 | . . 7
------+-------+------
. . . | 1 . 5 | . 4 .
. 5 . | 3 4 8 | . . 2
. 3 . | . . . | 6 . .
```

Puzzle 159 - Easy

```
8 . 4 | 9 . 6 | . . 7
. . . | 8 . . | 6 3 .
. . 6 | 1 . 3 | 8 . 9
------+-------+------
1 7 . | 5 . . | 4 . .
. 6 2 | . 4 . | . 5 .
. . . | 1 9 . | 2 7 6
------+-------+------
6 1 5 | . . 7 | . . .
3 . . | . 5 . | . . .
. 8 . | . 9 . | . 2 .
```

Puzzle 160 - Easy

```
. . . | 1 2 . | 5 . .
5 . . | 6 8 . | . 3 7
. 8 7 | . 3 . | . . .
------+-------+------
. . . | 2 1 5 | . . .
7 . . | . . . | . . 9
2 6 4 | . 9 8 | 3 . 5
------+-------+------
8 1 9 | 4 . . | 6 . .
3 . . | 9 . 1 | . . 4
. . . | 8 5 . | 2 9 .
```

23

Puzzle 161 - Easy

		5		2		6	7	
	7		9	6				4
			4			2		
	5				9	2		
		9				1		
1		3			5	9	4	
	6	4	3		8	5	1	
8	1	2						3
5		7		1	6		9	

Puzzle 162 - Easy

		1	9				4	6
					6		1	2
6	5	4	1					
				4			6	5
	6					3	7	
			6	3		4	9	
	2		3		4	7		9
	7	9		6	2			4
	4				7	6		3

Puzzle 163 - Easy

8	9	5		6				
	7	3		9				
6				8			3	9
			2	3	5	8		
5			4	7	3	9		
		2			5			7
	6	8	1			5		
					6		4	
	1			4		8	6	3

Puzzle 164 - Easy

1			7			3	9	
	2			3			1	5
7							4	8
6		1	3	2	7			9
	8				9	2	3	
	2							
			4	5		8		
4		8	6	2	5			3
9			8	7		2		

Puzzle 165 - Easy

			5			8		
3	8	2		7			5	
	6	5				9		
	1	6	2	4	8	3		
		9	7			4	1	8
8	3				5	6		
	5	3	4	8				
				1		3		
6	9			5				2

Puzzle 166 - Easy

9	4	2	8			3	7	
6							2	
		5	9	4	2		1	6
			1		7		6	
	6	4	5		3			
8			6		4			
			3		8	5	4	
	3						9	2
4	5	6						

Puzzle 167 - Easy

				7		2		
9					4		5	7
				5			8	4
7	5	2	1	4		8	3	
8						7	1	
3			7					5
6	9	7	2	8	5	3		
2	3		4		7			
		4	3				7	

Puzzle 168 - Easy

		6					9	
9	1	3	6		2			
	4	5	1		9	7		
		1		4				6
	9			2		1		4
4	6	2			1		3	7
		7		6				
3	4	8	9			6		5
		4	1	5				

Puzzle 169 - Easy

```
6 . . | 5 . . | 4 1 8
5 . . | . 6 7 | 2 . 3
8 2 . | . . 4 | 5 6 7
------+-------+------
. 3 5 | 7 9 . | . . .
1 . 6 | 3 8 . | . 4 .
. . . | . . . | 1 3 .
------+-------+------
. 1 7 | 4 . . | . . 2
. . . | . . 6 | . . 1
. . . | . . . | 3 . .
```

Puzzle 170 - Easy

```
5 . 1 | 7 . . | 8 . .
6 . . | 4 3 . | . . 1
9 . . | . . . | . 6 4
------+-------+------
4 2 5 | . . . | . 1 .
. 1 7 | . 8 . | 9 2 .
8 . . | . . 1 | 4 . .
------+-------+------
2 . 9 | . . . | 7 . .
. . . | . 5 . | . 8 9
. . 8 | 3 . 6 | 1 . 2
```

Puzzle 171 - Easy

```
3 1 . | . 4 . | . 6 .
. 2 . | . . . | 4 . 7
9 7 4 | 6 2 . | . . .
------+-------+------
7 . . | . 6 4 | . 3 5
1 . . | . 7 . | 6 . .
. 6 . | 5 8 3 | 7 . .
------+-------+------
5 . . | . 3 . | 2 . .
. 3 . | . . . | . 4 8
6 . 7 | . 5 . | 3 . 9
```

Puzzle 172 - Easy

```
7 6 . | . 4 . | 9 . 5
. 4 9 | . . . | . 2 1
8 . 5 | . . 1 | 3 . 7
------+-------+------
. 1 8 | . 2 7 | 5 6 .
. 5 . | . . . | . . 2
. 3 . | 6 7 . | 1 9 .
------+-------+------
. . . | 7 1 4 | 2 . 9
. . . | . 6 . | . . .
. . . | 8 . . | . . 3
```

Puzzle 173 - Easy

```
8 5 1 | 9 6 . | . 4 .
. 7 . | . . . | 5 2 9
. . 2 | 3 . . | . . 8
------+-------+------
. 9 8 | 4 1 3 | 2 . .
. 1 . | 7 . 8 | . . 4
. . . | 5 . 6 | . . .
------+-------+------
5 . . | . . . | 3 . 2
2 3 . | . 4 . | . 7 .
1 8 . | . . . | 5 . .
```

Puzzle 174 - Easy

```
4 . . | 6 . . | . 9 5
. 6 . | . . 9 | 4 . .
9 . 5 | . . 4 | . 1 .
------+-------+------
7 3 . | 9 6 . | 1 . 2
2 . . | . 3 . | . 7 .
5 . 9 | 7 . . | 6 8 .
------+-------+------
6 . . | 2 . . | 8 . .
3 . 8 | . . . | . 4 9
. 7 . | . . . | 5 . .
```

Puzzle 175 - Easy

```
. 5 7 | 4 2 . | . 9 .
. 9 . | 6 8 . | 5 2 7
. 2 . | . 9 . | . . 1
------+-------+------
. 1 . | 9 6 . | 2 3 .
2 . . | 1 . . | . . .
4 3 . | . 5 8 | . . .
------+-------+------
9 . 2 | . . . | 5 . .
7 . . | . 1 . | 3 . 9
. . . | . 4 9 | . . .
```

Puzzle 176 - Easy

```
. 3 8 | . 9 . | 7 2 6
6 . 7 | . 3 . | 5 4 .
2 . 9 | 4 . . | . . 8
------+-------+------
. 6 5 | 7 . . | 9 8 .
8 . . | . . . | . 5 2
. . . | . . . | 6 . 3
------+-------+------
. 2 5 | 6 1 . | . . .
. 1 . | 4 . . | . . 5
5 8 . | 9 . . | . . 1
```

Puzzle 177 - Easy

			2					
8			4	6	1	3	9	2
	4	1				7	5	6
	3					4	8	
6		4		8				1
		8	2	3		6		
				5	3	8		7
1	8		6			9	4	
	5		8				1	

Puzzle 178 - Easy

			5	8	9			
3				1	2	8		7
			3					1
		9				8	2	
6	3		2			4	1	
7	2				5			3
2		6	8	4	3	1		
5				9				4
9			5	2				

Puzzle 179 - Easy

			7	5	9			6
	7			8	9			
8	5		6					7
2			7	6				
			1		3	7		
	3		9	4			1	8
	4		8	2		5		9
9	8			6			2	
1			4					3

Puzzle 180 - Easy

					7		2	3
			4			7		
		3	5	2	9		6	8
	2		8			1	9	
8	9		2	7		3		6
3		1				7		
		9		6	8		1	
		8		5			3	9
	5	7	9		3			

Puzzle 181 - Easy

	6					4		
		8		2				
5		7	8		3	6	2	9
	9			3	1			
8	4		9	5		3		2
		6	5					7
3	5		7			2		4
1	7	4		6	2	9		

Puzzle 182 - Easy

9				6		5	2	
		2	9		8	1		
5	1		7			9	4	
8			4	9	6		1	
	9			2			8	
6		4		7		3	9	
1								
				1	3	8		9
	3		6	4		7		

Puzzle 183 - Easy

	1					8		
4			6			1	5	2
8	3	2			5	9		6
6			4	8	5			
			6		7	2		8
9		5				7		
1		3		2				
2	5		7	3				
			5		1	6		3

Puzzle 184 - Easy

		4	6	8	1		9	
6	8					5		
	3	9	7					8
1		6		2				9
	2			9	6	3	5	
				7		4		
	3			6		8	4	
4						6	3	7
8		7	2		3			

Puzzle 185 - Easy

			8	6	4	7		
2	6		1			5	9	
	3	7		9	2	8		
3						4	7	
		5		7		3	8	
			9	3		1	5	
	4					6	1	
8	2	6						
1			5	4				

Puzzle 186 - Easy

6			3		4			
						2	9	
	8		6			3		
			8				6	
			6		4			
9	1	6	4	2	3	8		5
	2		9					1
8	7	4	1		5	3	9	2
	3		2	7				

Puzzle 187 - Easy

4	7	1	5			8	9	3
	5							2
3			8		7		4	5
			3			4		
	4			6		7		
5	1	7				3	8	6
8		2				1		
		4	9	1				8
1						6	4	

Puzzle 188 - Easy

2		7						
8	1	4	6		3		9	
3		6			7	1		4
	6	8	1	7	9		5	
7	2		5				4	1
	3	5		8	4			
	2							8
			4			6		3
	8					4		

Puzzle 189 - Easy

3	6		9			5	4	
4		5	2	3			7	
					1			
6			5	2				
1			7		9		5	6
		3	6			9		
	3	9	8		5	4	1	
5						9	3	
	8			9		6		5

Puzzle 190 - Easy

3			6				1	
		4	8			6		7
1				9			2	8
	3			5			7	4
7		8		6		1		3
		5				8		
8		7	5			3		6
4		9		7	3		8	2
					6	7	9	

Puzzle 191 - Easy

		6	2					1
7	3			9		4	5	2
1	5					9	8	
8			6	1		9		
3			5		8	1	2	6
6		1	7	3				4
	1	4		2		3		9
9			3		4			

Puzzle 192 - Easy

			9					8
6	9					7	1	
	2		8			9		
1	8	9		2			5	7
2		7				3	8	6
		5	7	8	4			
5			9	4		8		1
	7	4	2					9
	1			5				

Puzzle 193 - Easy

```
2 . . | . 4 6 | . 8 .
. . . | . . . | . . 7
. . 8 | 7 2 5 | . 6 .
------+-------+------
. 9 . | 5 . . | . . .
4 . 5 | . 3 . | . . 6
7 8 . | 6 . 4 | . . 5
------+-------+------
1 7 6 | . . . | 4 . 9
8 . 9 | 1 7 . | 6 . .
. . . | . 6 . | . 7 8
```

Puzzle 194 - Easy

```
. 1 . | . . . | 4 6 8
. 7 5 | . 1 6 | 2 . .
. 4 2 | . . 9 | . 5 .
------+-------+------
1 . 8 | . . . | 6 . .
. . 6 | . 5 . | . . 4
. 3 . | . . 8 | . . 5
------+-------+------
5 . . | 8 6 . | . 9 7
3 . 1 | . . . | 5 . 6
7 . . | 5 3 . | . . .
```

Puzzle 195 - Easy

```
2 1 5 | . . 4 | . . 3
. 7 9 | 3 5 . | 1 4 .
4 . . | . 1 7 | . . .
------+-------+------
. 9 . | 2 . . | 4 . 7
5 4 . | . 8 6 | . . 1
6 . 7 | . . 9 | . . 8
------+-------+------
. 5 . | . . . | 7 1 9
. . . | . 7 . | . . .
. . 2 | . . 6 | . 3 5
```

Puzzle 196 - Easy

```
3 . . | 5 . 7 | . . 8
. . 6 | 1 2 . | . . 7
8 . . | . . . | . . .
------+-------+------
. . 4 | . . 1 | 8 7 .
. . 7 | 8 5 3 | . . .
1 3 8 | . 4 6 | . 9 .
------+-------+------
. . . | . . . | 7 8 9
. . . | 9 8 . | . 3 .
. . 9 | . . 5 | 6 1 2
```

Puzzle 197 - Easy

```
. . . | 6 2 . | . . .
. 3 . | 8 7 . | . . .
. . . | 1 . 4 | . . .
------+-------+------
2 . 9 | 7 1 . | 3 4 .
. 7 . | 4 . 9 | 2 . .
. 4 1 | 6 5 . | . . 9
------+-------+------
. 9 . | . . . | . . .
5 6 . | 3 . . | . 1 8
1 . 3 | . 9 . | 4 2 5
```

Puzzle 198 - Easy

```
. 2 . | . . 6 | . 8 9
5 6 . | 2 . . | 4 . .
. . 3 | . . . | 6 2 .
------+-------+------
. 5 2 | . 3 4 | 7 . .
. 8 . | 1 . 7 | 2 . .
3 . . | 9 . . | 8 1 4
------+-------+------
. . . | 6 . . | . . 8
. . 8 | 7 . 2 | . 4 .
. 1 5 | . . 9 | 3 6 .
```

Puzzle 199 - Easy

```
. . . | . 8 . | 7 . .
7 . . | . . . | . 3 5
8 2 3 | . . . | 9 . .
------+-------+------
3 . 5 | 2 . . | 1 . 9
. 8 . | 5 3 9 | . 7 4
. 9 4 | 1 6 . | 3 . .
------+-------+------
. 1 8 | . . . | . . 2
4 . . | . 8 9 | . . .
. . . | 4 . 2 | 1 . 3
```

Puzzle 200 - Easy

```
. 8 5 | . 1 . | . . 4
. 2 9 | . . 7 | 3 . 6
4 6 . | . 3 . | 1 9 .
------+-------+------
. . . | 3 6 1 | . . 8
. . . | 9 . . | . . .
. . . | 2 5 4 | . . .
------+-------+------
. 5 . | 4 . . | 9 . .
7 . . | 9 . . | 5 . .
. 4 2 | 7 . 5 | 8 . 1
```

Puzzle 201 - Easy

```
. 4 . | . 8 . | . 6 3
. 3 . | 2 6 9 | . . .
. . . | . . . | . . 7
------+-------+------
. . 5 | 4 . . | 1 . 8
7 . 4 | . . . | 9 3 .
3 . 1 | . 5 8 | 7 . .
------+-------+------
4 . 2 | . . . | . 1 9
. . 6 | 7 9 . | . . 2
9 . . | . 1 2 | . 8 6
```

Puzzle 202 - Easy

```
. . . | 3 9 8 | 5 1 4
. . 1 | . . . | . . 9
8 . 9 | . . . | 7 2 .
------+-------+------
. 8 . | 9 6 . | . . 2
. . 6 | . . 2 | . . 3
2 7 . | 5 . 4 | . . .
------+-------+------
. 1 4 | 8 . . | 6 2 9
. 6 8 | 2 7 9 | . . .
3 . . | . 4 . | . . .
```

Puzzle 203 - Easy

```
3 6 . | . . . | . 5 4
. 8 . | . . 5 | . . .
1 . . | 4 7 . | 3 . .
------+-------+------
. 3 . | . 6 9 | 7 . 5
2 . 1 | . 5 . | 4 6 .
. 5 . | . . 7 | . 8 .
------+-------+------
. 2 . | . . . | 8 . 7
. 4 . | 5 3 2 | 6 . .
. . 9 | . . 4 | 5 3 .
```

Puzzle 204 - Easy

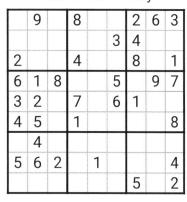

```
. 9 . | 8 . . | 2 6 3
. . . | . 3 4 | . . .
2 . . | 4 . . | 8 . 1
------+-------+------
6 1 8 | . . 5 | . 9 7
3 2 . | 7 . . | 6 1 .
4 5 . | 1 . . | . . 8
------+-------+------
. 4 . | . . . | . . .
5 6 2 | . 1 . | . . 4
. . . | . . . | 5 . 2
```

Puzzle 205 - Easy

```
. . 9 | . 5 . | 8 . .
. . 2 | . . . | 7 5 .
8 . . | 9 7 . | . 4 2
------+-------+------
. . 7 | 8 . 5 | 3 . .
. . 2 | . 6 . | . . .
. . . | 7 3 . | 9 . .
------+-------+------
9 8 . | . . . | 6 . .
2 1 . | . 8 7 | 4 9 3
. . . | 5 6 . | 2 1 8
```

Puzzle 206 - Easy

```
6 . . | . 5 . | . . 1
9 7 5 | 4 1 3 | . . .
. . . | 3 6 . | 2 7 9
------+-------+------
8 2 . | . . . | . . .
3 . . | . . . | . 9 .
. 9 . | 3 . . | 8 . 4
------+-------+------
. 1 . | . 3 8 | 6 5 2
. 5 . | 2 9 . | . 4 .
. 3 6 | . 4 . | . . 7
```

Puzzle 207 - Easy

```
. 7 5 | 6 1 . | . 4 9
. . 6 | . 2 . | . 7 8
. . 2 | . . 8 | . . 5
------+-------+------
3 1 . | 4 2 9 | 5 . .
. . . | . 3 5 | . 2 .
5 . 4 | . 7 . | . . .
------+-------+------
2 5 . | 4 1 . | . 8 .
. 9 . | 6 . . | . 1 .
. 6 1 | . 8 . | . . .
```

Puzzle 208 - Easy

```
. 3 2 | . 5 9 | . . .
. 9 . | 2 1 . | 5 3 8
. . . | . 3 . | 4 9 2
------+-------+------
. 4 3 | . . . | 9 . .
. 5 . | . . . | 2 . .
9 2 6 | 5 8 4 | 7 . .
------+-------+------
5 . . | . 9 . | . . .
. . . | 7 . . | . . 9
. . 9 | 1 4 . | 5 . .
```

Puzzle 209 - Easy

	5	3	8	9	6		4	1
						6		5
	9			4	1			
4		2			8			
			9			4	3	
	3	8			4		5	2
5		7		1				
6	1			3	7	5		
		9	4			1		7

Puzzle 210 - Easy

5		8	4		1			6
1				2			9	8
			3					
				2				3
3		9	5			1		
6	7	1		4		8	5	
9	4	2		5	6			7
	1	3		9		6		
			8		4			9

Puzzle 211 - Easy

		3	4	9	6		8	
	7	5				1		4
	9			7				
	1					3		
7	8	2		3				
	5	4		9			6	1
			7			8	6	
			6	5		4	1	2
1	6		9		4			3

Puzzle 212 - Easy

	9			1		4		5
7	5		2	4		6	8	9
				6		1	2	
2						9		
9				7				
	4		1	9		2		6
		4				7		
5		6	4	8	1			
8			6	2			4	

Puzzle 213 - Easy

		5	3	7				
		7						8
3		1	9					
	8		2		6		4	5
6	2		5				3	
5	7	4				9	6	
4		8	6	1			5	
			7		2	1	8	
	1			5	4			

Puzzle 214 - Easy

			6	1			3	
			7	4	3	6		8
6			9		2			
				2		7	9	
2		9	5	7		8		3
	8					5	1	2
	6			5				
	4		1	6				5
9	5			3	7	1	8	

Puzzle 215 - Easy

			7		1			
		9					7	
		7	6		8		2	4
1	7		8				5	
						3	6	7
9	6		3	7		8	1	
	3			6	2			1
				3		2		6
	2	1	5				9	3

Puzzle 216 - Easy

			4			5		
5			9	8	2		6	
		3		1	5			9
						8	9	7
	6				1			
7	4	8	3			5	2	1
			8	2	9			
8		7	1	6			9	
1	2	9			7			

Puzzle 217 - Easy

	4	8			2			7
		7			9		8	6
					8	3		
	8				6		7	1
		5	3			8		4
6	9	1		8			3	
	5	6						
7	3	4	8		5		1	
	1	2	9	6			4	

Puzzle 218 - Easy

	2	7			8			
9					7		1	5
	3	5	2	9		8		
								6
		3	8	7		5	4	9
	9	8		6		7		1
	7			3	9	4		2
	5		1				6	
		9	7	5			3	

Puzzle 219 - Easy

8		9		3			4	
	5					3	6	
		4		7				5
7			3	6		5		
9	4	6	7			1	8	3
2	3	5	8			7		
	7			1	5			
6	1	8	4			5	2	
				7				

Puzzle 220 - Easy

			6				4	2
			8			1	7	3
2				5				
1		6	5			3		7
		2		6			1	
			2	3	8			6
6	7	3		5		2		
	2	1			8	6		9
4			2	3				

Puzzle 221 - Easy

		7		6		1		
			3	9			7	8
		5			7	6	2	9
1	7	2	5					
	6	9	2	8			4	1
	8		6		1		9	5
	4	3						
7			1					
2				6	8			3

Puzzle 222 - Easy

4	1					8		
7		3	9				1	4
8			1	4		7		
9	8	4	2		6			1
		7	4	8		2	6	
			3			7		
				4	8	9	2	
2		6						5
	9					6		7

Puzzle 223 - Easy

	3	2	4		9	6	1	
			2	8				
9	7	4		6	5			
3							7	
6		7	8	1		9	4	
2			7	3		5	6	8
	8							6
			6		7			9
		5	3			1		7

Puzzle 224 - Easy

8						6		
		1	8	4		3	7	
	3	2				4		
	1	6	3					7
4		8	6		2		3	5
2	8	3	1			6		
	6	5		2	3	7		
	4		9	8		2	5	

Puzzle 225 - Easy

	6		9				4	
5	7						6	2
		4	6				1	
3				4			9	
		1	2	3	7	4		6
	4			8	9		7	
	5				1	6		
4			3					5
	3	2	9	6		1	8	4

Puzzle 226 - Easy

2			6	9	7			
	1					9		8
	5							6
				1				
4	2	6					8	
	9	8	5		2		7	
	4					8	1	2
	7		8		4	6	9	5
8	6		2	5		3	4	

Puzzle 227 - Easy

8	1	5		6	3	9		2
4	7					3		
	9	6				1	4	
				1		7	2	4
1	3		2	4		5		
		7		5	6		1	
9			4					8
6		1	5	8				
	8		9					

Puzzle 228 - Easy

			3	9				8
1	6		8	7	2			
	9					2		
			2	1		8	4	
3	1	6	7		4		2	9
				5	3			
7		1		6				
4		8		1				2
6	3	2		4	7			

Puzzle 229 - Easy

2		3		6				5
9			1		3		6	
4	8		5		2		1	
	2				5		7	
	4		6	3		1	9	
8	3				7	5		
			3	7	1	6	2	8
						7		
			8				5	

Puzzle 230 - Easy

		6		9			5	
9	3		5	7	1	2		
2	5					7	9	
			2	4				
				5			3	
3		7	1			5		
6				3		4	1	
	9			2		3	6	8
8	4		6	1			7	

Puzzle 231 - Easy

		7		2				
8	6				3		7	5
			9	7	8		1	
6	1	3	2	8			4	
						1	2	8
4				9			6	3
	3				9		5	6
7		4			2	3	8	
5			7			4		

Puzzle 232 - Easy

	3				8	1		
	7					4		
5			4	9	2	7	8	
			9		6		5	1
1		3		7			9	
	9	4	1			7	3	2
7		5		9				
9	4			6	2	3		
		8				5		

32

Puzzle 233 - Easy

7			2			4	9	5
2		9	5	4	1		7	8
5	8	4			9			3
					4		6	
8		7	9	1				
		1						
	7	5		2	8			9
3			6	9		2		
1		2				8		

Puzzle 234 - Easy

	2		4	3				
	7		6			4	2	
			8			5		
	4	3				8		
7		5		1			3	4
5			4	8		7	6	
1	3	6		2	4	9	5	
			7	6	9			8
	8					6		2

Puzzle 235 - Easy

3		5	9	1				7
9		7			5			1
	4	1		8	2	3		5
4	5					7		
	1		5	3	9		4	
8								2
	9				8			
1	7	8		6		9		
		4			1			6

Puzzle 236 - Easy

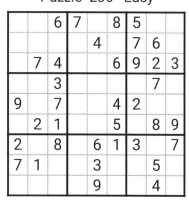

		6	7		8	5		
			4			7	6	
	7	4			6	9	2	3
		3				7		
9		7		4	2			
	2	1		5			8	9
2		8	6	1	3			7
7	1		3			5		
			9			4		

Puzzle 237 - Easy

		6	7	2				4
	2	9						
			9	5				
9			4		6			
4	7		5	6		8		1
1		2			7	5		
	9	5	7	2	3		1	8
7								5
	8			5		9		7

Puzzle 238 - Easy

2				3		6	4	
1		6					3	
3			1	4	8			2
	9					7	1	
7	6	2				4	8	
8	1		4			2		
			3	7	5			
	7	5	9		1			8
			8	4	6			7

Puzzle 239 - Easy

4	8			3	5	7	9	
					6			
2	3					4		6
	1		6	8			4	2
8			4	9	2		1	7
9			7			6	8	
	4			2				9
1		8			7	3		4
			3					

Puzzle 240 - Easy

	8				4			1
4		6		1	5	7	8	
					3	4		2
7			2					
	1		3					
		4		5	6	8		
9	3				2	5	7	8
5	4		8			6	1	9
			8	5	9			

Puzzle 241 - Easy

```
. . 3 | 2 . . | 4 . 7
8 . 4 | 1 6 . | . . 5
. 2 3 | . 4 5 | . 6 .
------+-------+------
. 1 7 | 6 . . | 5 . .
. 5 6 | . . 8 | 2 . .
. . . | 2 . . | 6 7 9
------+-------+------
3 . 9 | 4 . 6 | 7 . .
. . . | . . 2 | . . .
5 . . | . . . | . . 6
```

Puzzle 242 - Easy

```
8 3 9 | 2 . . | 6 7 4
7 5 1 | 3 . . | . 8 .
1 4 8 | 7 6 5 | . . .
------+-------+------
. 7 . | . . . | 4 . 5
5 . . | 4 . 2 | . . 7
. . . | 6 . . | . . 9
------+-------+------
. 7 4 | 9 . . | 5 . .
. . 2 | 5 . . | . 3 .
. . . | . . . | . . .
```

Puzzle 243 - Easy

```
. . 7 | . 6 2 | . 5 4
. 3 2 | . . 5 | . 1 7
6 . . | 3 7 . | . . .
------+-------+------
5 . . | . . 7 | 4 . 1
3 . 4 | . . . | . . 9
7 . . | 6 4 9 | 5 2 .
------+-------+------
. 7 . | 8 . . | . . 5
. . . | . . 1 | . . .
1 6 . | 4 . . | 8 . .
```

Puzzle 244 - Easy

```
7 . . | . . 8 | 6 . 4
. 5 . | . 2 3 | . 9 .
. . 2 | . 6 . | 5 . .
------+-------+------
. 2 5 | 3 4 . | . 6 9
. . 7 | . 1 9 | 4 5 2
. . 9 | . . 6 | 1 . .
------+-------+------
. . . | 8 . . | . . 5
. 9 . | 4 . 5 | . 1 .
. . 4 | . . 1 | 2 . .
```

Puzzle 245 - Easy

```
5 . . | 9 2 . | . 4 8
. 7 8 | 1 . . | 9 5 .
9 4 1 | . . 8 | 7 . .
------+-------+------
1 . . | 8 9 2 | . . 7
. . . | 1 . . | . . .
. . . | 7 . . | 4 2 .
------+-------+------
. 7 4 | 5 . . | . . .
3 . . | 6 1 . | 9 . .
1 5 2 | . . . | 3 7 .
```

Puzzle 246 - Easy

```
. 8 6 | . . . | 9 . .
9 . 3 | . 7 . | 5 . 8
2 . . | 1 9 . | 4 . 6
------+-------+------
6 1 . | . . . | 3 . .
3 . 7 | . 1 . | . . .
4 . . | . 2 3 | . 6 .
------+-------+------
7 . 4 | . . . | . . 1
8 3 . | 9 . 4 | . 2 .
. . . | 8 . . | 6 . 3
```

Puzzle 247 - Easy

```
. . 5 | . 9 6 | . . .
8 1 . | . . 7 | 6 . .
. . . | 3 1 8 | 4 . .
------+-------+------
7 . 2 | 1 . . | 4 3 .
. . . | . 7 . | 1 2 .
. . . | 3 4 2 | . 5 9
------+-------+------
1 . . | . . . | 5 . .
. 3 . | . 6 . | 9 . 1
. . 8 | 7 1 . | . . 2
```

Puzzle 248 - Easy

```
. . . | 9 . . | . . 7
8 9 . | . . . | 3 5 .
6 . . | 8 . . | 9 . .
------+-------+------
. . 2 | 3 4 8 | 7 . .
9 6 8 | . . 2 | 5 . .
. . . | 6 1 9 | . . .
------+-------+------
3 5 . | . 6 . | 1 . 8
4 . . | . . . | 2 3 .
. 7 . | 1 8 3 | 5 9 .
```

Puzzle 249 - Easy

2							6	5
6	3		2	7	8			
		9	6				2	7
3							1	8
		6					7	9
7				9		6		
1	6	7		2		9	8	3
5	8			1		2	4	
			8		6			1

Puzzle 250 - Easy

				8	4			5
2		4		5				6
5	7		3			1		8
	9	2		7		4		
		3				6	8	
	1	7		8			9	
	6	1	2				5	4
			7	5				9
	2	5	8		1			

Puzzle 251 - Easy

			3	5		7		
7			9			1		
5			4		1	6		2
4	5		1					9
		7	5			2		4
		2		6		5	1	
	7			4			2	1
2						3		6
1			3				4	7

Puzzle 252 - Easy

5		7						
9	2			7	6		3	
	8		4			7	5	
		9	7			2	1	3
7				1			6	9
1				4	5			
		5	6			3	9	2
2				5		6		
6	7	4	2		9			

Puzzle 253 - Easy

	7	2		3		9	5	
8			1			3		
			5		8	6	1	
	9	1	5					8
6		7	8			5		
			9					4
2	5	3			8	7		
		9	2		7	5		
7	8							2

Puzzle 254 - Easy

3				1		4	5	
9	5				4		3	
			8			6	1	
7	9	5	8					
2			9		6	5	8	1
	1	6	5	4				
					3	9	6	4
	4							
	9		4	6	7			

Puzzle 255 - Easy

		7		9				2
9	1							
		2						6
3		8		9		5	1	
	6	4		5				3
1	9			2		4		
5		6	4	3	8	2		9
2	8		5			3	7	
						8		5

Puzzle 256 - Easy

5		3	9					8
6	9		1			3		
8		6		4	1			
9	1	8		3	4			
7						8		
4		9						3
		5		7			6	9
	6		8	9		4		
		4	2			8		1

Puzzle 257 - Easy

```
. 2 7 | . . . | . 8 .
. . . | 1 . . | . . 4
5 . . | 7 . 8 | 2 6 9
------+-------+------
. . 2 | 8 . . | . . 6
. . . | . . . | 7 . 8
. . . | 3 6 . | . . .
------+-------+------
9 6 4 | . . 1 | . 2 .
2 . 1 | . . . | 9 4 5
7 8 5 | 2 . . | . 3 1
```

Puzzle 258 - Easy

```
9 5 3 | . 7 . | . 2 .
. 6 . | 5 1 . | . 9 4
. . 4 | . 9 8 | 6 . .
------+-------+------
6 4 1 | . 3 . | . 8 .
3 . . | . 4 . | . 6 .
. 2 5 | 6 . . | . . .
------+-------+------
5 . . | 2 9 4 | 7 8 .
. 9 8 | . . . | . . 7
. . . | . 2 . | 9 . .
```

Puzzle 259 - Easy

```
. . 2 | . 1 6 | . 3 5
. . 4 | 2 . . | 9 . 7
. 3 . | . 5 9 | . . 8
------+-------+------
6 . 8 | . . . | . . 1
2 5 . | . 3 8 | . 7 .
. . . | 9 6 . | . . 2
------+-------+------
. . 7 | . . . | 5 . 9
8 . . | 3 . 4 | 1 . 6
. 2 1 | . . . | 5 . .
```

Puzzle 260 - Easy

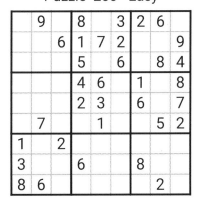

```
. 9 . | 8 . 3 | 2 6 .
. . 6 | 1 7 2 | . . 9
. . . | 5 . 6 | . 8 4
------+-------+------
. . . | 4 6 . | 1 . 8
. . . | 2 3 . | 6 . 7
. 7 . | . 1 . | . 5 2
------+-------+------
1 . 2 | . . . | . . .
3 . . | 6 . . | 8 . .
8 6 . | . . . | . 2 .
```

Puzzle 261 - Easy

```
9 . . | . 6 . | . . 2
. . . | 3 . 5 | 9 6 8
. . . | . 9 2 | . 7 .
------+-------+------
1 . 5 | 2 . . | 6 . .
. . . | . . . | 4 . .
. . 9 | 7 . 3 | 2 8 .
------+-------+------
. 6 . | . . . | . . 9
3 8 . | . . 7 | 5 . .
2 9 1 | 6 . . | 8 7 4
```

Puzzle 262 - Easy

```
. 9 4 | 3 6 . | 8 7 .
. 6 1 | 2 7 . | . 9 .
. 8 . | 9 1 4 | . 2 .
------+-------+------
5 . 8 | . . 9 | . 6 3
. . . | . . . | . . 9
. . 9 | 1 . . | 5 . .
------+-------+------
. 1 . | 6 . . | . . .
8 . 7 | . . . | . 1 .
. 5 . | 8 . . | 2 3 .
```

Puzzle 263 - Easy

```
. . 9 | 4 7 . | . 6 5
2 . . | 9 8 . | 3 . .
. . . | . . . | . . 7
------+-------+------
. . 7 | 1 9 . | 3 . .
. 9 . | . 2 3 | . 5 6
. . 8 | . 5 . | . 2 9
------+-------+------
. . . | 2 1 . | . 7 .
. . 4 | . 6 7 | 5 8 .
. . 2 | 5 4 8 | . . 3
```

Puzzle 264 - Easy

```
6 . . | . . . | . . 8
1 3 9 | . . 5 | . 6 .
5 2 . | 7 . . | 9 . 4
------+-------+------
. . 3 | . 4 . | 1 . .
. . 1 | 6 9 . | . 8 .
4 . . | 3 1 . | 6 . .
------+-------+------
. 8 . | 9 . 3 | 7 4 .
. 7 . | . . . | . 9 6
. 1 4 | . 6 . | . 5 .
```

Puzzle 265 - Easy

```
. 7 . | . 1 . | 5 2 .
. . . | . 2 . | 7 6 9
2 . 6 | 5 . . | . 3 .
------+-------+------
1 . 3 | . . . | . 8 .
. 5 . | . . 4 | . . 1
7 . . | 1 8 6 | . . .
------+-------+------
6 1 5 | 8 . 9 | 3 . 2
. 4 . | . 3 5 | 8 1 6
. . . | . . 1 | . . .
```

Puzzle 266 - Easy

```
1 . . | 3 . . | . 4 .
. . . | 5 . 1 | . 6 7
. . . | . 6 . | 1 8 3
------+-------+------
. 3 8 | 1 . . | 9 . .
. 4 . | 8 5 3 | 7 . .
. . . | . 4 . | 8 . 5
------+-------+------
. 4 . | . 3 . | . 7 1
. 7 5 | . . 6 | . . 8
. 9 1 | 7 . 2 | . . .
```

Puzzle 267 - Easy

```
. . . | 4 . . | 5 . .
. . . | 6 . . | 8 1 .
. . . | 1 5 3 | 2 6 .
------+-------+------
. . 3 | . 1 7 | 6 9 .
. 7 1 | 3 . 6 | . . 8
5 . . | 6 9 8 | . 7 .
------+-------+------
4 9 . | . . . | 8 3 7
. . 7 | . . . | . . 5
. . . | 7 4 . | 2 . .
```

Puzzle 268 - Easy

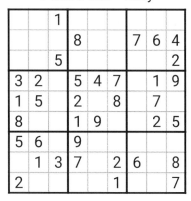

```
. . 1 | . . . | . . .
. . . | 8 . . | 7 6 4
. . 5 | . . . | . . 2
------+-------+------
3 2 . | 5 4 7 | . 1 9
1 5 . | 2 . 8 | . 7 .
8 . . | 1 9 . | . 2 5
------+-------+------
5 6 . | 9 . . | . . .
. 1 3 | 7 . 2 | 6 . 8
2 . . | . 1 . | . . 7
```

Puzzle 269 - Easy

```
1 . 8 | . . 2 | 9 . 6
5 9 7 | . 8 . | 4 . 2
. 6 4 | 9 . . | 8 . .
------+-------+------
. . . | . . 4 | . . .
7 8 1 | 5 3 . | 2 . .
. . . | 2 . . | 9 . 1
------+-------+------
. 7 . | . 6 . | 1 2 9
. . . | . . . | . 7 .
6 1 2 | . . . | 4 8 .
```

Puzzle 270 - Easy

```
. . . | 4 2 5 | 3 9 .
9 . . | . . 8 | 5 4 .
4 . 5 | 1 3 . | 8 . .
------+-------+------
2 5 . | . 1 6 | . . .
3 . . | 9 . 2 | 6 1 .
. 1 9 | . . . | . 3 8
------+-------+------
. 6 4 | . 9 1 | . . .
. . 2 | 5 4 . | 1 . .
7 . . | . . . | . . .
```

Puzzle 271 - Easy

```
. 3 . | 1 . . | . . 2
7 . 6 | . 2 . | . 9 .
. . 5 | 4 9 8 | 7 3 .
------+-------+------
6 4 . | . . . | . 7 .
. 5 . | . 3 9 | 1 . .
. . . | . 1 . | 8 . .
------+-------+------
4 7 8 | 2 . . | 3 . .
. . . | 9 4 . | . . .
1 9 2 | 5 8 . | 6 . 7
```

Puzzle 272 - Easy

```
2 . 7 | . . . | 3 . 1
4 . 5 | 6 . . | 7 . .
9 1 . | 7 2 . | 6 4 .
------+-------+------
. . 6 | 5 8 . | 4 . 3
. . . | . . . | 9 8 .
8 4 . | . 9 . | 2 7 .
------+-------+------
. 7 4 | 2 3 8 | . . .
6 . . | 1 . . | . . .
3 . 8 | 9 . . | . . .
```

Puzzle 273 - Easy

4					8			
1				4		3	6	
2	6			7			8	
	2	6		5		8		1
	8		6	2	9	7	4	
	4		8					
							3	
		4	5	8	2	6		
6	1	9	4	3		5		

Puzzle 274 - Easy

1	7	4	5			2		9
	6				9	7		4
	9			7				
5						1	7	
6			3	2	7			5
					4	8	3	
4								8
7			8	4	2			
8	1		9		3		4	

Puzzle 275 - Easy

	2	9		8				
			2		7		5	
7	8			5			2	3
		6	5		9		3	8
		7			3	1		2
3	4			2	6			7
	7				2			
4				3				
6	3	2			5			9

Puzzle 276 - Easy

	5	6	9		2		4	7
		1					5	8
4			3		5	2	9	6
		2				9		
	7	1		9			8	
		5	2			6		
	9	3			6	4		
			9	3			7	5
	5		7	1	6			

Puzzle 277 - Easy

	9	4	7		3			8
							5	9
2		8	6			3	7	
	5	2		4	7		1	
	3			1				5
		5				8		7
			5			8	3	
		4		6	5	9	2	
	6			3			4	1

Puzzle 278 - Easy

			1	8				7
		2	3	4	1	9		
			2	7	9	8	6	4
9			7					6
		5						
6		3				4		
	6		3	9		7	5	8
		9			7	6	2	1
	5	7			6			9

Puzzle 279 - Easy

		1				8	5	2
			3		5		4	7
		2		8		9		6
			6	8				
4		3			9	7		
1	8	2	7	3	4			9
								5
6			8	2	5	3	9	
			7	1		6		

Puzzle 280 - Easy

	5	2		9		3	1	6
	6	9		2	1			7
			4		6	9		
	1		2			6		
	9					7	3	
		8	3				2	9
		7				5		
			8	5		2	9	
9			6			8		4

Puzzle 281 - Easy

```
8 4 . | 6 . . | . . 1
. 1 2 | . . 5 | . 7 .
. 5 . | 4 . 1 | . . .
------+-------+------
3 . 9 | 1 . 6 | . . .
. 7 . | 5 2 . | . . 6
6 8 5 | . . 7 | . 1 .
------+-------+------
. 9 . | . . . | . . 5
. 3 1 | . . 9 | 7 6 .
. . . | 8 . 3 | 2 . 9
```

Puzzle 282 - Easy

```
1 . . | 6 5 . | 8 . .
5 . 2 | . . . | . . .
. 8 7 | 3 . 2 | 1 9 .
------+-------+------
. . . | 7 9 3 | 2 1 .
. . . | . 1 . | . 8 .
7 . 9 | . . . | 3 5 .
------+-------+------
. . . | . 9 . | . . 1
9 4 . | . 3 6 | 5 . 8
2 6 8 | . . . | . . 3
```

Puzzle 283 - Easy

```
7 5 . | 2 . . | . 1 4
4 9 . | . . . | 3 7 .
. 3 . | . 4 . | 5 . .
------+-------+------
. 4 . | 2 5 . | . . 3
. . . | 1 . . | . . .
3 . 9 | 8 . . | 2 1 .
------+-------+------
. . . | . 2 8 | . . 5
2 8 4 | . 3 7 | 6 9 .
. 7 . | 9 . . | 3 . .
```

Puzzle 284 - Easy

```
9 7 . | . . . | 1 6 5
. 3 . | 4 . 1 | . . .
. . 1 | . . . | . . 3
------+-------+------
1 4 . | 3 2 5 | . . 6
6 . . | . 1 . | 2 . .
. 2 . | 9 4 . | . . 7
------+-------+------
. . 6 | . . 8 | . . .
. . . | . 7 2 | . 5 .
7 1 . | . 9 . | 8 3 2
```

Puzzle 285 - Easy

```
. . 2 | 7 1 4 | . 8 5
. . 8 | . 9 . | 7 6 .
7 . 4 | 3 . 8 | . . .
------+-------+------
4 . . | . . 2 | . 7 .
2 . . | 7 3 6 | 9 . .
. . . | 9 . . | . 5 2
------+-------+------
. 1 . | . . 7 | . . .
5 . . | 8 . . | 9 3 .
. . 7 | . 3 9 | . 1 .
```

Puzzle 286 - Easy

```
6 . . | 1 9 . | . 7 3
. 9 . | . . . | 8 . 4
. 2 . | . . . | 9 5 1
------+-------+------
4 . 9 | . . 7 | . . 6
5 . 8 | . . 4 | 7 3 2
2 . 7 | . 3 . | . 4 .
------+-------+------
. 8 . | . 2 1 | . . 7
. . . | . . . | . 2 5
. . . | 7 . . | . . 8
```

Puzzle 287 - Easy

```
1 . 6 | . 4 5 | . . .
. 7 . | . . . | 9 1 5
. . . | 2 1 . | 4 . 6
------+-------+------
6 . . | 5 . . | . 4 2
9 5 3 | 6 . . | 1 . .
. . . | 1 . . | 6 9 .
------+-------+------
5 . . | . 8 . | 7 3 .
7 . 8 | . . 3 | . . 1
. . . | 9 . 6 | . . .
```

Puzzle 288 - Easy

```
. . . | . 9 6 | 5 . .
. 1 . | . . 2 | . . .
. . . | 7 5 . | . 8 4
------+-------+------
. 5 . | 1 2 7 | 8 3 .
3 . 1 | 5 6 8 | 2 4 .
. . . | . . . | 6 . .
------+-------+------
. 6 5 | . 4 . | 7 9 .
. . 8 | 2 . . | . 6 .
. 2 . | . 9 1 | . . 8
```

Puzzle 289 - Easy

```
. 9 2 | . . . | . . 8
. . . | . 8 2 | 1 . .
. 8 2 | . 7 . | 4 9 .
------+-------+------
5 . 7 | . 3 . | . . .
. . . | 5 9 2 | . 6 3
2 . . | 6 8 7 | 1 . .
------+-------+------
6 . . | 1 . . | . . 9
. 2 1 | . . . | 5 . .
8 . 5 | 7 2 . | 6 . 1
```

Puzzle 290 - Easy

```
. 4 . | 8 3 5 | . . .
. 5 9 | 7 2 . | . . 3
3 6 8 | . 4 . | 5 . .
------+-------+------
. . 3 | . . . | 6 4 .
6 . . | . 8 . | . 2 1
. 7 4 | . 1 . | . . 8
------+-------+------
2 . . | . 7 . | . . .
4 . . | . 6 3 | 9 1 .
5 . 6 | . 9 . | 2 . .
```

Puzzle 291 - Easy

```
2 . 8 | 3 1 9 | . . .
. 7 . | . . . | . . 5
9 . . | 8 . 2 | 6 7 .
------+-------+------
3 . 9 | 7 . . | 5 . .
. . . | 3 . . | . . 7
. 1 . | 4 9 . | 8 3 2
------+-------+------
7 . . | . . 9 | 5 6 .
6 . 2 | . . 7 | 3 . .
. . . | 6 . 8 | . . .
```

Puzzle 292 - Easy

```
3 5 . | 6 . 4 | . . .
2 . 7 | . 3 6 | . . 4
. . 6 | 2 . . | 8 3 .
------+-------+------
. . . | . . . | 1 . 5
6 2 . | 5 . . | 7 . 9
. . . | 4 . . | 3 . .
------+-------+------
. 3 1 | 9 . . | 8 4 .
7 . . | . 5 . | . . .
4 8 . | 1 . 6 | . 5 2
```

Puzzle 293 - Easy

```
2 . 7 | 8 1 . | . 3 6
. 6 . | . . 5 | . . .
9 . . | . 5 . | 1 2 .
------+-------+------
6 7 . | . 8 . | . . .
8 . . | 7 9 6 | 4 . .
. 2 . | 6 . 1 | 7 9 .
------+-------+------
1 9 . | . 8 . | . . 4
. . . | 5 4 . | . . 9
. . 4 | . 9 . | . . .
```

Puzzle 294 - Easy

```
. 1 . | 8 . . | . 2 6
3 . . | . 6 . | 1 . 9
. . . | 7 9 . | 8 . .
------+-------+------
6 . . | 1 5 . | 3 4 8
8 . . | 2 . . | . 1 5
. . . | 4 . . | . . .
------+-------+------
. 8 3 | 7 . . | 2 6 4
. 4 . | . . . | 8 . .
. . 5 | . . 2 | 9 3 1
```

Puzzle 295 - Easy

```
5 1 8 | . . . | 9 . 3
3 . . | . . 9 | 1 6 5
. . 9 | . . 5 | . . .
------+-------+------
1 8 . | 5 . . | 3 6 .
. . . | 4 . . | 3 5 .
2 5 . | . . . | 7 . .
------+-------+------
8 . . | 5 7 . | 1 . .
4 2 . | 6 . . | 5 3 .
. . 7 | 1 . . | . . .
```

Puzzle 296 - Easy

```
. 5 1 | 6 . . | 4 . .
3 . . | 8 7 5 | . . .
. . 8 | 3 4 9 | . . .
------+-------+------
. 7 . | . 9 1 | . . .
. 9 . | . 4 . | 6 . .
8 . . | . 1 . | . . .
------+-------+------
5 . . | 2 . . | 6 7 1
. 1 . | 4 5 7 | 8 2 .
4 . . | . 1 8 | . 9 6
```

40

Puzzle 297 - Easy

						5		
4	9				8	7	3	1
	5	1				6	4	
	6			4	1		8	
9	8		3		7			5
1	2		5		9		6	
6			8		3	1		
5		3		1		8	7	
						9	6	

Puzzle 298 - Easy

		7	6	4	8	5		3
	3			7	5			
	6	5	1	2				7
9		8		3				6
3			2	6				
			8		9		2	
6	4	9			7			
5		2	3	1		4		
	3					6		

Puzzle 299 - Easy

					6	7		3
		1	3		4			
		3	9			1	6	8
	3		4				2	5
				2				1
2			5	1		9	7	
	6	7		3	1		9	4
9		5	6		8	3		
	1	4				6		

Puzzle 300 - Easy

7				4	1			3
	3	1	8	9			4	
6	4	2				8	9	
	7		9	6	4			
	5		3	1		4	8	6
	6			8			7	
4						1		
3		5				9	6	
				2	5			

Puzzle 301 - Easy

	3	8	6				2	4
				3	8			9
	9					8		3
4		7			6	9		8
	8	2	9			6		
9			4	8				7
8		5			2	3	9	6
6								2
		9		6	4	5		

Puzzle 302 - Easy

9		8				6	7	
6	1		8			4		
3		7	6	4	9		8	
1						7	3	
			2	1				
5		2		3		4		
			9			7		4
			2	7	5	9		8
	7		3			6	1	5

Puzzle 303 - Easy

	2	9				1		
	4	8		1		2		
	3		8	5		6		4
8		4	3			7	6	
3	9		2		4		8	
	7	2						
	8			3				6
9			8	5				
4	1	3			6		7	

Puzzle 304 - Easy

			8			5	9	
	8				6	3	7	
	2		3		5			
	6	5		3		8		1
	3	4	6		9	7		
1	9		5		8	3		
						7		
6		8				4	3	
2	5		9			8	6	

Puzzle 305 - Easy

```
7 1 . | . . . | . 3 5
. 6 . | 8 . 4 | 1 . 2
. . . | 3 1 . | 9 6 .
------+-------+------
. . 1 | 5 7 . | . . .
9 . 7 | 2 3 . | 8 . .
. 8 . | . . . | 7 . .
------+-------+------
. 4 . | 7 . 9 | 5 . .
8 . . | 4 . . | . 1 .
. 7 6 | . 8 . | . . 4
```

Puzzle 306 - Easy

```
1 . . | 7 6 . | 5 . 2
. 7 . | 1 9 8 | 3 4 6
3 8 . | 5 2 . | . . 7
------+-------+------
6 1 . | 7 . . | . . 5
5 . . | 6 8 . | 4 . 9
. . . | 5 3 . | 2 . .
------+-------+------
. . 1 | . . 9 | 7 . .
. 3 . | . 7 . | . . .
. . 8 | . . . | 9 . .
```

Puzzle 307 - Easy

```
1 . . | 2 . . | 3 . 4
. 6 2 | 7 5 . | . . .
. . . | 1 . . | 6 7 .
------+-------+------
8 . 3 | 5 9 2 | 4 . .
. . 6 | . . . | 7 . 5
4 . . | 3 . . | . . .
------+-------+------
2 3 4 | . . 5 | 1 6 8
. 5 . | . . . | 2 . .
. 8 1 | . . 3 | . . .
```

Puzzle 308 - Easy

```
1 5 9 | 6 3 4 | 7 2 .
. 2 3 | . 9 8 | . 4 .
. . 6 | . . . | . . .
------+-------+------
9 . . | 8 . . | 2 . 6
. 6 . | . 7 . | . 3 4
. . . | 4 . 1 | 9 . .
------+-------+------
. . . | . . . | 3 5 7
. . . | 5 . . | 4 . .
5 1 . | . 4 3 | 8 . 9
```

Puzzle 309 - Easy

```
. . 2 | 7 . . | 4 6 8
. . 6 | . . . | 7 . .
1 . 5 | . 4 6 | . 2 .
------+-------+------
. . 8 | . 1 . | . 7 .
. . 7 | . . 4 | . . 3
. 1 . | 5 . . | 6 4 .
------+-------+------
. . 4 | 1 . . | . 9 7
2 . . | . 8 7 | . . 4
. . . | 4 3 . | 8 . 6
```

Puzzle 310 - Easy

```
. . . | 1 . . | . 4 .
8 5 4 | . 2 3 | . . 6
. . 9 | . . 4 | 1 . 8
------+-------+------
. . . | 9 6 . | 4 8 .
1 8 6 | . . . | 2 . 9
. . . | 1 . . | . . .
------+-------+------
3 1 . | 2 . 8 | 7 . 4
4 . . | 5 . . | 6 . 2
. 2 . | . 4 1 | . . .
```

Puzzle 311 - Easy

```
5 . . | 7 . 9 | . 2 .
7 8 2 | 5 1 . | . . 4
. 6 . | . 4 . | 5 1 .
------+-------+------
3 . 6 | . . . | 2 . 8
. 9 1 | 6 2 4 | . . 5
. . . | 3 8 . | . . .
------+-------+------
. 2 . | 3 . . | . . 6
. . 5 | . 7 . | 4 . .
. . . | 4 9 1 | . . .
```

Puzzle 312 - Easy

```
3 7 . | 6 . . | . . 5
. 5 4 | . 1 . | 3 . 2
. . . | 3 . . | . 4 .
------+-------+------
9 . . | . 7 . | . . 8
5 1 7 | . . 6 | 9 . 3
. . 6 | . . 2 | . . .
------+-------+------
. 9 . | 4 . 3 | 8 1 .
1 2 . | . . . | 5 . 4
. . . | 1 . 7 | . . 9
```

Puzzle 313 - Easy

```
. . 7 | . . . | . . .
. 8 . | . . . | 5 . .
5 . 9 | 8 . . | . . 7
------+-------+------
. 9 8 | . 5 4 | . 1 2
7 6 . | . . 1 | . 4 .
. 1 . | 9 7 . | . . .
------+-------+------
8 . 4 | . 3 . | . . 6
. . . | 7 8 . | . 9 .
9 7 . | 1 4 5 | . 8 3
```

Puzzle 314 - Easy

```
. 8 7 | . . 6 | 9 3 .
6 . 9 | . 3 7 | . 8 5
3 . . | . . 5 | 6 . 2
------+-------+------
. . 8 | . . . | 2 9 .
. . 4 | . . . | 7 . 1
. . . | . 6 . | . 4 .
------+-------+------
4 . . | 6 . . | . 1 .
8 . 6 | . . . | 4 2 9
. 7 . | . . 8 | 5 6 3
```

Puzzle 315 - Easy

```
3 . . | 1 4 7 | . . 9
. . . | 2 . . | 4 . .
. . . | 5 . . | . 2 .
------+-------+------
4 2 1 | 7 . 9 | . . 8
. 3 5 | 8 2 . | . . .
. . 7 | . . 4 | 9 . .
------+-------+------
. 9 . | 4 1 . | 8 . .
. . 4 | 9 . . | 6 3 .
. 5 8 | . 7 3 | . . .
```

Puzzle 316 - Easy

```
. 4 . | . 7 . | 6 1 9
. . . | . 1 . | . 7 .
2 . . | 4 . . | 8 . .
------+-------+------
. 9 7 | 8 . 3 | . . .
3 6 . | 9 1 . | . 8 .
. 5 8 | 7 4 6 | 9 . 1
------+-------+------
. . 6 | . . . | 4 1 .
. . . | . . . | . . .
9 3 . | 1 5 . | . . 8
```

Puzzle 317 - Easy

```
8 . 3 | 4 9 2 | . . 6
9 . 6 | . . 7 | . . 5
. . . | 6 1 . | . . 3
------+-------+------
. . . | 3 . . | . . 4
5 4 8 | 2 . 9 | . 3 .
. 2 . | . 7 . | . . 9
------+-------+------
4 . . | 8 . . | . . 1
1 . 5 | 7 . 6 | 3 9 2
. . 7 | . . . | . . .
```

Puzzle 318 - Easy

```
. . . | 7 . . | 5 9 1
. . 6 | . 5 . | . . 4
5 4 . | 8 9 . | 3 . .
------+-------+------
7 . . | 5 8 . | 1 3 .
1 8 . | . . . | 9 . .
. 6 . | . . . | 1 2 8
------+-------+------
. . 8 | . 9 . | . . .
2 . 3 | . . . | 6 1 .
6 1 9 | 5 . . | 7 . .
```

Puzzle 319 - Easy

```
. 1 8 | . . 6 | 3 5 .
. 3 6 | . 7 . | . . 9
. 7 . | 8 . . | . 6 .
------+-------+------
. . 1 | 2 4 . | 7 9 3
. . . | 5 6 9 | 1 2 .
. . . | . . . | 5 . 6
------+-------+------
. 9 . | . . . | . 3 .
. . . | 4 9 1 | . . 5
. 6 . | 3 5 . | 9 . .
```

Puzzle 320 - Easy

```
. . 2 | 6 . . | . . 1
. 6 . | 8 5 2 | . . .
8 7 3 | 4 9 . | . 5 .
------+-------+------
4 9 8 | . 6 7 | 1 . .
6 3 . | . 2 . | 7 4 9
. . . | . . . | . 6 3
------+-------+------
5 8 9 | . . . | . . 4
. . . | 1 . . | 5 . .
3 . 6 | 2 . . | . . .
```

Puzzle 321 - Easy

7		6			5	9		2
	1	2		9		7		
5	9	8	4	2		3		
1				6			4	
	8	9	7					5
				5				9
		1		8	6			7
	5			3	1		9	6
	6		5				2	

Puzzle 322 - Easy

		8		9	6			7
1	9		2		6		4	
	6				4			
2			3				8	1
	8		5	2		3		
7				8	2			
8		6	7					2
3			8		1	4	6	
9			2			3		

Puzzle 323 - Easy

9	1		2					
				9				2
8				7	9	6	1	
6	9	8					1	7
7	4					6		5
5	2		7	1				8
1	8	9			6	5		3
		7		3		1		
		3		1	8			

Puzzle 324 - Easy

	9	6	1	5				
8								6
5				6		4		
7	4			1	2	3	5	8
	6			3				4
3			4					
9	2	1				3		
6		7		4		8		2
4		8		2	5		1	7

Puzzle 325 - Easy

		5	3	8		7		
2	4		1			3	9	5
		9		4		1		
8		2	5			6	3	
		3	6			5		
			8	9	7	2	4	
9				2				7
3		6				4	1	
						9	8	6

Puzzle 326 - Easy

6			5			9		
		8		3	6			1
	1		2	8		3		5
							7	6
7			6				5	
			3	4				
8	5		7	6		2		9
2						5	1	7
9			1	5	2		3	

Puzzle 327 - Easy

2	7						3	6
5			2			7		1
		6						
7					9			4
	5	8	4	3	2	1	6	7
3				6			5	
8				2	1	6	7	
				7				3
		9		4		2	1	5

Puzzle 328 - Easy

	3				1			4
4		6		5				
7	5	9				6		
		8	2		3	4	7	5
	4	1	9			8		
				8				9
2	8		7			3		
6		3		8		5		
			5		6	9		8

Puzzle 329 - Easy

```
. 6 . | 7 2 . | 8 . .
. 7 . | . . 1 | . . 6
1 . . | 8 . 6 | 3 . .
------+-------+------
. 9 3 | 6 . . | . . 4
4 . . | . 9 2 | . . 1
. 2 . | . . 5 | . . 9
------+-------+------
8 . 2 | . 5 . | . . .
. 1 5 | 9 3 . | . 2 .
. . 7 | 2 6 . | . 5 .
```

Puzzle 330 - Easy

```
9 6 3 | . 1 . | . . .
. 8 . | . . . | 2 3 .
. 7 . | . . . | . . 9
------+-------+------
. 6 9 | . . . | . 1 2
. . . | . 6 . | . 7 5
1 . 8 | . . . | 6 9 .
------+-------+------
9 2 . | . 8 . | 7 . 4
8 4 5 | . 7 . | . . 1
. 1 . | 2 3 . | . 5 .
```

Puzzle 331 - Easy

```
8 5 . | . 7 6 | . . 9
3 . 9 | . 2 . | 6 . 7
. 7 6 | 8 9 . | . 2 5
------+-------+------
7 . 3 | 2 . 4 | 5 9 .
. . . | . . 9 | . 4 8
. . 8 | 5 1 . | 3 6 .
------+-------+------
. . . | . . . | . . .
5 3 . | . . 6 | . . .
. 9 1 | . . . | 8 . .
```

Puzzle 332 - Easy

```
. . 2 | 1 5 . | 7 3 .
. . 9 | . 7 . | 5 . 2
. . . | 2 . . | . 9 .
------+-------+------
9 . . | 7 . 5 | 3 8 4
5 7 . | . . 4 | . . 6
8 . . | 3 9 . | . . .
------+-------+------
7 . . | 9 . . | 6 . .
6 . . | . 4 2 | 1 . .
1 4 . | 5 6 7 | . . .
```

Puzzle 333 - Easy

```
. 3 . | 7 . . | . 8 .
7 5 . | 1 2 . | . 6 .
. . 8 | . . . | 5 . .
------+-------+------
. . 7 | . . 2 | . . 1
. 2 . | 5 . . | . . .
. 9 . | 4 . . | . . 8
------+-------+------
1 8 . | . 7 5 | . 4 3
. 4 3 | 2 8 6 | . 1 5
5 7 . | . 1 . | . . .
```

Puzzle 334 - Easy

```
7 4 . | . 3 1 | . 8 .
. . . | 9 . 2 | . 4 .
5 1 . | . 8 . | . . .
------+-------+------
2 . . | 3 . 8 | 6 . 1
. . . | . . . | 4 . 8
. . . | . 1 . | 9 2 3
------+-------+------
4 . . | . . . | . . .
8 7 5 | . . 4 | 2 . 9
. 2 . | 5 7 3 | . 6 .
```

Puzzle 335 - Easy

```
. 3 . | . . . | 5 . .
2 . . | . . . | . . .
9 1 . | . . 2 | . 6 8
------+-------+------
. 2 . | . 9 8 | . 3 .
7 . . | . . 5 | 8 . 4
5 . 8 | 4 2 . | 1 9 7
------+-------+------
. 8 9 | 3 . . | 6 4 .
3 . . | . . 1 | . 8 9
. . 4 | . . 9 | 3 . .
```

Puzzle 336 - Easy

```
. . 4 | 8 . . | . . 7
. . . | . . 6 | 3 2 .
. 6 3 | 5 . . | . . .
------+-------+------
4 2 8 | 3 . . | 9 . 5
. 5 . | . . . | 4 7 .
3 1 7 | 9 4 5 | . . .
------+-------+------
. 3 . | . . 2 | . 9 .
. . . | . . . | 7 2 1
. 4 . | 7 5 . | . 3 .
```

Puzzle 337 - Easy

```
. 3 . | 5 . . | . 7 9
9 2 . | 7 3 . | 8 . .
. . 4 | . . . | . . .
------+-------+------
6 . . | 8 . 5 | 4 . 3
8 5 1 | . . . | . . .
7 4 3 | . 1 . | 9 . 5
------+-------+------
2 1 9 | . 5 . | 7 . .
3 . . | 7 . . | 2 . .
. . 8 | 5 . . | . 9 2
```

Puzzle 338 - Easy

```
2 3 . | . . . | 9 . .
. . . | 1 2 . | 4 . .
. . . | 4 . 7 | . 2 .
------+-------+------
1 2 8 | 9 . . | 5 3 7
. . . | . . . | 6 1 2
. . . | 2 . . | . 9 .
------+-------+------
3 1 . | . 4 . | 7 8 .
5 8 9 | 2 . . | 1 . .
4 . . | . 8 3 | 2 . .
```

Puzzle 339 - Easy

```
4 . . | . 1 3 | 7 . .
2 . . | . . 6 | . . 4
. 7 5 | . . . | 1 . .
------+-------+------
8 1 9 | 6 5 2 | . . .
. . 3 | . . . | . . 8
. 6 4 | . . . | . 1 .
------+-------+------
1 . 7 | . 6 . | . 2 .
. . 2 | . 9 . | 5 7 6
. 8 6 | . 7 5 | . 4 .
```

Puzzle 340 - Easy

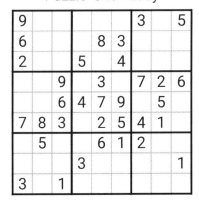

```
9 . . | . . . | 3 . 5
6 . . | . 8 3 | . . .
2 . . | 5 . 4 | . . .
------+-------+------
. . 9 | . 3 . | 7 2 6
. . 6 | 4 7 9 | . 5 .
7 8 3 | . 2 5 | 4 1 .
------+-------+------
. 5 . | . 6 1 | 2 . .
. . . | 3 . . | . . 1
3 . 1 | . . . | . . .
```

Puzzle 341 - Easy

```
. 3 . | 4 . . | 6 . 5
. 6 . | 3 . . | . . .
. 5 . | . . 6 | . 3 2
------+-------+------
. . . | 6 . . | 5 . .
3 . 4 | 5 7 . | . . 6
5 . 6 | . . 9 | 2 . .
------+-------+------
6 . 3 | 4 . 2 | . . .
9 7 5 | . 6 1 | 3 2 .
. . 2 | . 3 1 | 6 . .
```

Puzzle 342 - Easy

```
7 6 5 | . . . | . . .
9 . . | 1 6 4 | . . .
4 . 2 | . 9 . | 3 . 8
------+-------+------
. . 1 | . 4 . | . 3 .
5 . . | . . 2 | 1 . 9
. . . | 6 . . | 2 8 .
------+-------+------
. . . | 3 . . | . . 6
6 . 3 | . 2 8 | . 1 .
1 5 . | 4 7 6 | . . .
```

Puzzle 343 - Easy

```
4 6 . | . . 5 | 9 3 8
9 3 . | 6 4 . | 5 . .
7 5 . | 2 3 . | 6 . .
------+-------+------
. . . | . 8 2 | 7 . .
. 1 4 | . . 7 | . 6 .
5 . 7 | . . . | . 8 .
------+-------+------
. 7 . | 4 . . | 8 . 5
3 . . | . . 1 | 4 . 6
. . . | . . . | . . 3
```

Puzzle 344 - Easy

```
9 . . | . 2 6 | . . .
8 . 3 | . 9 4 | . . 1
. 5 . | . . 1 | 2 7 .
------+-------+------
4 7 2 | 3 . . | 1 . .
5 . . | . . 7 | 4 . .
3 8 1 | 4 . 9 | . 2 5
------+-------+------
. . . | . . . | . . .
1 6 8 | . 7 . | . . .
. . . | 1 8 2 | 9 . .
```

Puzzle 345 - Easy

	6					8	1	7
5			8	1			4	
			9	7	3	5	2	
		8	7					
	4		1		8			
7		5	4					
8		1	3	4				5
4		6	2	8			7	1
9				5	1	4		

Puzzle 346 - Easy

1		7			3			
	3	4						1
6			1					8
	6		8			7	1	
	4	9				8		
8			6		7	9	5	
3			7	4	6	1	2	9
			2	9		3	7	
	7	9		1				5

Puzzle 347 - Easy

	6	8		9		2		1
	5	3	2	6		8		
			8		7	5	6	
					5		4	
9				5	3	6		
			8	7				
	1		7	5	8	9	2	
8				1				
3			6		4			5

Puzzle 348 - Easy

		9		2	4			
4	6	7				3	5	2
3			1	4				8
4			6	9	5	1		
	6	2	8					
								6
8	9				7	6		
	1	4		6				
6	2			4			3	5

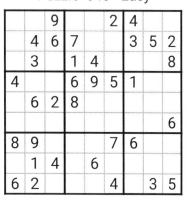

Puzzle 349 - Easy

5	3	7			2			
	6			5	8		2	7
8		9	1					
1	9		3			4		2
				1			7	
3	7			2		1		
	4		6				3	5
6			2	8	5			
				3	6	1	8	

Puzzle 350 - Easy

9	5		6			7		4
7				5			8	
				2				1
	1	6	5			7		
4		8		3		5		
	9				7	4		
	8	7	3				6	5
	3			6	2	1		7
6	4			7	5		9	

Puzzle 351 - Medium

6	4							
1				5	6			9
		5	7			8		
	1			4	8	3		
	6	4						
		3		9				
	9			3	4	6		2
							1	
3	7	6	5			4		

Puzzle 352 - Medium

	2			9				
			3	8		6		2
		5					1	
	7	2	1			3		
		4	8		9			
9							8	7
		1	2	4				5
	4	9		1	7			
7		3						

Puzzle 353 - Medium

```
. . . | 1 . . | 6 9 2
2 . . | 6 . . | 3 . 1
. . 6 | . . . | 7 . 5
------+-------+------
3 . . | . . . | 9 . .
9 4 . | 5 . 2 | . . .
7 . 8 | . 6 . | . 5 .
------+-------+------
8 . . | . . 5 | . 6 .
. . . | . . . | . . 7
. 7 4 | . . 9 | . . .
```

Puzzle 354 - Medium

```
. 9 4 | . . . | 3 . .
. 6 5 | . . . | 4 . 7
. . 6 | . . . | 9 5 .
------+-------+------
9 . . | . 2 . | . . 6
. 1 2 | . . . | . . .
. 4 . | . 8 . | 5 3 .
------+-------+------
2 . . | . . . | 9 7 4
3 . . | . 9 . | . . 2
. 9 8 | 7 . . | . . .
```

Puzzle 355 - Medium

```
5 . 2 | 4 7 . | . 8 .
8 . . | . 6 2 | . . .
. . 1 | . . . | 3 . .
------+-------+------
. 8 6 | . . . | . . .
4 . . | 2 . 9 | . 5 .
. . 1 | 7 . 6 | 8 . .
------+-------+------
. 6 . | . . 8 | . 1 2
. 9 4 | . . 3 | . . .
1 2 . | . . . | . . .
```

Puzzle 356 - Medium

```
. 9 3 | 4 . 6 | . 7 .
. . . | 1 2 . | . . .
. 8 4 | . . . | 6 1 .
------+-------+------
. . . | . . . | . . 6
5 . . | . 3 . | . . 1
. 6 . | 7 . . | 4 . .
------+-------+------
4 2 5 | . . 7 | 1 . .
. . 8 | . . 4 | . . 3
3 . . | . . . | . 8 7
```

Puzzle 357 - Medium

```
. 2 . | . . . | 3 . .
5 . . | 7 . . | 6 . 2
. . 6 | . . 3 | 7 . 1
------+-------+------
. 7 . | . 6 . | . . 3
. . . | 2 8 . | 9 . 7
. . . | 4 . . | . . 6
------+-------+------
. 6 5 | . 1 . | . . .
. . . | . . . | . 4 9
. 1 . | . . 4 | 2 6 .
```

Puzzle 358 - Medium

```
. . 9 | 2 . . | . . .
. 9 . | 1 5 . | . 4 6
. . . | . 4 9 | . . 5
------+-------+------
6 1 . | . . . | . . .
. . 3 | . . . | 5 . .
4 3 . | . 6 . | . . 1
------+-------+------
. . . | . 5 . | . . 3
9 . . | 2 . 7 | 1 . .
2 . . | 8 . 6 | . . 4
```

Puzzle 359 - Medium

```
6 . . | 3 7 . | . . .
. 1 9 | 5 . 4 | 3 . .
. . . | . . . | . 9 .
------+-------+------
9 . . | . . . | . . 2
. 3 . | . 2 . | 5 6 4
. . . | . 6 7 | . . 3
------+-------+------
. 9 2 | 7 . . | . . .
1 . . | . 5 . | 4 . .
5 6 . | . . 8 | . . .
```

Puzzle 360 - Medium

```
. 2 . | . . 9 | . 3 .
8 . . | . 7 3 | . . .
. 6 . | . . . | . . 2
------+-------+------
4 8 . | 7 6 . | 2 . 3
. . 2 | 4 . 8 | . 1 6
5 . . | . . . | 7 . .
------+-------+------
. 5 1 | . . 4 | . . 8
. 4 . | . . . | . . .
. . . | 9 . . | . . .
```

Puzzle 361 - Medium

3				1			7	
5			7		6			3
	8							
	2					1	5	9
4		6	8			7		
	5		2				6	
2								
	6					9	4	
1			4			8	9	

Puzzle 362 - Medium

		3						
	7					1	9	
3		4					2	5
	4							
1							3	2
			2	6	8	5		
7		2						8
	9	1		4				6
8	3		7		5			

Puzzle 363 - Medium

3	7		6					
				4	5			
	5		1	7	9			
						9		
	8		2			6		
7					1	3		
8	9	4				3	5	
	2		9					6
6		3		4	5	2		

Puzzle 364 - Medium

	6					1		
8		9	3					
1	7							8
	1				8	5		6
		6					8	9
9			5		3		4	
2			6	9				
4		1						7
	5		2			4		

Puzzle 365 - Medium

	7		2					3
	3		7			9		8
				8		5		1
			6					9
					8			6
9	2							
		2	7			4		
3		7	4	8				2
4	6		9	2		8		

Puzzle 366 - Medium

			5			9		
6		7						
	4		6		3		2	
		8	2		6	7		4
		6		3			1	8
				1				
8		4				2	7	
1		3			7			9
						1	6	

Puzzle 367 - Medium

	2		8		7			
	6						4	
7						5	8	
		7		6	9			4
		3	4	5				
6			1		8			
		8						6
3				1		4		
4					5	7	3	

Puzzle 368 - Medium

6		2				7		
		1	7	5			2	4
7						5	1	
	7	8						6
2	9		8	6			5	7
						4		1
			5	7				
9		5						
4			2		8			

Puzzle 369 - Medium

4			8					6
							7	3
				3		2	5	
			4					
8		5	3	2				
		4	9	5	8			
5	1							7
				8			3	
3	4	7			1			5

Puzzle 370 - Medium

		4						3
3						8		
6		9				2		4
								2
5		2		9		1	7	
	1		7	2			5	
						4		
		6	8	4				9
4		5		6	1			

Puzzle 371 - Medium

			8					
	3	6	4				1	9
5	6	2	1		9	3		
		1			5			
7			5			1	9	
	1	6	3		4		8	
			7					
	4	7	9					2

Puzzle 372 - Medium

	2		9			5		
					2	8		
	6					9		
	7		6		3	1		
		3	8	7				
	5	1	4			9	3	
	9	6						8
		4						
3			2	4				1

Puzzle 373 - Medium

			4			5	1	3
6			1	5				
		5	3	8			9	2
			6					
8			5			3		4
9	1		7		8			6
	9		8	7	6			
					4			5
	8							

Puzzle 374 - Medium

				1	9			
			3					
	9		5			3	8	
5			9	7	6		3	
	4		6	5	8		1	
6			3	4				
3		7				5		
			4			8		
	5		7			1	9	

Puzzle 375 - Medium

		7	2			3		
			9		5	6		
5	2	9				7		
		2		6				8
6			7			2	9	5
7	3					4		
								3
			3	5	6			1
	4	6				9		

Puzzle 376 - Medium

			2		7	1		
				1				
9	4		3		6			7
	2		6		5	4		
	1	9		7	8			3
	5							
				4			6	2
	6		8		3			
		5		3			4	8

Puzzle 377 - Medium

1			6	4			5	9
			8		5			
		4		2	9	8		
3						9		6
			3	5				
	7			9		3		
	2				8			1
5		9	4		1	6		
								4

Puzzle 378 - Medium

	3			6			1	9
8			5					
6				2	4			
	6							5
			6	9		3		
4		1				8		
3	5		2	1				
	4				5			
1			9	4			6	2

Puzzle 379 - Medium

								4
	8	7			1	9	2	3
					2			
	2		7	4	8			
7			6	1			5	
		4	2		3	1		
				3		7	6	8
9					7			
8								

Puzzle 380 - Medium

			4	8		3	1	
7		3						
	6			1	7			
					8	6		
		2		3		5		
				5		7	8	
5								
	3		9	4	5			6
6		4		7	2			

Puzzle 381 - Medium

9								
		6			7			
		7	1				4	3
8		1	7	9		5		6
	5							4
	7		6	5		1		
		4					6	
		8	5	2	9	4	3	
					1		9	

Puzzle 382 - Medium

9	6							
			3			2		8
7		3	8	1	6	9	4	
			6	5				
1	5		7					4
						1		
6	3		4	8				7
								2
			9	2	5			

Puzzle 383 - Medium

			7		3			
		8		4	7			
	6				1			
	5		8		2	9		
	4			9	6			
7		3		6			5	
		7		8				
8	1		6					
			7	5		8	2	

Puzzle 384 - Medium

	6	1		4	7	3		
4				5		9		
7	8			2		4		
			9			6		
			3	8	4			
			6					
9	1			6			5	3
			2					8
8		4		3		2		

Puzzle 385 - Medium

```
. . 8 | . . . | . . .
7 3 . | 8 1 . | 9 6 .
. 2 9 | . . . | . 1 .
------+-------+------
. . . | 5 7 . | . . .
5 . . | . . 9 | 1 . .
. 4 . | 1 . 3 | . . .
------+-------+------
4 . 3 | 7 . . | . . .
. . 7 | 9 . . | 3 8 .
. 1 . | . 6 2 | 7 . .
```

Puzzle 386 - Medium

```
. . . | 4 . . | 7 . .
6 . 9 | . . . | . . .
. 5 . | . . . | 6 3 .
------+-------+------
. . . | . 8 . | 1 . .
1 . 8 | . . . | 2 . 3
. . . | 6 3 1 | 9 . .
------+-------+------
. . . | . 9 . | . 8 .
. 4 . | 6 3 . | . . .
8 . . | . 5 . | 3 4 2
```

Puzzle 387 - Medium

```
. . . | . . . | . . .
8 . 5 | . . . | . . .
4 . 6 | . 2 3 | . . .
------+-------+------
. . . | 7 4 . | . 8 .
. . . | 2 6 3 | 1 . .
. . . | 1 . . | . . 7
------+-------+------
. 5 4 | . . . | 7 . .
3 . . | 1 . . | 5 4 .
. 7 8 | . . 4 | 6 3 1
```

Puzzle 388 - Medium

```
5 7 . | 4 8 . | . . .
1 . . | 2 . 7 | . . 5
. . 4 | . . . | 7 . 1
------+-------+------
. . . | 5 3 . | . . 8
. . 9 | . . 6 | 3 . 7
. . . | . . . | 2 . .
------+-------+------
7 . . | . 1 . | 8 2 6
. . . | . 7 . | . . .
8 6 . | . . . | . . .
```

Puzzle 389 - Medium

```
. 7 . | 2 . . | . . .
. . . | 3 4 . | . . 1
. . 9 | 6 8 1 | . 7 .
------+-------+------
. 5 . | . . . | . . .
. . 1 | . . 3 | . . 6
2 3 9 | 5 7 . | . 8 .
------+-------+------
. . 5 | . . . | 4 . .
9 . 7 | . . . | . . .
4 6 . | 1 . . | . . 5
```

Puzzle 390 - Medium

```
. 2 . | . . . | 7 6 .
. 5 . | 6 . . | 2 . .
. 4 . | . . . | 8 . .
------+-------+------
. . . | 5 9 . | . . .
. 1 . | 8 . . | . . .
9 3 . | . 4 7 | . . .
------+-------+------
. 9 5 | 4 . 8 | . . 7
. 1 . | . 5 . | . 9 6
. 4 . | . . . | . . 5
```

Puzzle 391 - Medium

```
. 1 . | 6 . 7 | . . .
3 7 . | . 2 . | . 9 6
. 8 6 | . 3 1 | 2 . .
------+-------+------
. 4 3 | 2 . . | . . .
. . . | 6 . . | 2 . .
. 9 5 | 8 . . | . . .
------+-------+------
. . . | . . . | 4 . .
. . . | 9 6 . | . . 8
7 . . | . 3 . | . . .
```

Puzzle 392 - Medium

```
. . . | 9 . . | 8 6 .
. 8 5 | 6 . . | . . 3
2 . . | . 8 5 | . . .
------+-------+------
7 4 . | . . . | 6 . 9
1 . . | . 5 . | . . .
. . . | 9 2 4 | . . 1
------+-------+------
6 . . | . 3 4 | . 1 .
. . . | . . . | . . 8
8 . . | . 5 . | 9 4 .
```

Puzzle 393 - Medium

				8			3	
			4					
2		3	9				4	
		6				5		4
	5							8
8	3		5			7	1	
	1		3	5		2		
	6	2			9		7	
	4			2				5

Puzzle 394 - Medium

2				1				
5	8	3	2				4	
	9		7		8			
						4		
	4	9	1					
			9		7		2	
9		1	4					3
		5						
4	7	6		9		1		2

Puzzle 395 - Medium

		3	8			5	6	
		2		1		9		
					2	8		
		4		3		1	7	
	7	5			1		2	
	1	2				3	8	
			2	8				
9	4					2		3

Puzzle 396 - Medium

4		5			6			
		7	3			8		6
		1	9					
						9	8	
		9		2	4		7	3
5		3					2	4
		1						7
	3					2		
	2			8		3	5	

Puzzle 397 - Medium

		4	8	2		3		
	1							
	2		6		3			8
9				6	2		8	3
			4			1	7	9
			9			5		
2							3	6
				5				7
	5		9					

Puzzle 398 - Medium

7						2		
6				9			8	5
	4			6	1		9	
	8					1		
					9	8		4
5	1	2				9		
			9	8	6			
	2			1	3			8
					7			

Puzzle 399 - Medium

1			4			8		6
	7	2			3			
						7		
2		6				9		
	3	8	5					1
	9			1				
9	8		7			2		
7			8					
6			2	5				8

Puzzle 400 - Medium

	7		3	1				5
9			5			3	2	
	1			9				4
	9							8
6	3					2		
	2					5	1	
1	7			2	8			
4						8	9	
	6	9						

Puzzle 401 - Medium

			8			7		
5				3		1		
			2			9		
7		1					5	
2	4		8		7		6	
		5	6		2		7	
3						5		
			1			8	9	3
		2		9	5			

Puzzle 402 - Medium

	7		2			1		5
		5			8		4	
3	4		6			5	2	7
		4	7				5	
					3	7		
						4		
	8	2			9	3		
	1			2			9	
		7		6			8	

Puzzle 403 - Medium

		5				6	3	
6			9			4		8
4			3			9		
		6	5	7		3	1	
	1							
						5		2
	4		6			8		
	3	7				1		
			1			4	9	

Puzzle 404 - Medium

		6				2	5	
	5			3	1	9	8	
				4				
			8	2				4
	7	3				1		
6	8		5					
	3	2						
8	1	5			6		4	
	4			7				9

Puzzle 405 - Medium

1			4					
			1					5
		9			2	7		
2			4				5	
							9	4
8	3	4		1	5			
6	7			5		3		
						5	6	
9		1	3	7			8	2

Puzzle 406 - Medium

	5	7				8		
		2			8	1		
	3	6	4	7				
		5	3			1	4	
7		8				3	5	
					6	7		9
3			2					
5			8					
6		1				2		

Puzzle 407 - Medium

			5	8				3
		3				8		
5			6		1		4	
			8		5		1	4
	1			7				
					3	7		2
4		5	1					
	2					4		1
	9			2		6		

Puzzle 408 - Medium

	7			9		5		
			8	1				
			5	4				
8						1		
	4	7		3				
3			8			7		6
	7	6		9	8	3	1	
		6				2	9	4
5			1					

Puzzle 409 - Medium

		1				9	4	2
	4		3				6	
8						3		
		9					2	
4					1	6		
1			3	2		5		
6			8			7	3	
				4	3			
	3		6	2				

Puzzle 410 - Medium

	2	1				7	8	
			4	2	1			6
						3		
7		6	2					5
1				4	2			
3			9			6		
			7	9		2		
		6				8		
2	1	7	5		8			

Puzzle 411 - Medium

2		6	3	4				7
	7	9	2			8		
							6	
9	8		6	2				
				3		9		
3						7		6
	9	3		8			7	
	4							
8	2	5	4					1

Puzzle 412 - Medium

1	2	9	7			5		
		5			2	4		9
				5		2		
		4	6			2		
			3			6		
3								7
4			7	8	1			
1						9		
7			2					8

Puzzle 413 - Medium

						6	7	
	9					4	3	
7		6		3		2		
			6			8		3
	5		3					1
			8					5
		1		5				
	2	5			8		7	4
			4		6	5		

Puzzle 414 - Medium

			1					
	1		7	6	8			
	2					8		
4		8			5			2
2	5	3				9	1	6
6		4					9	7
	3	1			2			
	7			9			3	

Puzzle 415 - Medium

		4		6				
6		5		9			8	
		9			1			6
					6	7		
		1	2	8				
4				5				
	3		9				4	
5	1		7			8	6	9
						5		1

Puzzle 416 - Medium

7	6				1	2		3
						7	8	
	9			8			6	
1		2			8			5
					4			7
			1		3			
6	7		8			3		2
		1				8		
			2	3	5		7	

Puzzle 417 - Medium

```
3 . . | 5 . . | 8 . 7
9 4 . | . . . | . 5 6
8 . . | 1 6 . | . . .
------+-------+------
1 . . | . . . | . . 2
. 2 . | . 7 . | 6 . .
. . . | . 2 . | . . 3
------+-------+------
. . 8 | 7 . . | 4 . .
. . 7 | . . . | 6 . .
2 . 4 | 6 . 8 | . 9 1
```

Puzzle 418 - Medium

```
. . . | 9 5 . | . . .
. . . | . . . | 3 . 1
7 . . | . 3 4 | 9 . .
------+-------+------
8 9 2 | 7 . 5 | . . .
. . . | 1 2 . | 7 . .
. . . | . 6 . | 5 . .
------+-------+------
. 2 . | 5 . . | . . 4
. 4 . | 3 . . | 8 . .
. 8 6 | . . . | 1 . .
```

Puzzle 419 - Medium

```
3 9 . | . . . | . . 6
. . 8 | . 1 . | 4 5 .
. 4 . | . . . | 2 . 8
------+-------+------
6 3 7 | . . . | 2 . .
5 . . | . . . | . . .
. . 4 | 5 . 2 | . . .
------+-------+------
. . 1 | 3 7 6 | . 8 5
. . . | 4 . . | 6 . .
. . 3 | 9 . . | 7 . .
```

Puzzle 420 - Medium

```
3 . . | . 8 5 | . . .
. 8 5 | 1 . . | 3 . .
. 1 7 | . 9 . | . . .
------+-------+------
7 2 5 | . . . | 4 . .
. 4 9 | . 3 . | . . 1
. 5 . | . 2 . | 6 . .
------+-------+------
. 7 . | . . . | . 2 .
. . 2 | . 9 . | 7 5 .
```

Puzzle 421 - Medium

```
. 7 2 | . . . | . . 5
. . 3 | 5 6 . | . . 2
6 . . | . 2 . | 4 . .
------+-------+------
. . . | 5 6 . | . . .
3 . 5 | 9 1 . | . . .
2 . . | 7 8 . | . . 6
------+-------+------
. . . | 3 . 2 | . . .
8 . . | 1 5 . | 3 . .
. . . | . . . | 5 7 4
```

Puzzle 422 - Medium

```
2 . 5 | 8 . . | 7 . .
. 1 . | 9 . 2 | . . .
. . . | . . . | . . .
------+-------+------
9 . 4 | 7 . . | 2 8 .
. . . | 2 . . | . 4 .
8 3 . | . 4 . | 7 . .
------+-------+------
3 6 . | . 2 . | 5 . .
. . . | . . 1 | 2 . .
. . . | 3 . . | 9 . 1
```

Puzzle 423 - Medium

```
. . 1 | . 9 . | 8 2 .
. 3 . | 7 . 6 | . . 1
. . . | . 4 . | . . .
------+-------+------
. . 9 | 2 . . | 7 . 5
. 7 . | . 6 . | . . 8
2 . 8 | . 5 . | 9 1 .
------+-------+------
. 5 . | 4 . 2 | . . .
. . 2 | 6 . 3 | . . .
3 . 7 | . . . | . . .
```

Puzzle 424 - Medium

```
. . . | 9 . . | . 8 .
6 . . | . . . | 2 9 .
. 9 . | 5 . . | . . .
------+-------+------
2 . . | 4 . . | . . .
. 8 3 | . 5 6 | . . 2
9 5 . | . 2 6 | . . 1
------+-------+------
. . . | . 2 . | 7 . .
. . . | . 1 3 | . . 5
5 . 1 | . . . | . . 4
```

Puzzle 425 - Medium

	7				8			4
				4				
5	3				2		9	
		2	7	8	4			
9	1	3			6		8	
	8		9		1			2
		6	3					9
						2		
3	2		4					

Puzzle 426 - Medium

6			8	3			7	4
				1		9		
7								
8	4	7					1	2
								9
						3	4	
2		6						7
		8	5			4	3	
	3		7		9	1		

Puzzle 427 - Medium

	2			8		9	4	1
8		1						
	5		1		7			
	3							
			3	9	5			4
		6			1	8	3	9
	8							3
		7			2			6
2					8		5	

Puzzle 428 - Medium

3				8	9	5		6
9				6			1	3
6				2	8	9		
	5		7					
1	6	7						
4			1		6			
	4							
		9			1			5
		8			5		2	9

Puzzle 429 - Medium

7	5				3			
				2	6	3	5	8
	2	3						
						6	9	
		5	1					
		9	4	3	2		1	
	4					8		
			3			4	1	6
3	6							4

Puzzle 430 - Medium

	7		5			3		
		9	8		2			7
5			4			9	6	
		6		8	9			3
		3					9	
	9	4	3	2		6		
	1				4			
2						4		
	3		2			8		

Puzzle 431 - Medium

						2		7
7		9	1			3	8	
3	2	6				9	1	
		2		3	8			
			6				9	1
	4		9			5	3	
8	6				4		2	
	3			6		7		

Puzzle 432 - Medium

	6			2				
			1	4				9
9	4	7					3	
			4					
			6		9			
1		3		8		6		
			2	8	1	4		6
8	1				5			7
6	2		7					3

Puzzle 433 - Medium

4	6	2		7				
		9						
					1			
			4		2		3	5
		8	1	6		4		
			9			1	2	
	7	6				8		
8				3		5		
9	3	6			8	2	4	

Puzzle 434 - Medium

5	3			2		8		6
							3	
	7	9						
	4		1		8			
			9	3	2		8	
	9	2				3		
4	6	1		9			7	
			3				6	4
3	5							8

Puzzle 435 - Medium

							9	5
7	3		9	6				2
		1						
			2	4		5	8	
9	4			3				
2			1	5		4		
		7				3	6	
4	6		8					7
	5					8	2	

Puzzle 436 - Medium

			2				1	
		8	9		6			2
6		5				3		
	8			4	2			
	9							
4			3	6	9	8	5	
2		3			7	9		
			8					5
			2	9		7		3

Puzzle 437 - Medium

1		6				2		
9			7	5		8	3	
		9				4		
	1	8	7	3	4			
3				2		5		8
	2		6			8		
7			2		3	6		
					8		3	

Puzzle 438 - Medium

	7	6	3			1		
				1				4
1			8	4		5		
	2							3
5						8	6	
				6				1
6				8		7	3	5
2			3	9		4		
7				5				

Puzzle 439 - Medium

	3						4	5
5						6	9	
6			5			1	3	
		2			6	9		
	5		3		2			4
	7	6						
	9							
7		8	1					
			8	3	2	1		

Puzzle 440 - Medium

4			7			9	3	
			5	2		8		
						6		2
	5					4		
		2						9
3	9	7				5	1	
2		4	8					6
	6		2		1	3		
	8		6					

Puzzle 441 - Medium

		2	1					9
	6	1	4					
4		5	3		7		1	
	4		5		9		8	
	8						4	
5			8					2
3					2	8		
								4
9			7		1		2	3

Puzzle 442 - Medium

	9		6	3				7
		4			7		8	3
		8				6	5	
	2	8						
3	4			9			1	5
	6	9	3					
			1	8				
	7							8
	8	6				3	2	

Puzzle 443 - Medium

	9		4				2	
		8						
			1	8		7		6
2		6					7	
	7		2					8
	4			1	9	3		
7			8	4				5
		2	3			1	8	
								7

Puzzle 444 - Medium

		8	4	3		7		
9				8		3		5
4	3	6						
3			9			6	1	7
				6	1			3
				5				
	9	2						4
	1	5						2
			6		4			9

Puzzle 445 - Medium

5				1		4	3	
4			5			7	6	
		2						
2					5			
6			8			1		
	4			6			2	
3	1			4			7	
		6						
		6		9	4	2	1	

Puzzle 446 - Medium

		4	3				7	
			9		6			
			8	4	2			
	5			1				6
	7		5		3			
8	1				4	5		2
		1	6					
6	8	7						5
		2	4	8	9			

Puzzle 447 - Medium

	3	4	7					
6		5				2	8	
2				8			6	
					5			1
9				1		3		4
	8		3			5		
5	1				6			
			1		4			8
				7		6		

Puzzle 448 - Medium

				3	1			
				7		3	8	
	4		5	2	9			
					8			4
4			7					6
	3	2	9			7		
	2	7	1		4		9	
	8		3	9				1
1								

Puzzle 449 - Medium

8			7			4		3
		3	5	2				6
2			8	1				
		1		3				
7		2	6				9	
5			4			8	6	
	2		4	3				
			1					
			6			5		

Puzzle 450 - Medium

8	9	7						6
6						1		
			3					8
			2					
7	4	2						
1			4			8		3
	8	6	1	9	5			4
	5		6	4				9
			8	7		6		

Puzzle 451 - Medium

	9		2					
1			6		7			2
5	6					7		
7		9	5	4				8
	5		6			4		
	2			3				7
			8					
8						1	7	
	7			5		9		

Puzzle 452 - Medium

			4				6	
9				3	4			
7			6	9			3	
5		2		1		6		
				2	1			
				8				5
3	8		7		4			
6			1					8
	4		6	8		9	3	

Puzzle 453 - Medium

		6		5	8			2
4	8					9		
				7				
			6			2		
6			9		7	5	8	
3		8	5					1
8	4			2		9		
			1		4			
	7	1				5	8	

Puzzle 454 - Medium

3	9	1				6		
7	6				3	8	1	
		4		2		9		
	5	9						
	1		4					8
9			8					2
				8		4		
5	3		2					
				6				9

Puzzle 455 - Medium

		6		3		1		
7			4					
3	1		2					
4	6	7						3
				4				
			1	6	2	9		
	3		2	9		6	5	
6	8					2	1	
			6			3		

Puzzle 456 - Medium

	2	1	6					3
6								7
7	4		2	3		9		
	7	3						4
9		6		1		7		
	1		9			5		
						3		
	9	4				6	2	
			1	5				8

60

Puzzle 457 - Medium

5			9	8	1		6	2
	2							
9		6		3	8			1
						9		
	9	1	6		4		2	
	8		3			5		7
	3			6		1		
			1					4
						3	9	

Puzzle 458 - Medium

	5	1		4			3	9
4				5				
		3	7			5		
			9			5	6	
			8		7	2		3
1	7	6						
				2				5
			9	5	6	7		
5	8							6

Puzzle 459 - Medium

8			3		4	1		
6						3	9	
5				9				8
	6	8						
		2		4				
	3	9	1	6	5	2		
					2	5		
		5				1		
2			9	7				

Puzzle 460 - Medium

			8		4		3	6
6	8			1		5	4	
						1	7	
3	7					6	2	1
8				6			5	4
						3		
	2		5					
	5		1		3	2		
9			6					

Puzzle 461 - Medium

		6				9		5
4			5	2	8	1		
					1			8
5	6	3			2			7
			4			5		
			1		7			
			2	3		4		
	9				5		7	
				1	8			

Puzzle 462 - Medium

6	7			8		1		
			3		4			
			1	5				
		5				2		8
	8				9	6		
9		3			8	1		7
3			7		5			
				9		4		
	5		2					6

Puzzle 463 - Medium

	1	6		9			2	3
	9	8		7			5	
2		4		1				7
			7		6	2	3	
						4		
			2					
		1				3	6	
		2	3					
5				4			7	

Puzzle 464 - Medium

			6	5	7		1	
	4		8					
	6		2					
	7		3	4		6	2	
2		6						5
3				8				
			4	2				3
9		3	6	1		5		
	1		7				9	

61

Puzzle 465 - Medium

```
2 . 6 | 9 . 5 | . . .
. . 8 | . . 4 | . . .
. 4 9 | 3 8 . | . 2 .
------+-------+------
. . . | . . . | . 7 .
. 9 . | . . 2 | . . 1
3 . 5 | 8 . 9 | 6 . .
------+-------+------
. . 4 | . . . | 3 . .
. . . | . . . | 8 . .
9 2 3 | . . 6 | 8 . .
```

Puzzle 466 - Medium

```
. . 3 | . . . | . . .
. . 7 | . 5 . | . 6 1
7 . . | 8 . . | 9 4 .
------+-------+------
. 3 . | . 6 . | 1 2 .
. 8 6 | 4 . . | 2 7 9
6 5 . | . . 7 | . . .
------+-------+------
. . . | . . . | 6 . 2
. . . | . . . | . . .
. 4 1 | 2 . . | . . 5
```

Puzzle 467 - Medium

```
5 . . | 2 . . | . 9 .
9 3 . | . . . | . 4 8
. . . | 1 9 . | 6 . .
------+-------+------
. . . | . . . | . . 6
. . . | 7 3 1 | 2 . .
. 1 . | 6 4 . | 3 . .
------+-------+------
8 5 6 | . . . | . . 7
. . . | 1 . 7 | . . 2
. . . | . 4 . | . . .
```

Puzzle 468 - Medium

```
. 1 3 | . . 5 | 7 6 .
6 2 . | . . . | 4 . .
5 7 . | . 3 . | . . .
------+-------+------
. . 1 | . . 7 | . . 3
. . . | . 4 . | 9 . .
3 . . | . 2 . | . . 6
------+-------+------
8 3 . | 9 . . | . . .
4 . 7 | 2 . . | . 9 .
. . . | . . . | 6 . .
```

Puzzle 469 - Medium

```
. 8 . | 3 . . | 4 6 5
4 3 . | . . 9 | . . .
. . 5 | 4 . 2 | . . 8
------+-------+------
. 1 . | 7 2 3 | . . .
. . 6 | . 4 . | 7 3 .
. 7 . | . . 9 | 8 1 .
------+-------+------
8 2 . | . . . | . . .
. . . | . . 7 | . 4 .
6 . . | . . . | . . .
```

Puzzle 470 - Medium

```
. 7 . | 6 . . | 5 . .
. 1 . | 4 5 . | 9 . 7
. 8 . | . . . | . . .
------+-------+------
. . . | 2 4 8 | . . .
6 . . | . . 7 | . 4 2
. . 1 | . . . | 7 3 .
------+-------+------
9 . . | . . 5 | 3 . .
. . . | 6 9 . | 2 . 8
. . 7 | . . . | 6 . 9
```

Puzzle 471 - Medium

```
. . 5 | . 7 . | . . 1
. . . | . . . | . 3 6
2 . 7 | 3 . . | . . .
------+-------+------
7 4 1 | 5 6 . | 8 9 .
. . 6 | 4 . . | . . 1
. 9 . | . 3 . | . . .
------+-------+------
. 5 4 | 1 . . | 9 . .
. . . | 5 4 . | . . 8
. . . | 9 . . | 5 . .
```

Puzzle 472 - Medium

```
. . 5 | . . 9 | . . .
. . . | 3 4 5 | . . .
. . . | . 8 . | . 9 .
------+-------+------
. . . | 4 8 . | 7 . 1
7 . . | 6 . . | 3 8 .
. . . | 9 6 2 | . . .
------+-------+------
. . . | . . . | 6 . 3
. 4 . | 1 7 . | . . .
9 8 7 | . . . | 1 . .
```

Puzzle 473 - Medium

8	1	9		3			2	
		3					5	
					2	8		
	5		9			2		1
1	9	2			5	7	8	6
3		8						
6		4			8			
					3		6	7
2								

Puzzle 474 - Medium

1								
2	7	6	8		3			
	8		9		4		2	
			2				4	
6	1			3			8	5
								6
5								
7	9			4	5	1		
			7	8	2	3		

Puzzle 475 - Medium

7						4		
8			6			5	1	
		9		3				
		9	8	6	7			
	6		5		7		9	3
				4	1		6	
3	2				8			
1	7			9				
			1					

Puzzle 476 - Medium

		4						2
	7			8	9	5		
1	2		4			6	8	
								8
5		2	6	4		1	7	
	1		7	5				
	5						6	
2	4		1					
		8				2	4	

Puzzle 477 - Medium

2			1	5			3	8
1					4			
	6		8		4		5	
		7						
	9	2				5	6	
			4		8		2	7
3								
	5				4			3
4			7		3		1	

Puzzle 478 - Medium

6	1	3			7			
			8	6				
	5		2		3			
	9			8			4	
								5
2		1			9		8	
1		4		7		6		9
				1		8	5	4
							1	

Puzzle 479 - Medium

			1	2				5
9			3		8		6	
								9
	3	7	9		1	4		
		5					1	
		4	7					
2					7	5		
	7		2	6				
		6				2	7	1

Puzzle 480 - Medium

		8	5		3			1
		9		8		5		
		7		1				
8								
1						6	3	5
		2			6		4	7
2			3		8	4	1	
					4		5	8
6						7	2	

63

```
3 4 2 | 7 1 . | . . .
. . . | . . . | . . .
. . . | . 5 . | 9 7 3
------+-------+------
. 5 . | . . . | . 6 .
7 . . | 3 6 2 | . . .
. . . | 1 3 5 | . . .
------+-------+------
. . . | 8 . . | . . 6
5 2 . | 7 . . | . . 4
8 . . | 6 . . | 7 2 9
```

```
. . 9 | . . . | . . 3
9 . . | . . 6 | . . .
. 7 . | 6 2 5 | . . .
------+-------+------
. . 7 | . . . | 8 . 2
. . . | 7 3 8 | 1 . 6
3 8 . | . . . | . . 5
------+-------+------
. . 1 | . . . | 5 . .
4 . . | 5 . 7 | . . 9
. . 1 | . 8 . | . 2 .
```

```
1 . . | 7 . . | . 6 .
. 9 . | . . . | . . 5
. . 6 | . 8 . | 7 . 9
------+-------+------
8 . . | . . . | . . .
. . 1 | . . . | 5 7 6
. . 3 | 5 . 2 | . . .
------+-------+------
6 . . | 4 . 3 | 9 2 .
. 1 . | 6 . . | . . .
. . . | 2 . . | 6 . 4
```

```
. . . | . 6 . | . . 1
6 . . | 1 . 2 | . . 5
. 1 . | . 3 . | 4 . 9
------+-------+------
. . . | 6 . . | . . .
9 6 . | . 2 1 | . . 8
. 4 . | 8 9 . | 2 . .
------+-------+------
. . 1 | . 4 . | 9 . .
. 5 . | . . . | . . .
2 . . | . . 7 | . . 4
```

```
. . . | . . . | 9 7 .
. . 8 | . . . | 4 . .
9 . . | 6 2 . | . . .
------+-------+------
. . 4 | 2 . 7 | . . 3
. 9 7 | . 3 . | 2 . .
. . 3 | 1 5 6 | . . .
------+-------+------
3 . 2 | . . . | 5 . .
. . . | . . 1 | 9 2 .
. . . | . . 6 | . . 4
```

```
. 1 . | 7 8 . | 9 5 .
. . . | . 6 . | 8 1 .
4 . 2 | . 5 . | 7 . .
------+-------+------
. 4 . | . . . | . . .
9 . 6 | 5 4 . | . . 8
. . . | 6 . . | 3 . .
------+-------+------
. . . | . 7 9 | . 2 .
. . . | . . 8 | . . .
7 5 . | 9 . . | . . .
```

```
. . 7 | . . . | 3 . .
. 1 . | 2 . . | . . 9
. . . | . . 6 | 8 . .
------+-------+------
8 . 2 | . 1 . | 3 5 .
. 1 6 | . . 4 | . 2 .
. . . | . . 7 | 4 . .
------+-------+------
3 5 4 | . . . | . 6 .
. . . | 5 . 8 | . . .
. . . | 1 6 . | 7 . .
```

```
. 4 . | . . . | . . .
. 7 2 | 4 . . | . . .
. . . | . 5 6 | . . 3
------+-------+------
9 . . | 1 . 6 | . . .
. . . | 2 . . | . 5 .
. 2 5 | . . 8 | . 7 .
------+-------+------
3 . 8 | . 9 2 | 4 . .
. 9 . | . 7 1 | . . 8
. . 2 | . . 6 | 4 . .
```

Puzzle 489 - Medium

	4							7
	2		7	4	9		6	1
		6			8			
5			6	3	2	7	8	
	9		5					3
			8		1			5
				5			4	2
			9		3			
						7		

Puzzle 490 - Medium

7	9			4	1			
			6	8	3			9
	8		5			2		3
5				6	8			
3		6				7		
4							8	6
2	3				9	1		
		1	8					

Puzzle 491 - Medium

	3	8			7			6
2	4	7	5		6		1	
9				3				
4	8	5		1	9			3
	9							
6			2					
					2		7	
8			7			9		
	5	6						

Puzzle 492 - Medium

	3	8		5	9	4		
	7							
9				1			6	7
8				9				
	9							
6		3		4				1
			4			5		
	6		9	3	1			4
7		4			2			

Puzzle 493 - Medium

1		2	9		8		3	
7					1			
			7		2			1
		4					1	7
9			2					
	3	1			9		2	
		9	8		5			
								6
8				6	2	1		

Puzzle 494 - Medium

	2		1		4			
8	1							
		6	9					3
5								
1	3	2			5	8		4
6		8	2			5		
9			4				2	5
				3			4	8
		1	7					

Puzzle 495 - Medium

1			5			8	7	
5		6		8	7			1
					3	4		
6	5							
		7	9					3
		1			7			
		5						6
	6				5	2	8	
7	8				4			

Puzzle 496 - Medium

4			8	9	1			
	8		4	5			3	9
	6							
		2	3					
9		8		4		2		
				8		4	9	3
						8		5
	5		6			2		
3	1	6				7		

Puzzle 497 - Medium

		3	2	6	7			
	7							8
		6	9		7		4	
		9		1				7
		1			9			2
4						6		
	8		7	4				9
3				9				
1		7	5	6	2			

Puzzle 498 - Medium

		7			9	1	5	
			4	5		6	9	
5		4			8			
		9					6	
4				1				
1		2					3	
	1	6			4		8	3
3				2		5		
	2							

Puzzle 499 - Medium

			1				5	8
4				8				
		8						9
		4	7			9		
1	3	6		9		5	7	
		8		2	1		6	
6			3		4			7
9	1			5				
		4			6			

Puzzle 500 - Medium

			4		2			
			8	6				9
	7			2			5	1
	6	5			1			
			5			9		
1			8		9	6		
2	3		7		8			4
4			3					
6				1				

Puzzle 501 - Medium

		5						8
	4	8		6	9			
7	2		8					
8	7				1	5		
	9		3		2		8	4
		7	9	4				
	1							5
			1	5		9	3	6

Puzzle 502 - Medium

				2	5	6	7	
	3			8				
			7					
9	4			8	5			
8						7		4
1	5		7					8
				9				
	8	3	5	7		4		9
						8	1	5

Puzzle 503 - Medium

	2		6				9	
	6		2					3
9				8	6	5		
	7			8		5		
4								
3		5	4				7	1
8		2	5	4			3	
						1	2	
6		1						

Puzzle 504 - Medium

9	5	1	4			7		
	8		6	7		9		
			7	1			2	
		2	5	3				8
	6		8			1		
	3			8	4			
4	1		7		9		3	

Puzzle 505 - Medium

.	.	.	6	8	.	.	.	4
6	4	5	.	.	.	.	.	8
.	.	.	4	.	.	7	2	6
.	9	.	4	.	.	.	.	.
.	.	.	9	.	.	.	.	1
8	.	.	5	.	.	6	.	.
9	7	.	.	.	.	.	.	.
.	1	.	2	3	.	5	8	7
.	.	.	1	.	7	.	.	9

Puzzle 506 - Medium

.	1	.	5	.	.	8	.	.
.	.	7	.	.	.	.	1	.
2	.	.	3	.	.	.	.	.
1	.	.	.	4	.	5	.	.
7	.	.	9	.	.	4	8	6
.	.	2	.	.	8	7	.	.
9	.	.	8	.	.	.	7	.
.	.	3	.	2	6	.	.	9
.	.	1	.	.	.	2	.	.

Puzzle 507 - Medium

8	.	.	.	.	.	7	6	.
9	.	1	.	.	3	.	.	4
.	.	.	.	.	6	.	.	2
6	.	.	.	.	.	2	4	.
.	8	.	.	3	1	.	.	.
.	.	.	2	.	.	8	.	5
4	1	.	.	.	.	3	5	.
3	7	.	9	.	.	.	.	.
2	.	5	.	.	4	.	7	.

Puzzle 508 - Medium

.	.	.	8	9	6	.	7	.
.	8	.	.	.	.	9	.	6
6	.	.	4	.	2	.	.	8
.	.	.	.	.	3	.	.	2
.	.	4	.	.	1	.	9	.
.	9	.	.	.	.	.	.	.
2	.	1	.	6	.	.	.	.
.	.	3	.	.	4	6	.	9
.	4	.	.	5	.	7	.	3

Puzzle 509 - Medium

.	.	.	3	.	8	.	.	.
.	6	.	.	.	5	2	7	.
.	8	5	.	.	1	.	.	9
7	4	1	.	9	.	.	.	.
.	.	9	.	.	.	4	1	.
.	.	.	1	.	.	.	.	.
.	.	.	4	.	3	.	.	.
6	.	.	9	.	.	7	.	.
3	.	.	2	5	1	6	.	.

Puzzle 510 - Medium

1	.	.	.	.	.	3	8	.
.	.	.	.	2	.	.	.	9
.	.	9	.	.	.	7	1	2
.	.	7	8	.	.	.	6	.
8	.	.	4	.	.	.	.	.
.	.	6	.	.	.	.	4	8
4	.	.	.	.	7	1	.	.
.	.	.	.	9	.	.	.	.
2	9	.	1	8	.	4	3	.

Puzzle 511 - Medium

4	.	.	.	.	.	1	9	6
1	9	.	.	7	4	.	5	8
.	.	.	.	.	.	.	.	.
9	6	.	.	.	.	7	2	.
.	.	.	.	.	2	.	.	.
.	.	2	6	.	.	.	.	1
5	.	3	.	1	.	.	7	9
6	.	.	.	.	.	4	8	2
2	7	.	.	.	.	.	.	.

Puzzle 512 - Medium

2	.	.	.	6	.	.	3	.
.	5	.	.	4	1	.	.	.
.	6	1	.	9	8	.	.	.
.	.	.	.	.	.	.	7	8
6	.	.	8	.	.	.	4	.
8	5	.	.	3	.	.	.	.
7	.	4	.	.	.	.	.	.
.	8	.	5	3	7	.	9	.
5	.	.	7	1	9	.	.	.

Puzzle 513 - Medium

	7	9	1					
	6					7		
		2	3	7		1		
					8	5		
					4			
3		6	4	9	1	2		
			7					
	9		5	8			6	
	2		6			8	7	

Puzzle 514 - Medium

			6			4		
	4	7				5		1
			3					6
	1					3		
7	2					5		
	6		9	5	8	7		
8			6					
5	4					1	3	
		6	9			8	4	

Puzzle 515 - Medium

	8	2			5	6	7	
7		6				2	3	
				2				
		8	2					9
4		9						
	6		5		8			
3	1		9		4			
			3	6				5
			8	1		9		

Puzzle 516 - Medium

9		3				7		
				6		9	3	
7	5		9			1		
	8		1			9		
			4			8		
4	9					7	2	
		6	7				4	
3			2	8				
						3	8	

Puzzle 517 - Medium

		5		6		4		
		7		4				9
3		9						
		6	9		5	4	2	
						3	6	
				4		9		
		4		2	9			5
	8	5	6					
9	1		8			2	6	

Puzzle 518 - Medium

			5		1	3		
	9	4						
	3	2	9	4	8		7	
8		6	5					
	5					4		
2			9	1				5
	8		1			9		6
								8
	2		3					

Puzzle 519 - Medium

								7
						5	1	
1			6			9	3	8
	6				1		5	
			2					9
			6	3				
	7			1		4	6	
9	4	3				1		5
	1		5	3				2

Puzzle 520 - Medium

8								
2	1	5		4		9	8	
			4		8			1
		3		1		8	2	
		1	5			4		7
				2		1		6
	8		3					
	7	9	2					
						6	7	4

Puzzle 521 - Medium

```
8 . . | . . . | 4 . .
. . . | . . . | . 5 3
. 3 . | 4 2 . | 7 . .
. 7 2 | 5 . . | . . .
1 . . | . . 3 | . . .
. 4 . | 6 . . | 1 . .
. . 6 | 8 . 5 | 3 2 .
2 . 8 | . . 6 | . . .
. . . | 9 4 . | 8 6 .
```

Puzzle 522 - Medium

```
. 1 . | 4 . . | 8 . .
. 4 8 | . 7 . | . 3 .
. 6 . | . 3 . | . 5 1
. . . | 4 5 9 | . 8 6
. . . | . 3 . | . . 5
. . . | 7 . . | . . 2
1 7 . | . . . | . . .
. . . | . 6 5 | . . .
. 5 . | . 8 1 | 7 9 .
```

Puzzle 523 - Medium

```
. . . | . . . | 6 5 1
9 4 1 | . . . | . 2 .
. . 8 | 1 2 . | . . .
4 . . | . . . | . . .
. . 6 | 4 1 7 | . . .
. . . | . . . | . . 7
6 . 7 | . 4 . | . . 9
. . 9 | . 8 1 | . 3 .
. 8 . | 6 . 9 | 5 . .
```

Puzzle 524 - Medium

```
8 . . | 6 . . | . . .
1 . . | . . . | 4 6 .
. 7 . | . . 5 | . . .
. . . | 4 . . | . . .
. 6 . | . 5 8 | . . 1
. . . | . . 7 | 3 . 2
. 2 . | 1 7 . | . . .
4 . . | 5 . . | 9 2 3
9 8 . | . 2 . | . . 5
```

Puzzle 525 - Medium

```
. 4 . | 2 7 5 | 9 . .
6 . . | 8 . . | 2 . 3
. . . | . . . | . . .
1 2 9 | . 8 4 | . . .
7 . . | . . . | . . 9
. 6 . | . 2 . | 7 . .
5 . 7 | 8 . . | 3 . .
4 . . | 5 . . | . . .
2 . 8 | 4 . . | . . .
```

Puzzle 526 - Medium

```
. 7 1 | 6 2 9 | . . .
6 9 . | . . 5 | . . 4
. . 8 | . . . | 6 . .
1 . 9 | 8 . . | . . 3
. . . | . 6 3 | . . .
. . . | . . . | . . 2
. 3 . | . 7 . | . 9 .
. 6 . | . . . | 4 . .
5 1 7 | . 9 . | . 3 8
```

Puzzle 527 - Medium

```
3 . . | . 7 . | . . .
. 6 . | . . 1 | 4 7 8
. . . | 2 . . | 3 5 .
. 3 . | . . . | . . 9
6 8 . | . 9 . | 1 . .
. . 1 | 5 6 . | 4 . .
. . 3 | . . . | 9 . .
5 . . | 2 . . | . . 4
. 9 . | . 3 . | . . .
```

Puzzle 528 - Medium

```
. 3 . | . 6 5 | . 8 4
. . . | . . . | 2 . 6
2 6 4 | . 1 . | . . 5
1 . . | . . . | . . .
. . 8 | . 9 3 | 1 . .
3 . . | . . . | 6 7 8
. . . | 9 3 . | . . .
. 8 7 | 1 . . | . 4 .
. . . | . 5 . | . . .
```

Puzzle 529 - Medium

```
. 7 4 | 8 . . | 2 . 3
2 . . | . . . | 9 . .
. 6 9 | 3 . . | . . .
------+-------+------
. . . | 8 1 . | . . 6
. 2 . | . . . | . . 5
1 . . | . . . | . . .
------+-------+------
. 5 . | 2 4 7 | . 3 1
. . 6 | . . . | . 9 2
. . . | 9 6 5 | 4 . .
```

Puzzle 530 - Medium

```
. 9 . | . . . | . 6 .
. . . | 4 5 3 | . . .
3 . . | . . . | . . 4
------+-------+------
8 . . | 1 . . | . 9 .
. 6 . | . 3 . | . . .
1 . 7 | 5 2 9 | 4 . .
------+-------+------
. . . | . . 8 | 7 . 5
. . . | . . . | 1 2 .
7 . 2 | . 1 4 | . 3 .
```

Puzzle 531 - Medium

```
. . 7 | 6 3 2 | . . .
. . 6 | . . . | 7 . 3
1 . . | 7 . 5 | . . 2
------+-------+------
5 . . | . . 4 | . . 1
. . . | . . . | . 7 .
. 4 . | . . 6 | . 8 .
------+-------+------
6 9 . | . 8 . | . . .
7 . . | 9 . . | 4 . .
. 3 5 | 1 . . | . . .
```

Puzzle 532 - Medium

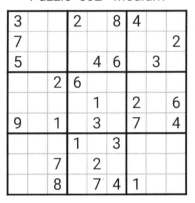

```
3 . . | 2 . 8 | 4 . .
7 . . | . . . | . . 2
5 . . | . 4 6 | . 3 .
------+-------+------
. . 2 | 6 . . | . . .
. . . | . 1 . | 2 . 6
9 . 1 | . 3 . | 7 . 4
------+-------+------
. . . | 1 . 3 | . . .
. 7 . | 2 . . | . . .
. 8 . | 7 4 1 | . . .
```

Puzzle 533 - Medium

```
. . . | 7 . . | 1 2 .
. . . | 2 . . | . . 9
1 8 . | . 6 . | 7 . .
------+-------+------
2 6 . | 9 4 . | . . .
4 . . | . . . | . . .
. 7 . | 5 . . | 6 . .
------+-------+------
. 4 . | 3 . . | 1 2 .
. . . | 4 . 5 | 8 . .
3 . 1 | 8 . . | 4 7 .
```

Puzzle 534 - Medium

```
. . 1 | . . . | 9 6 .
5 . . | . . . | . . .
. 4 . | 7 6 . | 5 . 1
------+-------+------
. 6 5 | . . 9 | 4 . .
8 . 9 | . . . | 6 5 .
7 . . | 2 . . | 9 . .
------+-------+------
. 2 . | . 8 . | . . .
. 5 . | 3 2 . | 1 4 .
. 1 . | . . . | 7 . .
```

Puzzle 535 - Medium

```
. . . | . . 7 | . . .
5 . 7 | 9 6 3 | 4 . .
. . 6 | . . 8 | . . .
------+-------+------
7 2 . | 8 4 9 | 6 . .
1 . . | 2 . 5 | . . .
. . . | . . . | 2 . .
------+-------+------
. 6 . | 5 . . | 8 7 .
. . . | 3 . . | 9 . .
. 4 . | . 9 . | 1 . .
```

Puzzle 536 - Medium

```
. . . | 8 . . | 6 . 9
. . . | . . . | . . .
5 9 4 | . . . | . . .
------+-------+------
. . 9 | . . . | 7 4 .
2 . . | 9 3 7 | . . 1
. 7 . | 1 . . | . . 8
------+-------+------
4 1 . | . 6 . | . 3 7
. . . | . 1 8 | . . 6
. 2 . | . 4 . | 9 . 5
```

Puzzle 537 - Medium

```
. . . | . . . | . 8 7
. 9 . | . . . | . . .
. . . | 3 2 8 | 9 . 5
------+-------+------
9 . 2 | . . . | 5 . .
. 6 . | . . 5 | . . .
. . . | 6 1 2 | . . 3
------+-------+------
3 . . | . . 1 | . . 8
. . . | 2 . . | 7 5 .
. 8 4 | . 7 . | . . 9
```

Puzzle 538 - Medium

```
8 . 1 | 9 . . | 2 . .
7 . . | 2 1 . | 8 . .
. 2 . | . . 4 | 5 7 .
------+-------+------
9 . . | . 8 . | . . .
5 7 . | . . . | 4 . 3
. 8 . | . . . | . 9 .
------+-------+------
. . . | 7 9 . | . . .
. 9 5 | . . . | 6 . .
1 . . | . 6 . | . 3 .
```

Puzzle 539 - Medium

```
. 5 . | 6 . . | 3 . .
7 . 8 | . . . | . . 6
. . . | . 8 . | . . .
------+-------+------
. 1 . | 7 2 . | 8 . .
6 . 7 | 9 . 4 | . . .
. 2 . | . . . | . . 1
------+-------+------
. . . | 7 . . | . . 9
. 7 . | . 6 . | 5 . .
. 1 . | 4 . 9 | 7 . 8
```

Puzzle 540 - Medium

```
. . 3 | . 7 . | 6 . .
. 2 . | 1 . 4 | 3 . .
. . 3 | . 9 . | . 7 .
------+-------+------
8 9 . | . 2 5 | . . 3
. . . | . . . | . . 9
7 3 6 | . . . | 8 5 .
------+-------+------
. . 5 | . 1 . | . . 6
1 . . | . 8 . | . . .
2 . . | . . 9 | . . 1
```

Puzzle 541 - Medium

```
8 4 . | 6 7 9 | . 3 2
. 3 . | 2 . . | . . .
. . . | . . 1 | . 8 9
------+-------+------
5 . . | . 6 . | . . .
3 . . | . . . | 6 . 1
. 1 7 | . 3 . | . . .
------+-------+------
. . . | . . . | . . 5
. . . | . 6 . | . 9 .
9 . . | 5 . 8 | 3 1 7
```

Puzzle 542 - Medium

```
1 . 4 | . 6 . | . 9 2
2 . . | . . . | . 1 .
. . . | 2 . . | . 8 3
------+-------+------
. . . | . . . | 3 . .
5 . . | . . . | . . 4
. . 1 | 7 . 9 | . . .
------+-------+------
. . 8 | . . 7 | 3 . 6
4 3 2 | . . 8 | . . .
7 . 5 | . 1 . | . . 8
```

Puzzle 543 - Medium

```
. . . | . . 4 | 5 . .
. 9 . | . . . | 7 2 .
. 4 . | . 1 7 | . 8 .
------+-------+------
. . 7 | . . 8 | 9 . .
3 5 . | 4 . . | . . 1
. 6 8 | . 3 9 | . . .
------+-------+------
. . . | 3 . . | . . .
9 . . | 6 . . | . . 8
8 7 . | . 4 . | 3 . 5
```

Puzzle 544 - Medium

```
. 8 6 | . . 1 | . 5 7
. 1 . | 6 4 . | 2 9 .
. . . | 5 . . | . . 1
------+-------+------
2 . . | . . . | . . 8
7 . . | . 6 . | . 2 .
. 4 . | 2 3 . | . . 5
------+-------+------
. . . | . 2 . | . . .
. . . | . 1 . | . 7 4
. 3 . | 7 5 . | . 8 .
```

Puzzle 545 - Medium

```
. 2 . | . . 9 | . . .
9 1 . | . 8 4 | . . .
. 8 3 | 7 9 . | . . 2
------+-------+------
. . 9 | 7 . . | 8 3 .
5 . . | . . . | . . 6
. . 8 | 5 . 3 | 7 . .
------+-------+------
7 . . | . . . | 6 5 .
. 6 . | . . . | 7 . .
8 9 . | . . . | . . .
```

Puzzle 546 - Medium

```
. 9 . | . 4 . | 2 . .
. . 5 | 6 . 2 | . 7 .
2 . . | . 8 . | 1 . .
------+-------+------
. 8 . | 9 . . | . . .
. 4 . | . . . | . . 2
. . 3 | 4 . . | 5 9 8
------+-------+------
. . . | 5 . . | 2 8 .
. . . | 2 . 9 | 4 . 5
. . . | 4 . . | . . 1
```

Puzzle 547 - Medium

```
. . . | . . . | 7 3 .
8 . . | 2 . 7 | . . 1
. . . | . . . | 4 . 2
------+-------+------
. . 9 | 7 . . | . . .
. 1 2 | 8 . 6 | . . .
6 . . | 9 . 1 | . 2 .
------+-------+------
. 7 1 | 4 . 3 | . 6 .
. . . | . . . | . 9 .
9 4 . | . . . | 3 . .
```

Puzzle 548 - Medium

```
. 9 8 | 7 . . | 3 . .
. . 6 | . 3 . | . 9 4
. . . | 2 . . | . 7 5
------+-------+------
. . . | . . . | 2 1 .
2 . 5 | 3 . . | . . .
1 . . | . . . | 3 9 .
------+-------+------
9 5 1 | . . . | . . .
. . . | . . 1 | . . .
3 8 . | 1 . 6 | . 5 .
```

Puzzle 549 - Medium

```
. . 9 | . . 4 | . . .
. 3 9 | 2 6 4 | 8 . .
. 4 . | . 7 3 | . . .
------+-------+------
3 . . | 8 . . | 2 . .
. 9 . | 4 1 7 | . 8 .
. . . | . 5 6 | . . .
------+-------+------
6 8 . | . . . | 3 . 4
. . 3 | . . 8 | 7 . 2
. . . | . . . | . . .
```

Puzzle 550 - Medium

```
3 . 6 | 7 . . | 2 . .
. 9 5 | . . . | . . .
. . . | . 1 . | 9 . .
------+-------+------
. 3 . | 1 7 . | 8 4 .
8 . . | . 2 7 | . . 6
. 4 . | . . . | 3 . .
------+-------+------
7 . . | 8 . . | 5 . .
6 . 8 | . . 5 | . . 4
. 5 . | . . . | 6 . .
```

Puzzle 551 - Medium

```
. . 2 | . 4 . | 1 . .
. . 1 | 2 . 7 | . . .
. 7 . | 8 . . | 2 9 5
------+-------+------
. 2 . | . . . | . . 3
. . . | . 5 8 | . . .
. . . | 3 . 8 | 9 2 6
------+-------+------
. . . | 5 . 2 | . 7 .
. 4 . | . . 1 | . . .
7 1 9 | . . . | 5 . .
```

Puzzle 552 - Medium

```
1 . 6 | . . . | . . .
. 7 . | . 4 3 | 2 . .
. . 8 | . . . | . . 3
------+-------+------
2 . . | 9 1 . | . . .
. 1 . | . 2 . | 8 . 9
8 . 4 | . . . | . . .
------+-------+------
. 8 . | 4 5 . | 9 . 1
3 . . | . 7 . | 5 . .
. 5 . | . . 9 | . 4 .
```

Puzzle 553 - Medium

2					9			
	4			3	5		8	1
	5	8				2	6	
	7	4	5					
					2		9	5
						4		
			9	2			4	6
9	2						7	
		3		7		9		

Puzzle 554 - Medium

	6					9		1
	8	7						
	2	3			5			6
			3	7				
8			9		1	2		
3	7		4	2			8	
	3	8					2	
	5		2	1	3	7		
2								

Puzzle 555 - Medium

						9	1	
8					9			4
		4		5	6			
4			1	6		2	7	
2	9							
		1		2			6	8
1				4	8	6		
					7			5
	5			9				3

Puzzle 556 - Medium

			4	6		9	3	
8								
	9	4	7	5				
						2		4
	1			9			6	8
			8	2				
6			9	1	7			
	7			4	1			
	4		7					9

Puzzle 557 - Medium

						5	3	7
		3		6				4
1			8		3		9	
	6	7						
				1				9
			2	9	6			
	1					4	6	
4	9	8					1	
		5		4	8	1		

Puzzle 558 - Medium

		7		5	8			
2			1				6	
			2		7	1		
			9	3	1			4
8			5	7		6	3	
	3	4						
4		6	3					5
	8	2						
				6	8	9		

Puzzle 559 - Medium

		8						
7	5	3			1			
1			5			8		
5	8	6	9					
	7						1	5
	3				2			
		7				5		6
	9	4				1		
8			3			7	2	

Puzzle 560 - Medium

5				7				
	8		6					9
					8	3		7
			9			7		1
	9		6	2	5			
	5	2			4	8		
8			2	7				
	6				9			5
			4		5			

Puzzle 561 - Medium

					1			
9			8			1		5
	1	4				2		8
		5	6	8				
	4	6		3				
		9	1		5	6		3
4	2		9		3		1	
	6				2			
7	9							

Puzzle 562 - Medium

		2						
	2	5		8			9	
3				9				1
4	8			1		5	6	
5					4			7
9	1							
				4			8	6
	3	1				4	5	
	4	6	7					

Puzzle 563 - Medium

		9				6		
				8	1			
7	1	6				2		
				5				1
	4			6				2
6		8	2	4				9
3				2				
	9		3		6	7		
1		5			9			4

Puzzle 564 - Medium

4		1	3			7		
			4	9	1	3		
3					5	4	9	
	8							3
6			5			2		
2	7		6	3				
		6			3		4	
7		5						
	4			7			1	

Puzzle 565 - Medium

		8	5		2		6	4
			4		3	1		8
		5						
6	3							
			1				4	6
			7		6	5		
		6		8	5		3	
		9		7				5
			5	2				1

Puzzle 566 - Medium

	8	9	7			2		
			9			3		7
		4			6		9	1
5				9			6	
4		8	5					
					6	1		
		5		2		4		
					3	7		9
3					4		2	

Puzzle 567 - Medium

					4			
	9		8	6				
		4		1	7		8	3
				5	9	3	7	
3	2		1	7				
	8				6			
5		8				1	6	
	6						9	
	1	2					7	

Puzzle 568 - Medium

			6	7				
	1	3						
3		4	9		8			
						6		
	9	2		3				8
1		6		8		2		
6		9				7		
	5	6	7		3			2
	8		2	1				

Puzzle 569 - Medium

				6				
			7					
6	5	7	9	8				
				9		1		
	2				3			7
9				5	8			
4		2				7		8
	8					9	3	2
		1	8				6	4

Puzzle 570 - Medium

		1				7		
	2						1	
	7	3		6				4
	4					2	9	
2			4			5	8	
			6			4		
	7	4						2
				8	1			
3		1	4	2		9		7

Puzzle 571 - Medium

	8	7	4			9		
			3	6				
9		6			8	7		
		7						5
3	1		8					
6				2		8		
	9			7		4		
			6			3	1	
		2		9		5		

Puzzle 572 - Medium

	1			6				
8		9				4		
7	5		9			6		
5			6					1
	2		3			7		
			2	4		6		
								4
	6		8	2				
1			4	5	3	8		

Puzzle 573 - Medium

	5							
	2			9		4		
	4	9	5			3	6	
9		1		3				7
					6	9		
				2			1	3
	1	2			9			
3				2				8
5				6			4	9

Puzzle 574 - Medium

	8		7					
			4		6		3	
3					1		7	8
	9			3		6		7
		1	9				8	4
	5							
7			5	2				
5	3				4	8		2
				8				

Puzzle 575 - Medium

5		8				6		
4			8			3		
			3	6	4			5
3	9	7						
			7	4	3			
				9				2
	4	3		1	6	5		
	7						6	
1			2	3				

Puzzle 576 - Medium

4		5		2		3	1	
				4		9		
8				3				
				9	7			
		3	7			4		
			1	4		8	6	
	8		3					
3		6				1		2
5		4		6				

75

Puzzle 577 - Medium

9			2		1		4	
				8			7	5
						1		3
2				9	4	5	7	
	3			7		1	8	
			2					
1	2						9	
	6		1	7				
	7		9			3		

Puzzle 578 - Medium

		2		9	6			
	8	7		6		5		
5		9	8	4		3		
9	3			2		1		
	7					5		6
			6			2	7	
	4							
		8				4		
		6	1			2		

Puzzle 579 - Medium

	9			2		7	1	5
		2	6					
4				7				
8					4	9		
9	6	7	3					
					1			
	9							8
	2				7	6		
	8	3	5	1	6			

Puzzle 580 - Medium

	6			8				
			7	4		5		
				6	2		1	
6			4			1		
8				3			4	
3	9							
	7					3	6	
	5				6	2		
4		2	3		9	8	7	5

Puzzle 581 - Medium

7			5			8		4
		9	2		8	1		
5						6		
					4			5
	9							1
			4			3		6
3			6	9				
			2	7				9
	6		8	3	5			

Puzzle 582 - Medium

4		1		3				
7						6	9	
	5	9	2	7	1	4		
3	7	6		4		8	9	
						3		
1								
			5	7				4
	5			6				3
			3	1		5		

Puzzle 583 - Medium

3			6	1			2	
	2			8		1		
		6		3	2	7		
8			3					2
		1		5			9	
	6			9		4		3
4								
	1		5			3	2	
		5						

Puzzle 584 - Medium

			1		7		3	5
6			8					
		7	4			1	9	
				4	6			3
3		4	7					
5		8			2		7	
			7					
	8					4		
		9		3	4	2		

Puzzle 585 - Medium

3			2	4	7			
		1				3	8	
	2				3			
9						8	6	
	5			7			9	
		7		6		2		
6			7	3		1		
							2	9
8		5			1			

Puzzle 586 - Medium

		5				6	2	
	8			7				
3		7	6			8		
	5			6	8			9
	9		1	5	4	2	8	
		2			9			5
	1							
4		8		2				
				1		3	7	

Puzzle 587 - Medium

						5		
8				3				7
		1	8		4			
	7							
9	8			5	3			
1	4	5		8		2	7	3
2				1		3		
						8		
	3	4		2				6

Puzzle 588 - Medium

	7			6	2			
9			8	5	3	1		
	3		9					
2				5			8	
					8	7	6	
	5			4				3
	3		6					
6	2			1			7	
	5	1						

Puzzle 589 - Medium

		7		8				
1		9		4				
			9					
	8							
			2	7	5	1		
2			5			6		
8	6			1			9	5
5	9		7			2	8	
		1				5		6

Puzzle 590 - Medium

4			1			8		7
			2			6	9	
						3	4	1
3	2					4	6	
			6	3		1	8	
		8						
9		3		7				6
			6		5			
6			8		2			

Puzzle 591 - Medium

	1		6			9		
		5	9		7		1	8
	8		5	4				6
				6	4			9
		4	7	2		5		
5			3	6		1	7	
	9	7						
	3							

Puzzle 592 - Medium

		8		2				
6		4	3					
	3	2					6	8
				9			8	7
		1		4	6			
9		6		7	4	3		
	5	2						
	2		7			8		6
		7	4	1				

Puzzle 593 - Medium

```
7 . . | . . . | . . 9
3 1 . | 9 . . | 6 . .
2 6 . | . 5 1 | . . 8
------+-------+------
. . . | 4 . 2 | . . .
1 7 4 | 5 . . | . . .
. 5 2 | . 7 . | . 4 .
------+-------+------
. 9 . | . 1 6 | . 8 .
. . . | . . 4 | . . .
6 . . | 2 . . | 7 . .
```

Puzzle 594 - Medium

```
4 1 6 | . . . | 5 . .
2 . . | . 6 . | . . .
. . 3 | 5 4 . | . 8 .
------+-------+------
. . . | . . . | . 1 .
. . 7 | 4 . 8 | . . .
. . 4 | 2 . . | . . 6
------+-------+------
3 5 . | . . . | . 6 7
. 6 . | 9 7 . | 1 . .
. . . | 3 2 . | 5 . .
```

Puzzle 595 - Medium

```
4 . . | 3 . . | . . .
. . . | 8 . . | . . .
. 1 . | . . 4 | 5 . 3
------+-------+------
5 . . | 3 2 . | . 4 .
. . . | 6 . . | 3 . 9
. . . | . 9 8 | . . 2
------+-------+------
8 3 . | 9 . . | . 7 .
. . 5 | . . . | 4 . .
7 . . | . 4 6 | 9 . .
```

Puzzle 596 - Medium

```
9 2 . | . 5 . | . . .
. 5 . | . 3 4 | 9 2 .
. . 3 | . . . | . . 1
------+-------+------
3 . 4 | . . . | 5 . .
1 8 . | . . 4 | . . 9
. . . | 9 . 3 | . . 2
------+-------+------
6 . . | 8 7 . | . . .
8 . . | 4 9 . | 6 . .
. . . | . 6 . | . . .
```

Puzzle 597 - Medium

```
4 . . | 7 8 . | . . .
1 2 . | 4 . . | . . .
. . 8 | . . . | . 9 .
------+-------+------
. . . | 5 7 . | 3 . .
. . . | 9 3 . | 6 . .
7 . . | 6 8 . | . . .
------+-------+------
. . . | 8 . . | 9 . .
5 4 . | 1 . . | 2 . 7
. 9 . | 3 . . | 5 1 .
```

Puzzle 598 - Medium

```
. . . | 3 . . | . . 7
. 6 1 | 9 7 8 | 5 2 .
5 . . | 2 8 . | . . .
------+-------+------
. 5 4 | 7 . . | . . .
. . . | 5 . . | . 8 .
8 . . | . 3 . | . . .
------+-------+------
. 3 . | . . . | 2 . 6
. . . | 2 . . | 4 . .
. 8 . | . 6 . | 5 1 .
```

Puzzle 599 - Medium

```
. 4 7 | 5 . . | 3 . .
. . . | . . . | . 8 4
. . 1 | . 7 3 | 5 . .
------+-------+------
. 7 . | 1 . . | 4 9 .
. . 6 | . . 2 | . 3 5
. . . | . 9 . | . 6 7
------+-------+------
. . . | 3 . . | . . .
. 6 . | . 2 . | . . .
. 2 . | . 1 7 | . . .
```

Puzzle 600 - Medium

```
. 6 9 | 2 5 . | 3 . .
. 3 . | . . . | 5 8 .
. 2 . | . . . | . . 9
------+-------+------
. . . | 1 . . | . . .
. . 5 | . 3 . | . . 1
. . 6 | . . . | 5 3 .
------+-------+------
. 5 . | . . . | 6 . .
8 . . | 6 . 4 | 1 7 .
. . 6 | 8 3 5 | . 2 .
```

Puzzle 601 - Medium

					9	6		
6	3					2		
	4	2	3		6		5	8
2	8		5					
		5				8	2	
			8					1
				2				7
		1		9				5
7	6	9		8				

Puzzle 602 - Medium

9						6	4	
	8							
	4	1	8	6		3		
		8	5				6	9
		3						7
1			9					
			2					
5	3		6	7		4	2	
		4			5			6

Puzzle 603 - Medium

	8		7			3		
2	1					5		8
4				1	5			
		8				1	6	
1		6						5
			2	6		4		7
	3					8		
	6	2			9			
				2	4			6

Puzzle 604 - Medium

7	5		3				1	
	1		6	2				
					7	6		
9				6				7
4	2		8					
	9	4			3	5		1
	7	2			4		6	9
	8	5	9				4	

Puzzle 605 - Medium

8			4	6				7
			3		1	5		6
		4	9					
	4		2				5	
				9	6			8
1	8							
			5	4		6		
						7		
	6	1	8	7				3

Puzzle 606 - Medium

				5				1
6	8			9		5	3	
		1						
		5				3		7
	4	6		3				
1			7		9		8	
5		7		8	2	9		
						1		5
9	6					1		

Puzzle 607 - Medium

		2		9				
		8		3	5	7		
	1			5	6			9
	7							8
2								6
	8			5	2	3		
	6			3	7	1		
	9	4			1			2
				4				

Puzzle 608 - Medium

						6		
		2					3	7
	6		7	9				5
	3		4		1			
				6				
			8	3				1
3	5			2		7		
	2	8			4	9	5	
	9	3			5	4	1	

79

Puzzle 609 - Medium

```
. 9 7 6 . . | . . .
. 5 . . . 8 | 6 . .
6 . 8 5 1 . | . 9 7
------+------+------
. . . 8 1 . | . . .
. 4 7 2 . 5 | . . .
. 8 . . . 7 | . . .
------+------+------
. . . 9 . . | . . 1
. . 4 . 5 . | . . 8
. . 3 . . 4 | 9 . 5
```

Puzzle 610 - Medium

```
. . . 1 . 5 | . . .
. 3 . . . . | . . .
2 . 7 . . . | . . .
------+------+------
8 . . . . 1 | . . .
9 . 4 . . 2 | . . .
. 5 . . 4 . | . 1 8
------+------+------
4 . 5 8 7 . | 2 . .
. 3 . 6 . . | 5 . .
. 8 . 2 . 5 | . 6 1
```

Puzzle 611 - Medium

```
. . . . 4 . | 5 . .
5 . . 2 . . | . . 8
. 4 . 8 . 6 | . . .
------+------+------
. 3 . . 7 . | . . .
. . 2 . 1 8 | . . .
. . . 3 5 2 | 9 . .
------+------+------
. 2 . . . 7 | 4 . .
. . 1 . . . | . . 3
1 7 2 9 . 8 | 6 . .
```

Puzzle 612 - Medium

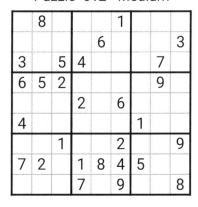

```
. 8 . . . 1 | . . .
. . . 6 . . | . . 3
3 . 5 4 . . | . 7 .
------+------+------
6 5 2 . . . | . 9 .
. . . 2 . 6 | . . .
4 . . . . 1 | . . .
------+------+------
. . 1 . . 2 | . . 9
7 2 . 1 8 4 | 5 . .
. . . 7 . 9 | . . 8
```

Puzzle 613 - Medium

```
. 1 9 . . . | . . .
8 . 3 . 4 . | . 7 .
. . 6 . . 2 | . . .
------+------+------
. . . . 3 9 | . 2 5
3 . . . . . | . 1 9
. 5 . . . 8 | . . .
------+------+------
. . 8 . . 5 | 1 4 .
. . . . 9 . | . 5 .
. . 5 . 7 8 | . 3 6
```

Puzzle 614 - Medium

```
. . 7 5 . . | 2 9 4
6 . 4 . 3 . | . 1 .
. . 9 . 2 8 | . 6 .
------+------+------
2 6 . . . . | 1 5 .
7 . . . . . | . . .
. . . . . 6 | . . .
------+------+------
8 3 6 . . . | . . .
. 7 2 . . . | 8 . 3
9 . . 3 . . | 2 . .
```

Puzzle 615 - Medium

```
. 9 3 . . . | 2 . .
7 . 5 . . 1 | . . .
. 2 . . 9 . | . . 6
------+------+------
. . . . . . | 6 3 .
. . . 2 . . | . . 7
5 . . 6 . 7 | . . 2
------+------+------
. 7 1 . 6 2 | . 4 .
. . . . 1 . | 8 . .
. . 9 3 4 . | . . .
```

Puzzle 616 - Medium

```
5 4 . . . 8 | . . 7
. . 3 . . 1 | . . .
. . . 2 . . | . . 9
------+------+------
9 . 1 4 3 . | 8 . .
2 . . . . . | . . .
. 7 . 1 . 6 | . . 2
------+------+------
1 . 7 2 . 4 | 9 5 3
4 . . . . . | 8 . .
. . 9 . . 1 | . . .
```

Puzzle 617 - Medium

2			6	5				
9	7	8	4					
1	5							
	6				7	1	5	
8					2			7
7				1			6	
				2	6		4	
			1	5				9
						2	7	5

Puzzle 618 - Medium

			9		5	7		
3			4					
		1	3					
	9			3		2		
2	1	3				8		
	8						3	6
7			8	1	9	6	2	
								4
8	2	9	5					

Puzzle 619 - Medium

7					6			
		8	9			6		
		2		1				
	9	2		1				5
8	4				5			7
			4				1	9
	2					5		6
					2		4	3
			5	8		9		

Puzzle 620 - Medium

	7					5		
	8					2		3
		4						1
5	3		1		4	6		
		2	8	5	6			
	4				9		1	
2				1	5		8	
	5			3				
		1	2				7	

Puzzle 621 - Medium

8			7			2	3	1
		4	5	2			9	
7		2					8	
	9		8	6	2	4		
			9					
			1	5				
			8			9		
			2					
3			4			1	6	5

Puzzle 622 - Medium

9				6		5		
	8	4	1	3			6	
	3			9		8		
		1					4	
	9	5				1		6
							2	
2	4	8	3	1				
3				4	9			
		9	8			4		

Puzzle 623 - Medium

7				5		8	2	
1			7	3	2		5	6
				6				7
		7	5			9	4	
								1
	5				4			
	7	3						
2		8				6		3
5						7		

Puzzle 624 - Medium

	1		5			2		
	4		9	3		8		
		2		6				
	3	5						7
8			5			2		9
				3	9			
	2			8			7	6
7			9				1	4
	5	6		7				

Puzzle 625 - Medium

9		4	8				6	7
			9	6		3		4
	1			4				
3		7	6	5		9		
4		2						
		9				7		
1	7			3			2	5
		5	2		6			3

Puzzle 626 - Medium

2			3		7	1		9
		9				7	3	
7		1	8				4	2
				1			7	8
			7	2	8	3		
						4		
	5	7						
			9		5			
				1		2		

Puzzle 627 - Medium

7					3			
	5			9				
			5	7		2	1	
	4	3		9				2
	8		2			7	9	
	2							
		9	5			6		
2	3			1	4			5
	4			7			1	

Puzzle 628 - Medium

4		3	1	6				
						3	1	
						2		
3			5		1	4		
2			3					
	9			8		3		
9	1			2				6
7		8				2		1
6				1		5		

Puzzle 629 - Medium

	4	7		3	5			
	9			8			7	5
9				4	1	5		
			8	5		6		9
	5			6				
		9	6			7	8	
	6		9	2				
	2				7		9	6

Puzzle 630 - Medium

	5			7		1		
	9			6		8		7
		7		1			3	2
					1			
		9				7		
				3			8	9
1			4					
9	4		5	8	6	3		
		3				4	9	

Puzzle 631 - Medium

					3		4	9
		7						
	9			8	7			
1		5			9			6
9			4	7	5	2	1	
	4		8					
						6		
	9		7	6		5		4
2		3				9		

Puzzle 632 - Medium

	1			5		3	9	
8								
5	6		1	9	7			
	6		7			5		
				3				
2					8	3	4	1
			3	1	7			
			5			6		
3	7		6			9	2	

Puzzle 633 - Medium

8	9	6			4			7
		5						
		3		9	8			5
			9					4
					2			
1		4			2		8	
		8		3	9			2
			5	2		7	9	
9			1				4	3

Puzzle 634 - Medium

				7				
	3	2				8		9
9				6	8			
3		8	6	9				
	9				4		3	8
	1			8				
		3	7			5	1	
	5				2			7
1					6			2

Puzzle 635 - Medium

	6			3				9
9		5			6			
					5			
8		9		5		2		
4				8	9			
	2	3				5		
				6	3	9		
		2						7
5			4	7		8		6

Puzzle 636 - Medium

7		3	5				1	
			4					8
5		2		7	4	8	9	
3		8						
						2		
2		7		4		6		
8		5	3		9			
1			7		2		3	5

Puzzle 637 - Medium

			6		3	5		
5				2		8	7	
		3	9	5	1	6		
			3		9			
9					1			8
7			2	4		5		
4	1	7						
8						2	4	

Puzzle 638 - Medium

			9		2		1	
2		5	8			9	3	
	1			2	7			3
					6		7	
		3			8		5	1
	2	1		6			8	
6				8				4
						7	9	6

Puzzle 639 - Medium

		3			2			
	6			7			9	
	3		4					6
		1			6			4
		6	9	4			1	
2		3			1			
8		5		3		6		
	2				7		8	1
				8				5

Puzzle 640 - Medium

8			5		4			
	3			1	6		2	
5			8		3	7		
4	9		3	6	1			
	6	3						9
					5			
		8				9		1
2	7		6				5	
					4			

Puzzle 641 - Medium

		5				6		
		6	1		4			
		5			7			
		3						
3	7			1	6			4
		2	8	6				9
	2	1	8			5		7
	9							6
	5	6				8	3	

Puzzle 642 - Medium

			9				5	
	9	4			5	8	3	
					6	1	4	
3				8		4		
	4				2			
		6	5					
9		5	7		1		8	4
	7			2				
		8			5		6	7

Puzzle 643 - Medium

		1			5		6	
	7		6	9		1	5	
	5			4				
	2			7	3			
			9	5				
3			4		2			
	8	5	7		1			
		2	5	8			7	
		4	3					6

Puzzle 644 - Medium

	1					5		
	4	2		5	9		7	
		6		3				2
	2			1		3	5	
	3	9		7		4		
5							8	
		3						5
2	9	4						
1					8	9		

Puzzle 645 - Medium

	2	7	4	6				
	9			5	8	6		
8					2			
3			9	8			5	
		9		7	4			
2	5				1		7	
								8
			1		7			9
	3	2			5			

Puzzle 646 - Medium

						9		
		2			3		6	5
			5		7	2	4	
					5	3		8
3			4					1
	1				6			
7		5	1			8	3	
1		8	7					2
	3							9

Puzzle 647 - Medium

4	3	7					9	
				8	9		3	5
			6	7				
	1		9			5		4
	7					1		9
		9			8		2	
		4	8					
1		3						2
2				9			5	7

Puzzle 648 - Medium

	9		6			7		
4	3			5				
	8		3		2	1		
				8	9			
1						6		2
7				4	6			3
	1							
5		4		6	1	3		7
			4			2	5	

Puzzle 649 - Medium

```
. . 7 | . . 3 | . . .
. . 6 | 1 4 . | . . 2
. . 3 | 2 . 6 | . . .
------+-------+------
. 8 . | 1 . 6 | . . 9
. . . | . 8 . | 6 . .
. 2 3 | 4 . . | 1 . .
------+-------+------
3 7 . | . . . | . . 6
1 . . | . 5 . | . . .
. 5 8 | . 1 . | . . .
```

Puzzle 650 - Medium

```
4 . . | 5 1 . | . . 9
. . . | 2 7 . | . 4 .
. 1 . | . 8 9 | . . 5
------+-------+------
. . 8 | . . . | 4 . 1
. . . | . . . | 2 . .
2 . . | 6 . . | . . 3
------+-------+------
. 9 . | 8 5 . | . . .
6 . . | 3 . . | . 8 4
. . 5 | 1 . . | . . .
```

Puzzle 651 - Medium

```
. 6 7 | 5 . 2 | . . .
. 7 . | . . . | . . 1
. 1 5 | . . 9 | 8 . .
------+-------+------
1 . . | . . 3 | . . .
. 3 . | . . . | . 2 5
5 . . | . 4 . | . . .
------+-------+------
3 . . | . . 2 | . 8 .
7 8 . | 1 . . | . 5 4
. . . | 6 8 4 | 7 . .
```

Puzzle 652 - Medium

```
. 5 . | . . . | . . .
. . . | 2 . 7 | . 3 9
. 2 6 | . . . | 7 . 8
------+-------+------
. 3 . | . . . | . . 5
5 . 2 | . . . | . 8 1
. . . | 8 . 5 | . . .
------+-------+------
6 4 . | . . 8 | . 1 2
. 8 . | 9 . . | . 7 .
3 . . | 1 . . | . 4 6
```

Puzzle 653 - Medium

```
. . . | 3 . 2 | . 5 .
. . . | . . 3 | . . .
4 . 3 | . . 7 | . . .
------+-------+------
. 8 . | . . . | 4 9 2
7 . 2 | 1 . . | . . 6
5 . . | . . 6 | . . 7
------+-------+------
. . . | 3 9 . | 8 . .
. . 1 | 2 . 8 | 7 . 9
. . . | 7 . . | 5 . .
```

Puzzle 654 - Medium

```
8 9 . | . 2 7 | . 3 .
. 2 8 | . . . | 6 . .
. . 1 | 5 . . | . 8 .
------+-------+------
6 . . | . . . | 2 . .
. . . | . . . | 9 . .
1 5 . | . . 4 | . . 6
------+-------+------
2 4 6 | . . 8 | . . .
. . . | . . 3 | . . .
. 3 . | 1 . . | . 6 8
```

Puzzle 655 - Medium

```
8 . . | . 2 . | 3 7 .
. 7 . | . 5 . | . . 1
2 . 6 | . . 7 | . . .
------+-------+------
. 6 . | . 9 . | . . 3
. . . | 7 . . | 1 . .
4 . . | . . 8 | 9 . .
------+-------+------
5 . . | 1 4 . | 8 . .
1 . 3 | . . 6 | 7 . 5
. . . | . . 5 | . . 9
```

Puzzle 656 - Medium

```
2 9 . | . 4 . | . . .
. . . | 6 . 7 | 2 3 .
. . . | . . . | . 6 5
------+-------+------
. 7 9 | . . . | 8 1 .
8 . . | . 3 . | . . .
. . . | 8 6 5 | 9 . .
------+-------+------
. 6 . | . 1 . | . 8 2
. . . | 7 . . | . . .
. 4 . | . . . | 6 . 1
```

Puzzle 657 - Medium

6	9	1	8	2				
			5					9
					3		7	6
			2			3		
1	2	8					9	
			9	6				
4			3			8	6	
	7				9			4
8			4		1			

Puzzle 658 - Medium

		3						
	2					7		6
		7		1				
	5		6		4		9	
	6	8	1			5		2
	3				5			4
2				3		4		
	1		4	8				
3			6					9

Puzzle 659 - Medium

	4	1				5		
2	6		9	1		3		
						2		
8								1
	5	7		1	2			4
1	2		9		3			
			2			4		
4			8			1	3	
		5			7			

Puzzle 660 - Medium

2	7						6	5
	5	6	4	7		3		
		3		1	6			
	4					1		
			8	5			2	
	6				9			
				6			5	
				9				3
7	3	5	1					

Puzzle 661 - Medium

	2	7	5			1		
	1						4	
6				1				
8	4		3					
2	5				1		7	6
	7	9						8
	8				9	7	6	2
				5				
			8	3	2			

Puzzle 662 - Medium

		9						
1	2		3		7			6
3			8			2		
	1	2						8
			7		8			
9			1	3				2
				5	1	6		7
	6			7			8	1
						9	5	4

Puzzle 663 - Medium

4				2	5	3		
	5		3		9	1		
	6	9		1				
7						3		
			7	2	4	9		
					3		8	
5	4							2
	2			7	6	1	5	
	7							

Puzzle 664 - Medium

					6	5		
4				3		2		
	3				7			
1						8		
			8		3			
2				7				3
			1			6	8	7
5		8				3		2
7	9	6	3		2			1

Puzzle 665 - Medium

	6					5		
								1
	9			7			2	
			6			4		
		2	5				8	
8	5	6		1		7		
				4				3
	2	4		5	3	6	9	8
		5			8			

Puzzle 666 - Medium

	8					1	4	
1	3			8	2	7		
	4							8
	9	6		2				
2						5		3
				4				
	8		9	7	2	4	3	
						4	7	
	2			6	1	9		

Puzzle 667 - Medium

6			4	5		3	8	
		1	9		6			
				1				
9		4	8	6	2			
	8			7				1
	5	6		3		7		
						5	2	
	6		3					
4	1			5				

Puzzle 668 - Medium

	8					5		
6			5	2		7		8
	5		8	3			9	2
	4							
	7		4			2	6	
	1	8					3	
3	9	7				4		
			7		5	8		
			3					

Puzzle 669 - Medium

		1		5				
				3		1	9	
	2	6		1				
3			9			8		
			8			4		1
	6	8		4			9	2
		9	1	7		3		
2	4		5					
			6	2			4	

Puzzle 670 - Medium

6	3		8	2			1	
5		4				6		
	2					8		
2		8	7	3	4		5	
7								8
	9						4	
		6	2	9				
						9		3
1			6		7			

Puzzle 671 - Medium

		8	7					
		9				1	5	7
6		1			9			2
		3		8				
	4					8	1	
			1	5	3	2		
	9				4			8
			6					
3	6		7		2			5

Puzzle 672 - Medium

	4		1			9	6	7
		7	8	9			4	
5						1		2
		2	5	7			1	
			9	3				4
7					8			
	5							6
8	9				3			1
	2			9				

Puzzle 673 - Medium

```
4 . . | . . . | . . 1
. . . | . 1 . | 4 . .
1 . 2 | . . 4 | 5 9 .
------+-------+------
. . 9 | 2 . . | . . .
. . 7 | . . . | . . 3
. 4 . | . . 9 | . . 2
------+-------+------
9 . 5 | 1 . . | . . .
. . 4 | 8 . . | 7 . 5
2 . . | 6 . 7 | 1 4 9
```

Puzzle 674 - Medium

```
. 9 . | . . . | . 7 1
4 6 . | 8 . 1 | . . .
7 . 5 | . . . | . . .
------+-------+------
. . . | 3 6 4 | 2 . .
. . . | . 2 . | . 4 6
. . . | . 5 . | 8 . 9
------+-------+------
9 . 7 | . . 2 | 5 8 .
. . . | . 3 . | . . .
. 2 . | 7 . . | . . .
```

Puzzle 675 - Medium

```
. . . | . . . | 6 9 .
. 8 4 | . 6 . | . . 2
. 2 1 | . 5 . | . . 8
------+-------+------
. 5 . | 9 1 . | . . .
8 9 . | . . . | 4 1 .
. . . | . . . | 7 5 .
------+-------+------
7 1 . | . . . | 2 . .
5 . . | 8 7 . | . . 6
. . 2 | . 6 5 | . . .
```

Puzzle 676 - Medium

```
. . 9 | 1 . . | . . .
. 2 . | . . . | . . .
8 7 5 | . . . | 6 . .
------+-------+------
3 . 2 | 9 5 6 | . . .
. 4 . | . . 5 | . . .
5 . 8 | 3 . . | . . .
------+-------+------
. . . | . 9 . | . . .
7 . . | 8 2 . | . . 9
9 8 . | 1 6 . | 7 . .
```

Puzzle 677 - Medium

```
. 5 6 | . . . | . . 4
9 . 7 | . 2 8 | 6 . .
1 . . | 8 . 6 | 5 . .
------+-------+------
. . . | 4 . . | . . .
. 1 . | 2 5 8 | . 3 7
. . . | . 7 1 | . . 8
------+-------+------
. 8 . | . . . | . . .
. . . | . . . | . 7 9
. 7 . | 6 . 5 | 4 . .
```

Puzzle 678 - Medium

```
. 6 9 | . 4 7 | . 2 .
. 4 . | . 7 2 | . . .
. . . | 5 . . | 3 . 9
------+-------+------
7 . 1 | . . . | . . .
. . . | . 6 . | 1 7 8
. . 6 | . . . | . . 4
------+-------+------
. 5 4 | . . . | 2 6 .
. . . | 4 9 . | . . .
. 7 . | 6 . . | 1 . .
```

Puzzle 679 - Medium

```
. 8 . | . . . | 7 4 .
. . . | . . . | 5 . 3
. . . | . 5 . | . 8 .
------+-------+------
. . 4 | . 6 1 | . . .
. . . | 4 . . | 2 . 9
. 7 2 | 9 . . | 3 6 .
------+-------+------
. . 3 | 6 . . | . . .
. 2 . | 5 . 9 | . . 7
6 . . | . . 2 | . 9 .
```

Puzzle 680 - Medium

```
8 . 1 | . . 6 | . . .
. 9 . | . 4 3 | . . .
. . . | 5 . . | 2 4 .
------+-------+------
3 7 . | 1 . 4 | . . .
. . 5 | 6 . . | . . 4
. . . | . . 2 | 8 7 .
------+-------+------
7 2 . | . 9 . | 4 . .
9 . 4 | . 2 . | 3 . .
. 3 . | . . . | . . 9
```

Page 89

Puzzle 681 - Medium

	1	9	3			4		8
				5				
	5	8			2	1	6	3
			8	9	6		2	
	6				5		9	
		5						4
6		7			3	9		
	8		4					

Puzzle 682 - Medium

		4		9			6	7
				4		3		2
3	5	6					4	
2				1				8
							1	
		7				6	2	3
	6		3			4		1
		2	9					
7		5						

Puzzle 683 - Medium

1				3				
		9		3				6
	4			5	7	1		
				8	5			
	7	3	6			4		
		1				3		
8				2	1			
					6		4	
4	6		1		2	5		

Puzzle 684 - Medium

				8	3	2		
4					7		8	
		2	4	9		6		1
	9	4						
8				3	2	9		7
		6		2				
2		5	9	6	3	8		4
					4			9

Puzzle 685 - Medium

	3		2		1		5	6
8					6	4		9
		9				7		
		5	6		2			
3						6		
	9			8				
		8	9					
6	7		5					4
9				1	8	2		

Puzzle 686 - Medium

	7							
4		8			2			1
3		9		7			8	
	4					6	2	
2		7		5				9
			2	9				
		5			4		3	
	3		5	6	1		4	9

Puzzle 687 - Medium

3	1	8					4	9
		4						3
7								
6	7			5				
8			9		5	3		
	4		2	8				6
9		5	1	2		8		
					6		9	
	3	7			8			

Puzzle 688 - Medium

9		6				5	3	
8			5					
5				9	1		4	
		9		3			2	
	4							
2				6		1	5	9
								1
		9		4	2			
7	5		1		6			

```
8 3 5 | _ _ 6 | _ 4 _
_ _ 4 | _ _ _ | _ 8 _
_ _ 6 | 9 _ _ | 1 _ _
------+-------+------
_ 6 _ | _ _ _ | _ 2 _
_ _ 9 | 6 _ _ | _ 5 _
_ 8 _ | _ 9 3 | 4 _ 1
------+-------+------
9 _ _ | _ _ _ | _ _ 8
6 _ _ | 2 8 _ | _ _ _
_ 4 _ | _ 7 2 | 1 _ _
```

```
6 8 5 | _ _ _ | _ _ _
_ _ _ | _ _ 5 | _ 7 _
_ _ _ | _ _ 2 | _ 6 1
------+-------+------
5 _ _ | _ _ _ | 4 9 _
8 _ 2 | 9 _ _ | _ _ _
_ 6 _ | _ 7 _ | 1 _ 5
------+-------+------
_ 3 6 | _ 2 _ | 1 _ _
_ _ 9 | 4 _ 7 | _ 8 2
_ _ _ | _ _ _ | _ _ _
```

```
4 _ 1 | _ _ _ | _ _ _
_ _ _ | 8 _ _ | _ _ _
_ 7 _ | _ 6 _ | _ 5 3
------+-------+------
5 _ 7 | _ 8 2 | _ _ 1
_ 9 _ | _ 7 3 | _ _ 5
6 _ _ | 5 3 _ | _ _ _
------+-------+------
_ _ 3 | 1 7 4 | _ 8 _
1 _ _ | _ _ _ | _ 3 _
_ 6 _ | _ _ _ | 9 _ _
```

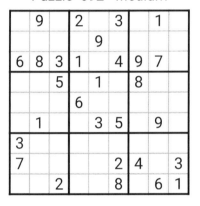

```
_ 9 _ | 2 _ 3 | _ 1 _
_ _ _ | _ 9 _ | _ _ _
6 8 3 | 1 _ _ | 4 9 7
------+-------+------
_ 5 _ | _ 1 _ | 8 _ _
_ _ _ | 6 _ _ | _ _ _
_ 1 _ | _ 3 5 | _ 9 _
------+-------+------
3 _ _ | _ _ _ | _ _ _
7 _ _ | _ _ 2 | 4 _ 3
_ _ 2 | _ _ 8 | _ 6 1
```

```
_ _ _ | 5 _ _ | 7 _ _
_ _ 3 | 8 _ 9 | 5 4 2
_ _ _ | _ 4 6 | _ 3 8
------+-------+------
_ _ _ | _ _ _ | 4 _ 5
3 _ _ | _ _ _ | 2 _ _
8 _ _ | _ _ _ | _ _ 6
------+-------+------
9 _ _ | 4 _ _ | _ _ _
_ 5 _ | _ 3 2 | 9 6 _
4 _ 2 | _ 8 _ | 7 _ _
```

```
7 _ _ | 8 6 _ | _ 5 _
3 5 9 | _ _ _ | 4 _ 6
_ _ _ | _ _ _ | 9 _ _
------+-------+------
_ _ _ | _ _ _ | _ 9 _
1 _ _ | 9 _ 6 | 3 _ _
9 _ 4 | _ 5 _ | _ _ 2
------+-------+------
_ _ _ | 8 3 _ | _ _ _
_ _ _ | 3 _ _ | _ _ 1
5 _ _ | 1 7 _ | _ _ 8
```

```
_ 4 _ | 5 _ _ | _ _ 8
1 5 _ | _ 8 _ | _ _ 4
_ _ _ | 1 _ 4 | 6 _ _
------+-------+------
_ _ _ | _ _ _ | _ 4 5
6 _ 4 | _ 7 _ | 8 _ _
_ _ 8 | _ _ _ | 2 _ 3
------+-------+------
7 2 _ | 3 6 _ | 9 _ _
_ 1 _ | _ _ _ | _ _ 6
_ _ _ | _ 1 _ | _ _ 7
```

```
5 6 _ | 3 4 _ | 7 _ 9
3 7 _ | 6 _ _ | _ 4 _
_ _ 2 | _ 7 _ | _ _ 8
------+-------+------
2 _ 9 | _ _ _ | _ _ _
7 _ _ | _ _ _ | _ _ _
_ _ _ | 1 _ _ | 5 9 2
------+-------+------
_ _ _ | _ 6 _ | _ 8 _
1 _ 7 | _ _ _ | _ _ 3
_ 8 _ | 7 _ _ | 4 2 _
```

Puzzle 697 - Medium

		5	1	7	9	8		
					2			
9				3		7		4
8		6						
		3	7		4	9	1	8
			9			2		
	8							
5				4	7			
		7	3	9			6	5

Puzzle 698 - Medium

	2			5			8	
			1					
3		6	2					1
5			7			6		
	6	3			1			2
	2	1		6	9		8	
	1				3	8		7
		4	8	2				
		5		9				

Puzzle 699 - Medium

9					1			6
					7		9	5
			9			3	1	
			3					
5								4
6		8	9		4			
3		1		6			4	
4	2	5		7			6	3
		9				8	2	

Puzzle 700 - Medium

5		7	4		2		3	9
		3				8		7
		9			1	6	4	
			5	7				
	4			9			5	
8			2					
		4				3	1	
3				5				
1								8

ANSWERS

Puzzle 1

6	7	4	8	1	9	2	5	3
8	9	2	6	5	3	7	4	1
3	1	5	7	4	2	8	9	6
9	6	3	4	7	8	5	1	2
4	5	8	3	2	1	6	7	9
7	2	1	5	9	6	3	8	4
5	8	9	2	6	4	1	3	7
1	3	6	9	8	7	4	2	5
2	4	7	1	3	5	9	6	8

Puzzle 2

9	7	2	5	3	8	6	1	4
8	6	3	9	1	4	2	7	5
1	5	4	2	6	7	9	3	8
3	8	1	7	5	2	4	6	9
2	4	7	8	9	6	3	5	1
5	9	6	3	4	1	8	2	7
4	3	8	6	7	5	1	9	2
7	2	9	1	8	3	5	4	6
6	1	5	4	2	9	7	8	3

Puzzle 3

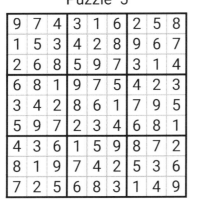

5	1	2	6	7	8	4	3	9
4	3	7	5	9	2	6	8	1
6	8	9	3	1	4	2	7	5
1	4	5	2	8	7	3	9	6
8	2	3	4	6	9	1	5	7
9	7	6	1	3	5	8	4	2
7	5	4	8	2	1	9	6	3
2	6	8	9	5	3	7	1	4
3	9	1	7	4	6	5	2	8

Puzzle 4

4	8	7	5	2	3	6	9	1
1	9	5	7	6	8	3	4	2
6	2	3	4	1	9	5	7	8
3	5	9	6	4	2	8	1	7
2	4	6	8	7	1	9	3	5
7	1	8	3	9	5	2	6	4
9	3	2	1	5	4	7	8	6
8	6	4	2	3	7	1	5	9
5	7	1	9	8	6	4	2	3

Puzzle 5

9	7	4	3	1	6	2	5	8
1	5	3	4	2	8	9	6	7
2	6	8	5	9	7	3	1	4
6	8	1	9	7	5	4	2	3
3	4	2	8	6	1	7	9	5
5	9	7	2	3	4	6	8	1
4	3	6	1	5	9	8	7	2
8	1	9	7	4	2	5	3	6
7	2	5	6	8	3	1	4	9

Puzzle 6

3	5	8	6	9	1	2	4	7
1	4	2	7	3	8	9	6	5
6	9	7	4	5	2	3	1	8
7	6	1	8	2	3	4	5	9
8	2	5	1	4	9	6	7	3
9	3	4	5	7	6	8	2	1
5	1	3	9	6	4	7	8	2
4	7	9	2	8	5	1	3	6
2	8	6	3	1	7	5	9	4

Puzzle 7

9	6	4	3	2	7	5	1	8
8	1	3	6	4	5	9	7	2
7	5	2	8	9	1	4	3	6
1	8	6	7	3	9	2	4	5
3	2	7	5	8	4	1	6	9
5	4	9	1	6	2	7	8	3
6	7	5	9	1	8	3	2	4
4	3	1	2	5	6	8	9	7
2	9	8	4	7	3	6	5	1

Puzzle 8

7	8	5	6	4	9	3	1	2
2	1	4	7	3	5	8	6	9
3	9	6	2	8	1	4	7	5
1	7	3	5	9	2	6	4	8
4	5	9	1	6	8	7	2	3
8	6	2	4	7	3	9	5	1
9	2	7	8	1	6	5	3	4
6	3	1	9	5	4	2	8	7
5	4	8	3	2	7	1	9	6

Puzzle 9

9	8	4	7	1	2	5	6	3
5	1	2	3	9	6	4	8	7
3	6	7	4	8	5	1	9	2
6	4	9	5	7	3	2	1	8
1	2	3	6	4	8	9	7	5
7	5	8	9	2	1	3	4	6
4	3	5	1	6	7	8	2	9
2	9	6	8	5	4	7	3	1
8	7	1	2	3	9	6	5	4

Puzzle 10

7	2	9	4	5	8	1	6	3
1	4	8	6	9	3	7	5	2
5	6	3	1	2	7	9	4	8
8	9	2	5	4	6	3	7	1
6	1	7	8	3	2	4	9	5
4	3	5	7	1	9	2	8	6
9	7	6	2	8	1	5	3	4
3	5	1	9	6	4	8	2	7
2	8	4	3	7	5	6	1	9

Puzzle 11

3	6	8	1	4	9	7	5	2
9	2	1	8	7	5	4	3	6
5	4	7	2	6	3	9	1	8
6	1	2	9	8	4	5	7	3
4	3	9	7	5	6	2	8	1
7	8	5	3	1	2	6	9	4
1	5	3	4	2	7	8	6	9
8	7	4	6	9	1	3	2	5
2	9	6	5	3	8	1	4	7

Puzzle 12

2	9	8	7	3	1	5	6	4
4	7	6	8	9	5	2	3	1
5	3	1	6	2	4	7	9	8
6	2	7	9	1	8	3	4	5
3	1	9	4	5	6	8	7	2
8	4	5	3	7	2	6	1	9
1	8	3	5	4	7	9	2	6
9	6	2	1	8	3	4	5	7
7	5	4	2	6	9	1	8	3

Puzzle 13

5	3	9	6	8	2	1	7	4
7	8	1	9	4	3	6	2	5
4	2	6	7	5	1	9	3	8
1	5	7	4	2	9	3	8	6
9	6	8	1	3	7	5	4	2
3	4	2	5	6	8	7	1	9
6	9	3	8	1	4	2	5	7
8	1	5	2	7	6	4	9	3
2	7	4	3	9	5	8	6	1

Puzzle 14

7	1	5	8	6	3	4	2	9
8	6	9	4	5	2	1	7	3
2	4	3	7	9	1	5	6	8
9	5	6	3	7	4	2	8	1
1	2	4	5	8	9	7	3	6
3	7	8	2	1	6	9	4	5
5	8	2	1	3	7	6	9	4
4	9	1	6	2	8	3	5	7
6	3	7	9	4	5	8	1	2

Puzzle 15

9	7	8	6	4	3	5	2	1
1	6	4	2	9	5	3	8	7
5	2	3	1	8	7	9	4	6
6	4	2	8	3	9	7	1	5
3	5	7	4	6	1	2	9	8
8	1	9	5	7	2	4	6	3
2	9	5	3	1	8	6	7	4
4	3	1	7	2	6	8	5	9
7	8	6	9	5	4	1	3	2

Puzzle 16

3	8	6	9	5	7	4	1	2
4	9	7	6	1	2	8	5	3
2	5	1	8	3	4	7	6	9
7	1	3	2	9	6	5	4	8
6	2	8	4	7	5	3	9	1
5	4	9	3	8	1	2	7	6
1	7	2	5	6	8	9	3	4
8	3	5	1	4	9	6	2	7
9	6	4	7	2	3	1	8	5

Puzzle 17

5	4	8	2	1	7	6	9	3
3	9	7	4	8	6	1	2	5
2	1	6	3	9	5	7	4	8
4	2	3	8	5	1	9	6	7
9	7	5	6	2	4	3	8	1
8	6	1	7	3	9	2	5	4
1	5	4	9	6	3	8	7	2
7	8	9	1	4	2	5	3	6
6	3	2	5	7	8	4	1	9

Puzzle 18

5	2	1	9	6	3	4	7	8
3	8	4	2	5	7	9	1	6
6	7	9	4	1	8	5	3	2
2	4	3	8	7	9	6	5	1
7	5	8	6	3	1	2	4	9
9	1	6	5	4	2	3	8	7
8	9	5	1	2	4	7	6	3
4	3	2	7	8	6	1	9	5
1	6	7	3	9	5	8	2	4

Puzzle 19

9	2	7	8	1	5	4	6	3
5	4	1	6	9	3	2	8	7
8	3	6	4	7	2	1	5	9
6	5	8	3	2	7	9	1	4
4	9	2	1	6	8	7	3	5
7	1	3	5	4	9	8	2	6
1	8	5	7	3	4	6	9	2
2	6	4	9	5	1	3	7	8
3	7	9	2	8	6	5	4	1

Puzzle 20

3	4	1	5	8	6	9	7	2
9	8	6	3	2	7	4	5	1
5	7	2	9	4	1	8	6	3
6	2	8	7	5	3	1	9	4
7	1	5	8	9	4	2	3	6
4	9	3	6	1	2	7	8	5
1	3	9	4	7	5	6	2	8
8	5	4	2	6	9	3	1	7
2	6	7	1	3	8	5	4	9

Puzzle 21

7	2	3	8	9	4	5	1	6
1	4	8	7	5	6	2	9	3
6	9	5	2	1	3	8	4	7
8	3	6	9	2	7	1	5	4
4	7	1	5	3	8	9	6	2
9	5	2	4	6	1	7	3	8
3	8	9	6	7	5	4	2	1
5	6	7	1	4	2	3	8	9
2	1	4	3	8	9	6	7	5

Puzzle 22

1	8	2	3	5	4	9	7	6
5	7	9	6	2	8	4	1	3
6	3	4	9	1	7	8	2	5
4	6	3	5	9	1	7	8	2
9	5	7	2	8	3	6	4	1
2	1	8	4	7	6	3	5	9
8	4	6	1	3	5	2	9	7
3	2	5	7	4	9	1	6	8
7	9	1	8	6	2	5	3	4

Puzzle 23

2	5	8	9	1	6	4	7	3
9	1	6	4	7	3	2	5	8
4	3	7	2	8	5	9	6	1
6	7	4	5	3	2	8	1	9
8	9	1	6	4	7	3	2	5
5	2	3	8	9	1	7	4	6
1	8	2	7	5	9	6	3	4
7	4	5	3	6	8	1	9	2
3	6	9	1	2	4	5	8	7

Puzzle 24

1	9	3	6	8	7	4	5	2
5	2	4	9	3	1	8	6	7
7	6	8	5	2	4	3	9	1
8	5	9	7	6	3	1	2	4
6	3	7	1	4	2	9	8	5
2	4	1	8	9	5	6	7	3
9	7	5	3	1	6	2	4	8
4	1	6	2	7	8	5	3	9
3	8	2	4	5	9	7	1	6

Puzzle 25

2	7	1	4	5	8	6	3	9
9	6	8	1	7	3	5	2	4
3	4	5	9	2	6	8	1	7
4	3	9	2	1	5	7	8	6
1	8	7	3	6	9	2	4	5
5	2	6	8	4	7	1	9	3
6	1	4	5	3	2	9	7	8
8	5	2	7	9	4	3	6	1
7	9	3	6	8	1	4	5	2

Puzzle 26

1	3	4	2	6	7	9	8	5
5	7	6	3	9	8	1	4	2
8	9	2	5	1	4	3	6	7
2	8	7	6	3	1	4	5	9
9	1	3	4	8	5	2	7	6
6	4	5	7	2	9	8	1	3
4	5	8	9	7	3	6	2	1
7	2	9	1	4	6	5	3	8
3	6	1	8	5	2	7	9	4

Puzzle 27

2	3	6	8	9	5	7	1	4
9	7	5	3	1	4	8	6	2
4	1	8	7	6	2	3	5	9
1	2	9	4	7	3	6	8	5
6	4	7	5	8	9	1	2	3
8	5	3	1	2	6	4	9	7
3	9	4	6	5	8	2	7	1
5	6	1	2	4	7	9	3	8
7	8	2	9	3	1	5	4	6

Puzzle 28

7	1	9	2	6	8	5	3	4
4	3	2	1	5	9	6	7	8
8	5	6	7	4	3	1	9	2
3	8	1	4	9	5	7	2	6
9	2	5	6	7	1	8	4	3
6	7	4	3	8	2	9	5	1
1	6	3	9	2	7	4	8	5
5	4	7	8	3	6	2	1	9
2	9	8	5	1	4	3	6	7

Puzzle 29

6	8	3	4	1	9	7	5	2
2	1	4	7	3	5	6	8	9
7	9	5	8	2	6	1	4	3
9	5	7	1	4	8	2	3	6
3	4	1	5	6	2	8	9	7
8	6	2	9	7	3	5	1	4
1	3	9	2	8	7	4	6	5
5	2	8	6	9	4	3	7	1
4	7	6	3	5	1	9	2	8

Puzzle 30

1	5	3	6	8	7	9	4	2
2	6	7	4	1	9	8	5	3
8	4	9	5	2	3	7	1	6
4	3	8	1	9	2	6	7	5
6	9	5	7	3	4	2	8	1
7	1	2	8	5	6	3	9	4
3	8	6	9	4	5	1	2	7
9	7	4	2	6	1	5	3	8
5	2	1	3	7	8	4	6	9

Puzzle 31

8	1	2	7	9	5	4	3	6
6	9	3	4	8	2	7	1	5
4	5	7	3	6	1	9	2	8
3	2	4	9	1	8	5	6	7
1	6	8	2	5	7	3	9	4
9	7	5	6	3	4	2	8	1
5	4	1	8	2	3	6	7	9
2	8	6	5	7	9	1	4	3
7	3	9	1	4	6	8	5	2

Puzzle 32

2	6	1	8	3	7	4	9	5
9	8	5	4	2	1	3	6	7
4	7	3	6	5	9	8	2	1
7	3	8	9	1	4	6	5	2
5	2	4	7	6	3	1	8	9
1	9	6	2	8	5	7	3	4
3	5	2	1	7	6	9	4	8
8	4	7	3	9	2	5	1	6
6	1	9	5	4	8	2	7	3

Puzzle 33

6	5	9	8	4	7	2	1	3
3	1	4	6	2	9	7	8	5
7	8	2	5	1	3	9	4	6
4	3	1	2	6	5	8	9	7
2	7	6	4	9	8	3	5	1
8	9	5	7	3	1	4	6	2
9	4	7	1	5	2	6	3	8
1	2	3	9	8	6	5	7	4
5	6	8	3	7	4	1	2	9

Puzzle 34

7	2	4	5	6	1	3	9	8
8	1	9	3	7	4	6	2	5
3	6	5	9	2	8	7	1	4
4	8	7	1	5	9	2	3	6
6	3	2	8	4	7	9	5	1
9	5	1	6	3	2	8	4	7
5	7	8	4	9	3	1	6	2
2	9	6	7	1	5	4	8	3
1	4	3	2	8	6	5	7	9

Puzzle 35

3	4	9	6	5	7	2	8	1
6	2	8	9	4	1	3	7	5
7	1	5	2	3	8	6	4	9
5	8	4	3	1	9	7	6	2
2	3	6	8	7	5	1	9	4
1	9	7	4	2	6	8	5	3
9	5	3	7	6	2	4	1	8
4	6	1	5	8	3	9	2	7
8	7	2	1	9	4	5	3	6

Puzzle 36

8	6	5	3	2	4	1	7	9
1	9	4	8	6	7	2	5	3
2	7	3	1	5	9	8	4	6
5	2	7	9	8	6	4	3	1
6	4	8	7	1	3	9	2	5
3	1	9	5	4	2	6	8	7
7	8	2	6	3	1	5	9	4
9	5	1	4	7	8	3	6	2
4	3	6	2	9	5	7	1	8

Puzzle 37

2	6	5	8	1	9	3	4	7
8	7	3	2	4	5	1	9	6
1	4	9	7	3	6	2	8	5
7	8	2	9	6	3	4	5	1
4	9	6	5	2	1	7	3	8
5	3	1	4	8	7	6	2	9
9	2	4	6	7	8	5	1	3
6	1	8	3	5	2	9	7	4
3	5	7	1	9	4	8	6	2

Puzzle 38

7	2	6	3	1	5	9	8	4
1	5	9	6	4	8	2	3	7
3	4	8	2	9	7	5	6	1
4	9	5	1	3	2	6	7	8
6	3	2	8	7	9	4	1	5
8	1	7	5	6	4	3	2	9
9	7	1	4	2	3	8	5	6
5	6	3	9	8	1	7	4	2
2	8	4	7	5	6	1	9	3

Puzzle 39

3	4	9	7	8	1	6	5	2
2	5	7	9	3	6	4	8	1
1	6	8	2	5	4	7	9	3
4	3	6	8	2	5	1	7	9
9	1	5	3	4	7	8	2	6
7	8	2	6	1	9	5	3	4
6	9	4	5	7	2	3	1	8
5	2	3	1	6	8	9	4	7
8	7	1	4	9	3	2	6	5

Puzzle 40

1	6	2	5	3	9	4	8	7
7	8	4	6	2	1	3	5	9
5	9	3	4	8	7	6	1	2
9	5	1	7	4	8	2	6	3
3	4	6	9	1	2	5	7	8
2	7	8	3	6	5	1	9	4
4	2	7	8	5	6	9	3	1
6	3	9	1	7	4	8	2	5
8	1	5	2	9	3	7	4	6

Puzzle 41

1	5	9	6	4	7	8	2	3
8	4	3	2	9	5	6	7	1
2	6	7	8	3	1	5	9	4
6	2	1	5	7	4	3	8	9
5	3	4	1	8	9	2	6	7
7	9	8	3	6	2	4	1	5
9	8	5	7	2	3	1	4	6
4	1	2	9	5	6	7	3	8
3	7	6	4	1	8	9	5	2

Puzzle 42

6	5	3	9	2	7	1	8	4
7	8	4	5	3	1	6	2	9
2	9	1	8	4	6	3	5	7
9	3	7	4	6	8	5	1	2
5	1	2	3	7	9	4	6	8
4	6	8	1	5	2	7	9	3
8	4	6	7	9	5	2	3	1
3	2	9	6	1	4	8	7	5
1	7	5	2	8	3	9	4	6

Puzzle 43

4	9	3	2	1	8	5	6	7
2	5	1	9	6	7	3	4	8
8	7	6	5	3	4	9	1	2
6	1	2	4	5	9	7	8	3
3	8	5	6	7	2	4	9	1
9	4	7	1	8	3	2	5	6
7	2	9	8	4	1	6	3	5
1	6	4	3	2	5	8	7	9
5	3	8	7	9	6	1	2	4

Puzzle 44

4	5	3	8	1	2	9	6	7
9	7	6	4	5	3	1	2	8
2	8	1	7	9	6	5	4	3
8	6	2	9	7	1	3	5	4
7	3	5	2	8	4	6	1	9
1	4	9	3	6	5	8	7	2
6	9	7	5	2	8	4	3	1
5	2	4	1	3	9	7	8	6
3	1	8	6	4	7	2	9	5

Puzzle 45

3	2	5	8	9	1	6	7	4
7	9	8	6	2	4	3	5	1
4	1	6	7	3	5	9	2	8
1	7	4	9	6	8	2	3	5
2	8	3	1	5	7	4	6	9
5	6	9	3	4	2	8	1	7
9	4	1	2	7	6	5	8	3
6	3	7	5	8	9	1	4	2
8	5	2	4	1	3	7	9	6

Puzzle 46

5	1	7	2	3	6	4	9	8
9	6	2	1	4	8	5	7	3
3	8	4	9	7	5	6	1	2
2	5	8	6	1	7	3	4	9
1	4	9	3	5	2	8	6	7
6	7	3	8	9	4	1	2	5
7	3	5	4	2	1	9	8	6
4	2	6	5	8	9	7	3	1
8	9	1	7	6	3	2	5	4

Puzzle 47

4	8	3	6	5	2	9	1	7
6	2	5	9	1	7	3	8	4
7	9	1	3	8	4	5	6	2
8	7	6	2	3	1	4	5	9
9	3	4	8	6	5	2	7	1
1	5	2	4	7	9	6	3	8
3	4	7	1	9	6	8	2	5
2	1	8	5	4	3	7	9	6
5	6	9	7	2	8	1	4	3

Puzzle 48

7	6	9	8	1	2	4	3	5
8	5	3	9	4	7	1	6	2
1	4	2	5	3	6	8	9	7
5	1	8	4	9	3	2	7	6
4	3	6	2	7	8	9	5	1
9	2	7	6	5	1	3	8	4
6	8	1	3	2	5	7	4	9
3	7	4	1	6	9	5	2	8
2	9	5	7	8	4	6	1	3

Puzzle 49

3	2	1	6	8	5	4	9	7
7	6	5	2	9	4	1	8	3
9	8	4	3	7	1	5	2	6
1	9	8	7	4	2	6	3	5
5	7	3	1	6	8	9	4	2
6	4	2	5	3	9	7	1	8
4	1	6	8	2	7	3	5	9
8	5	7	9	1	3	2	6	4
2	3	9	4	5	6	8	7	1

Puzzle 50

9	2	6	3	1	4	7	8	5
8	5	7	6	9	2	3	1	4
1	3	4	8	5	7	2	6	9
5	8	1	4	3	9	6	7	2
7	6	2	5	8	1	4	9	3
4	9	3	2	7	6	8	5	1
6	1	5	7	2	3	9	4	8
2	7	8	9	4	5	1	3	6
3	4	9	1	6	8	5	2	7

Puzzle 51

3	9	5	4	7	6	1	2	8
4	2	6	9	8	1	5	7	3
8	1	7	5	2	3	9	6	4
1	6	3	8	9	4	7	5	2
5	8	9	2	3	7	4	1	6
2	7	4	6	1	5	3	8	9
9	5	2	1	4	8	6	3	7
6	3	8	7	5	9	2	4	1
7	4	1	3	6	2	8	9	5

Puzzle 52

3	7	1	4	5	2	6	9	8
9	5	4	7	8	6	2	3	1
6	8	2	1	3	9	7	4	5
5	1	6	3	2	4	8	7	9
2	9	3	5	7	8	1	6	4
7	4	8	9	6	1	3	5	2
8	6	5	2	4	3	9	1	7
4	2	9	6	1	7	5	8	3
1	3	7	8	9	5	4	2	6

Puzzle 53

2	9	4	1	6	3	8	7	5
8	6	1	7	5	2	9	4	3
7	5	3	8	9	4	2	6	1
3	8	7	4	2	5	1	9	6
6	4	9	3	7	1	5	2	8
5	1	2	9	8	6	4	3	7
9	7	6	2	1	8	3	5	4
1	3	5	6	4	9	7	8	2
4	2	8	5	3	7	6	1	9

Puzzle 54

1	5	4	6	2	3	7	8	9
2	7	9	1	5	8	4	3	6
6	8	3	9	4	7	2	1	5
4	2	5	7	1	9	8	6	3
3	9	7	5	8	6	1	2	4
8	6	1	4	3	2	9	5	7
5	1	6	8	7	4	3	9	2
9	4	2	3	6	1	5	7	8
7	3	8	2	9	5	6	4	1

Puzzle 55

9	5	2	7	8	1	3	4	6
3	1	7	6	2	4	9	5	8
4	6	8	9	5	3	2	1	7
1	8	6	3	9	2	5	7	4
5	9	3	4	6	7	8	2	1
2	7	4	5	1	8	6	3	9
6	3	5	1	4	9	7	8	2
7	2	1	8	3	6	4	9	5
8	4	9	2	7	5	1	6	3

Puzzle 56

3	6	9	5	8	1	2	7	4
7	2	5	3	9	4	8	6	1
4	8	1	6	2	7	9	3	5
1	5	6	8	4	2	3	9	7
2	3	7	9	5	6	4	1	8
8	9	4	7	1	3	6	5	2
5	1	3	2	6	8	7	4	9
9	7	2	4	3	5	1	8	6
6	4	8	1	7	9	5	2	3

Puzzle 57

3	7	8	6	2	1	5	9	4
6	9	4	7	3	5	1	2	8
1	5	2	8	4	9	6	3	7
5	1	7	2	6	3	4	8	9
4	6	9	5	7	8	2	1	3
2	8	3	1	9	4	7	5	6
7	2	1	9	8	6	3	4	5
9	3	6	4	5	2	8	7	1
8	4	5	3	1	7	9	6	2

Puzzle 58

3	4	9	8	5	2	7	1	6
6	8	1	3	7	4	9	2	5
7	2	5	9	1	6	3	8	4
1	3	6	2	8	5	4	9	7
5	9	8	1	4	7	6	3	2
4	7	2	6	9	3	8	5	1
2	5	4	7	3	8	1	6	9
8	1	7	5	6	9	2	4	3
9	6	3	4	2	1	5	7	8

Puzzle 59

5	9	3	1	2	8	7	4	6
8	4	2	9	6	7	1	3	5
6	7	1	3	5	4	2	8	9
3	1	6	4	9	5	8	2	7
7	2	8	6	1	3	9	5	4
9	5	4	8	7	2	6	1	3
4	6	5	7	8	1	3	9	2
1	3	9	2	4	6	5	7	8
2	8	7	5	3	9	4	6	1

Puzzle 60

5	4	1	8	9	7	3	2	6
3	8	9	6	5	2	1	7	4
6	7	2	1	4	3	5	9	8
7	5	8	2	3	1	4	6	9
1	9	4	7	6	5	8	3	2
2	6	3	9	8	4	7	5	1
4	2	5	3	1	9	6	8	7
9	3	6	4	7	8	2	1	5
8	1	7	5	2	6	9	4	3

Puzzle 61

1	6	8	2	9	3	5	7	4
7	3	9	1	4	5	2	6	8
2	5	4	7	6	8	9	1	3
6	7	3	5	8	9	1	4	2
8	1	5	4	3	2	6	9	7
9	4	2	6	1	7	3	8	5
4	9	7	3	2	6	8	5	1
5	2	6	8	7	1	4	3	9
3	8	1	9	5	4	7	2	6

Puzzle 62

6	1	7	8	3	9	5	2	4
9	3	2	4	1	5	6	8	7
8	4	5	6	7	2	9	1	3
5	9	8	7	2	4	3	6	1
3	7	6	5	9	1	8	4	2
1	2	4	3	6	8	7	5	9
7	8	9	2	4	6	1	3	5
4	5	3	1	8	7	2	9	6
2	6	1	9	5	3	4	7	8

Puzzle 63

2	4	5	6	7	1	9	8	3
1	7	3	9	5	8	4	2	6
9	6	8	3	2	4	1	7	5
7	8	6	4	3	5	2	1	9
5	9	1	2	6	7	8	3	4
4	3	2	1	8	9	5	6	7
8	2	7	5	4	6	3	9	1
6	1	4	8	9	3	7	5	2
3	5	9	7	1	2	6	4	8

Puzzle 64

2	8	4	1	5	3	9	6	7
1	5	3	6	7	9	2	4	8
9	6	7	4	2	8	3	5	1
5	9	8	2	1	4	7	3	6
7	1	2	9	3	6	5	8	4
4	3	6	7	8	5	1	2	9
6	2	9	5	4	7	8	1	3
8	4	1	3	9	2	6	7	5
3	7	5	8	6	1	4	9	2

Puzzle 65

1	5	9	6	3	2	8	4	7
2	7	6	4	9	8	1	3	5
8	4	3	1	7	5	2	9	6
7	6	8	5	1	9	3	2	4
9	2	5	7	4	3	6	1	8
3	1	4	2	8	6	7	5	9
4	9	7	8	2	1	5	6	3
6	8	1	3	5	4	9	7	2
5	3	2	9	6	7	4	8	1

Puzzle 66

2	6	9	5	7	1	3	4	8
1	7	4	2	8	3	5	9	6
3	8	5	9	4	6	2	7	1
5	1	6	7	3	8	4	2	9
8	4	3	1	2	9	6	5	7
7	9	2	6	5	4	8	1	3
6	2	1	3	9	5	7	8	4
4	3	7	8	1	2	9	6	5
9	5	8	4	6	7	1	3	2

Puzzle 67

9	7	4	5	8	6	3	1	2
6	5	8	2	3	1	4	9	7
1	3	2	4	9	7	6	5	8
2	1	3	9	7	5	8	4	6
4	8	9	3	6	2	5	7	1
5	6	7	8	1	4	9	2	3
8	9	1	7	5	3	2	6	4
7	2	5	6	4	8	1	3	9
3	4	6	1	2	9	7	8	5

Puzzle 68

1	6	8	4	2	7	5	9	3
4	7	9	8	5	3	6	1	2
5	3	2	6	9	1	8	7	4
9	1	3	2	7	6	4	5	8
2	8	6	9	4	5	1	3	7
7	4	5	1	3	8	2	6	9
3	2	4	5	1	9	7	8	6
6	9	1	7	8	4	3	2	5
8	5	7	3	6	2	9	4	1

Puzzle 69

1	6	2	5	8	4	9	3	7
5	9	8	2	7	3	4	1	6
7	4	3	1	6	9	2	5	8
3	5	6	4	1	7	8	9	2
9	8	1	6	5	2	7	4	3
4	2	7	3	9	8	5	6	1
2	7	5	9	3	1	6	8	4
6	1	4	8	2	5	3	7	9
8	3	9	7	4	6	1	2	5

Puzzle 70

2	7	8	9	4	3	6	1	5
1	6	9	8	7	5	4	2	3
4	5	3	6	1	2	7	9	8
8	1	2	4	5	6	3	7	9
9	4	6	7	3	1	5	8	2
7	3	5	2	9	8	1	6	4
5	2	4	1	8	7	9	3	6
3	8	7	5	6	9	2	4	1
6	9	1	3	2	4	8	5	7

Puzzle 71

9	5	3	2	4	6	7	8	1
1	7	2	8	9	3	5	4	6
4	6	8	5	1	7	2	3	9
6	2	4	7	3	1	8	9	5
7	1	9	6	5	8	4	2	3
3	8	5	9	2	4	1	6	7
5	3	7	4	6	2	9	1	8
2	9	6	1	8	5	3	7	4
8	4	1	3	7	9	6	5	2

Puzzle 72

3	6	7	1	2	9	4	8	5
5	2	4	3	8	6	1	9	7
8	9	1	5	7	4	2	6	3
4	1	2	7	9	8	3	5	6
9	7	3	6	5	2	8	1	4
6	8	5	4	3	1	7	2	9
2	5	6	8	4	3	9	7	1
1	3	9	2	6	7	5	4	8
7	4	8	9	1	5	6	3	2

Puzzle 73

5	3	7	6	4	8	2	1	9
8	2	4	5	1	9	6	7	3
6	1	9	7	3	2	4	8	5
3	7	8	1	5	6	9	4	2
9	6	1	8	2	4	5	3	7
2	4	5	9	7	3	8	6	1
7	9	3	4	8	5	1	2	6
4	5	2	3	6	1	7	9	8
1	8	6	2	9	7	3	5	4

Puzzle 74

9	7	8	5	2	3	1	4	6
5	1	4	6	7	8	3	2	9
6	3	2	1	9	4	7	8	5
3	5	1	9	8	6	4	7	2
7	8	6	4	1	2	5	9	3
2	4	9	7	3	5	6	1	8
8	9	5	3	4	7	2	6	1
1	6	7	2	5	9	8	3	4
4	2	3	8	6	1	9	5	7

Puzzle 75

1	6	7	4	5	3	9	8	2
3	8	5	7	2	9	1	6	4
9	4	2	6	1	8	5	3	7
6	5	8	9	7	4	2	1	3
2	3	9	1	6	5	7	4	8
4	7	1	3	8	2	6	9	5
7	1	3	2	4	6	8	5	9
5	9	6	8	3	7	4	2	1
8	2	4	5	9	1	3	7	6

Puzzle 76

5	2	4	3	1	6	9	7	8
3	6	8	4	7	9	1	2	5
7	9	1	2	5	8	3	6	4
6	4	5	9	2	7	8	3	1
1	8	2	6	4	3	7	5	9
9	3	7	5	8	1	6	4	2
4	7	3	8	9	5	2	1	6
2	1	9	7	6	4	5	8	3
8	5	6	1	3	2	4	9	7

Puzzle 77

2	5	7	4	8	6	3	1	9
4	9	1	7	2	3	6	8	5
6	8	3	9	1	5	7	2	4
8	2	9	6	4	1	5	7	3
1	3	5	8	9	7	2	4	6
7	6	4	5	3	2	1	9	8
9	1	2	3	5	8	4	6	7
5	7	8	1	6	4	9	3	2
3	4	6	2	7	9	8	5	1

Puzzle 78

4	3	7	6	1	5	8	9	2
6	2	8	7	4	9	3	5	1
9	1	5	3	2	8	6	7	4
3	7	2	5	9	1	4	8	6
1	6	4	8	7	2	5	3	9
5	8	9	4	3	6	1	2	7
7	5	1	9	8	4	2	6	3
2	9	6	1	5	3	7	4	8
8	4	3	2	6	7	9	1	5

Puzzle 79

8	6	3	4	1	5	9	7	2
2	7	5	9	3	8	6	4	1
1	4	9	6	2	7	5	8	3
4	9	8	1	6	2	7	3	5
5	2	6	3	7	4	1	9	8
3	1	7	5	8	9	2	6	4
9	5	2	8	4	6	3	1	7
6	8	1	7	5	3	4	2	9
7	3	4	2	9	1	8	5	6

Puzzle 80

8	1	7	9	2	4	3	6	5
3	5	9	7	8	6	2	1	4
6	4	2	3	5	1	8	9	7
4	9	8	2	3	5	1	7	6
5	3	6	4	1	7	9	8	2
2	7	1	6	9	8	5	4	3
1	2	4	5	7	9	6	3	8
7	8	5	1	6	3	4	2	9
9	6	3	8	4	2	7	5	1

Puzzle 81

8	5	9	3	1	2	7	4	6
3	4	1	7	6	8	2	5	9
6	7	2	5	9	4	8	3	1
9	3	7	1	5	6	4	8	2
2	1	6	4	8	7	3	9	5
4	8	5	9	2	3	1	6	7
1	9	3	2	4	5	6	7	8
7	2	8	6	3	9	5	1	4
5	6	4	8	7	1	9	2	3

Puzzle 82

4	8	2	9	7	5	1	3	6
6	1	7	2	4	3	5	8	9
3	5	9	6	8	1	7	4	2
5	6	1	3	9	4	8	2	7
8	7	4	5	1	2	6	9	3
9	2	3	7	6	8	4	5	1
7	3	8	1	5	9	2	6	4
1	9	5	4	2	6	3	7	8
2	4	6	8	3	7	9	1	5

Puzzle 83

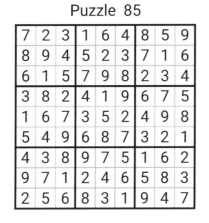

6	9	1	5	7	3	2	4	8
2	4	8	6	1	9	5	7	3
5	7	3	4	2	8	6	9	1
3	2	5	1	8	4	7	6	9
7	8	6	3	9	5	1	2	4
4	1	9	2	6	7	3	8	5
9	6	4	7	5	1	8	3	2
8	5	7	9	3	2	4	1	6
1	3	2	8	4	6	9	5	7

Puzzle 84

9	1	4	8	5	3	6	2	7
8	3	5	2	7	6	4	1	9
7	2	6	4	9	1	3	5	8
3	5	9	7	1	4	8	6	2
4	8	2	6	3	5	7	9	1
1	6	7	9	8	2	5	4	3
5	7	1	3	6	9	2	8	4
2	9	8	5	4	7	1	3	6
6	4	3	1	2	8	9	7	5

Puzzle 85

7	2	3	1	6	4	8	5	9
8	9	4	5	2	3	7	1	6
6	1	5	7	9	8	2	3	4
3	8	2	4	1	9	6	7	5
1	6	7	3	5	2	4	9	8
5	4	9	6	8	7	3	2	1
4	3	8	9	7	5	1	6	2
9	7	1	2	4	6	5	8	3
2	5	6	8	3	1	9	4	7

Puzzle 86

2	8	7	1	9	4	5	6	3
4	3	5	2	8	6	7	1	9
1	9	6	3	5	7	2	4	8
6	5	8	7	2	9	4	3	1
7	4	9	6	1	3	8	5	2
3	1	2	5	4	8	9	7	6
9	7	4	8	6	1	3	2	5
5	6	3	9	7	2	1	8	4
8	2	1	4	3	5	6	9	7

Puzzle 87

5	2	1	3	8	7	4	9	6
3	4	6	5	9	2	7	1	8
7	8	9	6	1	4	5	2	3
1	9	7	2	5	6	8	3	4
4	5	8	7	3	9	2	6	1
6	3	2	8	4	1	9	5	7
8	1	4	9	2	3	6	7	5
2	6	5	1	7	8	3	4	9
9	7	3	4	6	5	1	8	2

Puzzle 88

1	7	5	3	4	9	6	8	2
3	6	8	7	2	5	4	9	1
9	2	4	1	8	6	5	7	3
5	3	6	4	7	1	9	2	8
4	9	7	8	5	2	3	1	6
2	8	1	6	9	3	7	4	5
7	4	2	5	3	8	1	6	9
6	5	9	2	1	7	8	3	4
8	1	3	9	6	4	2	5	7

Puzzle 89

7	1	6	4	2	8	9	3	5
8	4	9	5	6	3	2	1	7
5	2	3	9	1	7	6	4	8
9	3	4	8	7	5	1	6	2
2	5	7	1	4	6	3	8	9
1	6	8	2	3	9	7	5	4
6	7	2	3	8	4	5	9	1
3	8	5	7	9	1	4	2	6
4	9	1	6	5	2	8	7	3

Puzzle 90

2	4	8	3	9	5	6	1	7
5	1	7	4	8	6	2	3	9
9	3	6	1	7	2	4	8	5
6	2	1	7	3	8	5	9	4
8	7	4	5	1	9	3	6	2
3	9	5	6	2	4	8	7	1
4	5	9	8	6	1	7	2	3
1	8	3	2	4	7	9	5	6
7	6	2	9	5	3	1	4	8

Puzzle 91

3	7	2	1	4	8	9	6	5
8	1	5	7	6	9	2	3	4
6	4	9	2	5	3	8	7	1
7	9	8	6	2	5	1	4	3
2	3	6	4	8	1	5	9	7
4	5	1	3	9	7	6	8	2
9	8	7	5	1	4	3	2	6
1	6	3	8	7	2	4	5	9
5	2	4	9	3	6	7	1	8

Puzzle 92

5	1	7	4	8	2	9	6	3
4	8	3	5	6	9	1	2	7
2	6	9	3	7	1	5	4	8
9	4	2	1	5	3	8	7	6
7	5	1	6	4	8	3	9	2
8	3	6	9	2	7	4	5	1
3	7	4	2	1	5	6	8	9
6	9	8	7	3	4	2	1	5
1	2	5	8	9	6	7	3	4

Puzzle 93

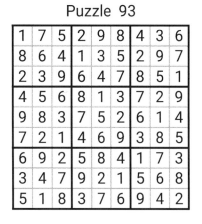

1	7	5	2	9	8	4	3	6
8	6	4	1	3	5	2	9	7
2	3	9	6	4	7	8	5	1
4	5	6	8	1	3	7	2	9
9	8	3	7	5	2	6	1	4
7	2	1	4	6	9	3	8	5
6	9	2	5	8	4	1	7	3
3	4	7	9	2	1	5	6	8
5	1	8	3	7	6	9	4	2

Puzzle 94

3	7	9	4	8	1	5	2	6
4	1	6	5	2	7	8	3	9
2	5	8	6	3	9	7	1	4
9	4	5	1	7	8	2	6	3
7	3	1	2	9	6	4	8	5
6	8	2	3	5	4	1	9	7
1	9	4	8	6	5	3	7	2
5	2	7	9	1	3	6	4	8
8	6	3	7	4	2	9	5	1

Puzzle 95

7	4	1	8	9	2	3	6	5
2	5	6	3	7	1	4	9	8
9	3	8	6	4	5	7	1	2
5	1	9	2	8	3	6	7	4
8	2	4	9	6	7	1	5	3
6	7	3	1	5	4	8	2	9
3	9	5	4	1	6	2	8	7
1	8	2	7	3	9	5	4	6
4	6	7	5	2	8	9	3	1

Puzzle 96

3	8	4	5	2	7	6	9	1
5	2	7	1	9	6	4	8	3
1	6	9	8	4	3	2	7	5
6	7	8	3	1	5	9	2	4
2	3	1	4	8	9	7	5	6
9	4	5	6	7	2	1	3	8
8	5	2	9	6	1	3	4	7
7	1	3	2	5	4	8	6	9
4	9	6	7	3	8	5	1	2

Puzzle 97

4	2	6	1	5	8	3	7	9
7	1	8	4	3	9	6	5	2
5	3	9	6	2	7	4	1	8
6	5	7	9	1	3	2	8	4
9	8	3	5	4	2	1	6	7
2	4	1	8	7	6	9	3	5
8	9	5	2	6	1	7	4	3
3	6	2	7	8	4	5	9	1
1	7	4	3	9	5	8	2	6

Puzzle 98

1	9	8	4	5	7	3	6	2
3	2	4	1	8	6	5	7	9
5	6	7	2	3	9	1	8	4
2	1	9	3	6	8	7	4	5
7	4	6	5	9	1	8	2	3
8	3	5	7	4	2	6	9	1
4	8	3	9	7	5	2	1	6
6	5	1	8	2	4	9	3	7
9	7	2	6	1	3	4	5	8

Puzzle 99

7	2	9	8	5	4	3	1	6
5	4	6	2	3	1	9	8	7
3	8	1	9	7	6	5	4	2
2	7	8	4	9	5	1	6	3
1	9	5	3	6	7	8	2	4
4	6	3	1	2	8	7	9	5
8	3	4	5	1	2	6	7	9
6	5	2	7	8	9	4	3	1
9	1	7	6	4	3	2	5	8

Puzzle 100

3	2	6	7	8	9	1	4	5
5	1	7	6	3	4	2	8	9
4	8	9	5	1	2	3	6	7
7	5	1	4	6	8	9	3	2
8	6	2	3	9	7	4	5	1
9	3	4	2	5	1	6	7	8
2	7	8	9	4	3	5	1	6
1	4	5	8	2	6	7	9	3
6	9	3	1	7	5	8	2	4

Puzzle 101

9	1	2	5	3	8	6	4	7
6	7	5	4	9	2	1	3	8
4	3	8	7	6	1	5	2	9
5	8	1	2	4	6	9	7	3
2	9	6	8	7	3	4	5	1
3	4	7	9	1	5	8	6	2
7	2	4	6	8	9	3	1	5
1	6	9	3	5	7	2	8	4
8	5	3	1	2	4	7	9	6

Puzzle 102

4	5	1	8	6	2	3	7	9
8	2	9	5	7	3	4	1	6
6	7	3	4	1	9	2	5	8
2	3	8	7	9	6	1	4	5
9	6	4	3	5	1	8	2	7
5	1	7	2	4	8	6	9	3
7	9	6	1	3	4	5	8	2
1	8	5	6	2	7	9	3	4
3	4	2	9	8	5	7	6	1

Puzzle 103

8	7	4	2	1	5	9	6	3
6	2	3	7	8	9	4	5	1
9	5	1	3	6	4	2	7	8
4	8	7	1	5	3	6	2	9
2	1	5	4	9	6	8	3	7
3	6	9	8	2	7	5	1	4
1	4	8	6	3	2	7	9	5
5	3	2	9	7	8	1	4	6
7	9	6	5	4	1	3	8	2

Puzzle 104

7	9	5	3	4	1	6	8	2
4	6	2	9	8	5	1	7	3
8	3	1	6	2	7	4	9	5
3	2	9	7	1	6	5	4	8
6	5	8	4	9	3	7	2	1
1	7	4	2	5	8	9	3	6
9	8	3	1	6	4	2	5	7
5	4	6	8	7	2	3	1	9
2	1	7	5	3	9	8	6	4

Puzzle 105

7	3	2	8	4	5	9	1	6
6	5	4	1	3	9	8	2	7
8	1	9	2	7	6	3	4	5
2	7	1	5	9	3	4	6	8
3	4	8	7	6	2	1	5	9
9	6	5	4	8	1	7	3	2
4	2	3	9	5	7	6	8	1
1	9	6	3	2	8	5	7	4
5	8	7	6	1	4	2	9	3

Puzzle 106

9	8	2	3	1	6	5	4	7
6	5	4	9	8	7	2	3	1
7	1	3	2	5	4	6	8	9
2	4	8	5	9	3	7	1	6
1	6	7	8	4	2	9	5	3
3	9	5	6	7	1	8	2	4
4	3	9	7	2	8	1	6	5
5	2	6	1	3	9	4	7	8
8	7	1	4	6	5	3	9	2

Puzzle 107

8	6	9	3	4	5	7	2	1
7	4	3	9	1	2	6	5	8
1	5	2	7	8	6	3	4	9
9	2	6	5	7	4	1	8	3
4	8	1	6	3	9	5	7	2
5	3	7	8	2	1	9	6	4
2	1	5	4	9	7	8	3	6
3	7	4	1	6	8	2	9	5
6	9	8	2	5	3	4	1	7

Puzzle 108

3	1	5	9	2	8	7	6	4
8	4	2	3	7	6	5	9	1
6	9	7	4	5	1	3	2	8
4	5	1	7	3	9	2	8	6
2	6	3	5	8	4	1	7	9
7	8	9	1	6	2	4	3	5
9	7	6	2	4	5	8	1	3
1	2	4	8	9	3	6	5	7
5	3	8	6	1	7	9	4	2

Puzzle 109

4	7	9	2	5	6	8	3	1
6	8	5	4	3	1	9	7	2
1	3	2	8	9	7	5	4	6
2	1	3	9	6	4	7	8	5
8	9	7	3	1	5	6	2	4
5	4	6	7	8	2	1	9	3
7	5	4	6	2	9	3	1	8
9	6	8	1	4	3	2	5	7
3	2	1	5	7	8	4	6	9

Puzzle 110

7	1	3	2	5	8	4	9	6
8	5	6	3	9	4	1	7	2
2	9	4	1	6	7	3	5	8
6	2	7	5	4	9	8	1	3
1	8	9	6	7	3	2	4	5
3	4	5	8	1	2	9	6	7
4	6	2	9	3	5	7	8	1
5	7	8	4	2	1	6	3	9
9	3	1	7	8	6	5	2	4

Puzzle 111

1	5	9	4	6	2	7	8	3
6	8	4	5	7	3	1	9	2
7	3	2	9	1	8	6	4	5
2	9	6	3	8	7	5	1	4
4	7	5	2	9	1	3	6	8
3	1	8	6	5	4	9	2	7
8	4	1	7	3	9	2	5	6
9	6	7	8	2	5	4	3	1
5	2	3	1	4	6	8	7	9

Puzzle 112

1	4	7	3	5	9	6	8	2
8	6	5	7	1	2	9	4	3
2	3	9	6	8	4	7	1	5
7	9	3	1	4	5	8	2	6
5	2	8	9	6	7	1	3	4
6	1	4	8	2	3	5	7	9
9	5	2	4	7	8	3	6	1
4	8	1	5	3	6	2	9	7
3	7	6	2	9	1	4	5	8

Puzzle 113

3	5	4	1	2	9	8	6	7
6	1	2	7	5	8	4	9	3
9	7	8	4	3	6	1	5	2
1	8	6	9	7	5	3	2	4
7	3	5	8	4	2	9	1	6
4	2	9	3	6	1	7	8	5
5	9	3	2	8	4	6	7	1
8	6	7	5	1	3	2	4	9
2	4	1	6	9	7	5	3	8

Puzzle 114

8	1	9	6	5	4	3	7	2
5	3	2	9	7	8	1	6	4
7	4	6	1	2	3	9	8	5
3	9	4	2	6	5	7	1	8
1	7	8	4	3	9	2	5	6
2	6	5	8	1	7	4	3	9
9	2	3	5	8	1	6	4	7
4	8	1	7	9	6	5	2	3
6	5	7	3	4	2	8	9	1

Puzzle 115

7	1	8	6	4	3	9	5	2
9	2	4	1	5	7	3	6	8
6	3	5	9	8	2	7	1	4
1	9	7	4	6	8	2	3	5
8	5	3	7	2	9	6	4	1
2	4	6	3	1	5	8	9	7
4	8	2	5	3	6	1	7	9
5	6	9	8	7	1	4	2	3
3	7	1	2	9	4	5	8	6

Puzzle 116

9	1	3	7	8	2	6	4	5
8	2	4	5	3	6	9	7	1
7	6	5	1	9	4	8	3	2
4	5	7	3	6	8	2	1	9
2	3	6	9	5	1	7	8	4
1	8	9	4	2	7	5	6	3
3	7	8	2	1	9	4	5	6
6	9	1	8	4	5	3	2	7
5	4	2	6	7	3	1	9	8

Puzzle 117

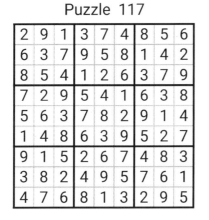

2	9	1	3	7	4	8	5	6
6	3	7	9	5	8	1	4	2
8	5	4	1	2	6	3	7	9
7	2	9	5	4	1	6	3	8
5	6	3	7	8	2	9	1	4
1	4	8	6	3	9	5	2	7
9	1	5	2	6	7	4	8	3
3	8	2	4	9	5	7	6	1
4	7	6	8	1	3	2	9	5

Puzzle 118

6	5	1	2	4	3	7	9	8
9	4	3	5	8	7	2	6	1
2	7	8	9	1	6	4	5	3
1	6	5	4	2	9	3	8	7
7	2	9	1	3	8	6	4	5
3	8	4	7	6	5	1	2	9
5	1	7	6	9	2	8	3	4
4	3	2	8	5	1	9	7	6
8	9	6	3	7	4	5	1	2

Puzzle 119

4	8	9	6	3	2	1	7	5
3	6	7	5	1	9	2	8	4
5	2	1	8	7	4	3	9	6
9	4	5	7	6	1	8	3	2
6	7	3	2	9	8	4	5	1
2	1	8	3	4	5	9	6	7
1	3	2	9	5	7	6	4	8
8	5	6	4	2	3	7	1	9
7	9	4	1	8	6	5	2	3

Puzzle 120

4	2	1	9	7	6	5	8	3
6	7	9	5	8	3	1	4	2
3	8	5	2	1	4	7	9	6
7	4	8	6	9	5	3	2	1
9	1	3	4	2	7	6	5	8
5	6	2	1	3	8	4	7	9
1	3	4	8	5	9	2	6	7
2	9	6	7	4	1	8	3	5
8	5	7	3	6	2	9	1	4

Puzzle 121

5	9	6	1	7	2	3	4	8
8	4	2	9	6	3	1	7	5
7	3	1	8	5	4	6	2	9
3	2	8	5	1	6	4	9	7
1	5	9	7	4	8	2	3	6
6	7	4	2	3	9	8	5	1
4	8	5	3	9	1	7	6	2
9	1	3	6	2	7	5	8	4
2	6	7	4	8	5	9	1	3

Puzzle 122

9	6	7	1	5	2	3	4	8
2	1	4	3	7	8	5	9	6
8	3	5	6	4	9	1	7	2
5	4	8	7	6	1	9	2	3
7	9	3	4	2	5	6	8	1
1	2	6	9	8	3	4	5	7
3	5	2	8	1	4	7	6	9
6	8	1	5	9	7	2	3	4
4	7	9	2	3	6	8	1	5

Puzzle 123

1	3	7	6	2	8	5	9	4
4	5	6	7	1	9	2	8	3
2	8	9	3	5	4	7	6	1
9	2	8	4	7	6	3	1	5
6	4	1	9	3	5	8	2	7
3	7	5	1	8	2	9	4	6
7	9	4	8	6	3	1	5	2
8	1	2	5	4	7	6	3	9
5	6	3	2	9	1	4	7	8

Puzzle 124

7	4	6	3	8	1	2	5	9
9	1	2	5	6	4	3	7	8
8	5	3	7	9	2	4	6	1
4	7	5	1	3	9	8	2	6
3	9	8	2	5	6	1	4	7
6	2	1	8	4	7	5	9	3
2	3	4	9	7	8	6	1	5
5	6	9	4	1	3	7	8	2
1	8	7	6	2	5	9	3	4

Puzzle 125

1	4	7	6	9	2	8	5	3
5	8	6	7	4	3	2	9	1
3	2	9	8	5	1	6	4	7
4	7	2	1	8	5	3	6	9
9	3	1	2	7	6	4	8	5
8	6	5	9	3	4	7	1	2
7	5	4	3	6	9	1	2	8
2	9	8	4	1	7	5	3	6
6	1	3	5	2	8	9	7	4

Puzzle 126

6	4	9	2	5	8	7	3	1
8	1	3	6	4	7	9	2	5
2	5	7	3	1	9	4	6	8
9	8	2	7	3	6	1	5	4
5	7	4	9	2	1	6	8	3
3	6	1	5	8	4	2	7	9
7	2	8	4	9	3	5	1	6
1	9	6	8	7	5	3	4	2
4	3	5	1	6	2	8	9	7

Puzzle 127

6	2	7	3	4	8	5	1	9
5	3	1	6	9	7	2	4	8
8	4	9	5	2	1	7	3	6
1	5	6	2	8	9	3	7	4
9	7	3	4	1	5	8	6	2
2	8	4	7	3	6	1	9	5
7	1	8	9	5	4	6	2	3
3	9	5	1	6	2	4	8	7
4	6	2	8	7	3	9	5	1

Puzzle 128

2	1	8	4	5	3	6	9	7
9	6	5	1	2	7	4	3	8
3	7	4	9	8	6	5	1	2
8	9	3	6	1	2	7	4	5
1	4	7	8	3	5	2	6	9
5	2	6	7	9	4	3	8	1
4	3	9	5	7	8	1	2	6
6	5	1	2	4	9	8	7	3
7	8	2	3	6	1	9	5	4

Puzzle 129

8	1	2	3	9	7	6	4	5
9	4	3	2	6	5	8	7	1
7	6	5	1	4	8	3	2	9
1	2	7	9	3	6	5	8	4
6	5	4	7	8	1	9	3	2
3	9	8	4	5	2	1	6	7
2	3	9	8	1	4	7	5	6
4	8	6	5	7	9	2	1	3
5	7	1	6	2	3	4	9	8

Puzzle 130

6	7	5	1	9	8	4	3	2
2	1	3	7	6	4	9	5	8
9	4	8	3	2	5	7	6	1
5	6	7	4	8	1	3	2	9
4	9	2	5	3	6	8	1	7
8	3	1	2	7	9	6	4	5
7	8	4	6	5	2	1	9	3
1	5	9	8	4	3	2	7	6
3	2	6	9	1	7	5	8	4

Puzzle 131

2	7	8	5	9	3	1	6	4
6	4	3	2	1	8	9	5	7
1	5	9	7	6	4	3	8	2
5	3	7	4	8	2	6	9	1
9	2	6	3	5	1	7	4	8
8	1	4	9	7	6	5	2	3
4	9	5	8	3	7	2	1	6
7	8	1	6	2	5	4	3	9
3	6	2	1	4	9	8	7	5

Puzzle 132

4	5	2	7	3	1	9	6	8
6	8	7	9	5	4	3	1	2
1	3	9	2	6	8	7	4	5
8	7	3	5	4	6	2	9	1
5	4	6	1	9	2	8	3	7
9	2	1	8	7	3	4	5	6
3	9	5	6	2	7	1	8	4
2	6	8	4	1	9	5	7	3
7	1	4	3	8	5	6	2	9

Puzzle 133

6	9	2	7	3	8	1	5	4
7	8	1	2	4	5	6	3	9
5	4	3	6	9	1	2	8	7
2	7	6	5	1	4	8	9	3
9	1	4	8	2	3	7	6	5
3	5	8	9	7	6	4	2	1
1	3	9	4	6	2	5	7	8
8	2	7	1	5	9	3	4	6
4	6	5	3	8	7	9	1	2

Puzzle 134

5	8	6	3	2	1	7	4	9
1	9	2	4	6	7	3	5	8
7	3	4	5	9	8	1	2	6
2	7	9	6	5	3	8	1	4
3	1	5	9	8	4	6	7	2
6	4	8	1	7	2	9	3	5
8	2	1	7	4	9	5	6	3
4	6	7	8	3	5	2	9	1
9	5	3	2	1	6	4	8	7

Puzzle 135

1	6	9	4	8	2	5	7	3
7	2	3	1	6	5	4	9	8
4	8	5	3	7	9	6	2	1
3	7	2	6	4	8	9	1	5
9	4	8	2	5	1	7	3	6
5	1	6	9	3	7	2	8	4
6	3	1	7	2	4	8	5	9
2	5	4	8	9	3	1	6	7
8	9	7	5	1	6	3	4	2

Puzzle 136

9	6	4	3	8	1	5	7	2
8	2	7	6	5	9	3	1	4
1	3	5	4	7	2	8	6	9
5	9	3	8	4	6	1	2	7
6	1	2	5	9	7	4	3	8
4	7	8	1	2	3	9	5	6
3	5	9	7	6	8	2	4	1
2	4	6	9	1	5	7	8	3
7	8	1	2	3	4	6	9	5

Puzzle 137

7	9	2	6	3	1	4	8	5
4	8	5	2	7	9	3	1	6
6	1	3	5	4	8	9	2	7
8	6	4	1	2	7	5	9	3
1	2	9	3	6	5	8	7	4
5	3	7	9	8	4	2	6	1
9	4	8	7	5	6	1	3	2
2	5	6	8	1	3	7	4	9
3	7	1	4	9	2	6	5	8

Puzzle 138

6	3	8	5	1	7	2	4	9
7	4	1	8	2	9	3	6	5
2	5	9	3	6	4	7	1	8
3	9	7	4	5	2	1	8	6
4	6	2	1	3	8	5	9	7
1	8	5	7	9	6	4	3	2
5	7	4	9	8	3	6	2	1
8	1	6	2	4	5	9	7	3
9	2	3	6	7	1	8	5	4

Puzzle 139

3	7	8	1	2	9	5	4	6
1	2	4	8	6	5	3	9	7
5	6	9	4	7	3	1	2	8
4	8	5	3	1	7	9	6	2
6	1	3	9	8	2	4	7	5
7	9	2	5	4	6	8	3	1
8	4	6	2	3	1	7	5	9
2	5	1	7	9	4	6	8	3
9	3	7	6	5	8	2	1	4

Puzzle 140

8	5	4	9	7	1	6	2	3
1	2	9	8	6	3	5	4	7
7	3	6	5	4	2	9	1	8
5	9	7	6	2	8	4	3	1
6	1	2	7	3	4	8	9	5
3	4	8	1	5	9	2	7	6
4	6	3	2	8	7	1	5	9
2	8	1	3	9	5	7	6	4
9	7	5	4	1	6	3	8	2

Puzzle 141

6	3	8	1	2	5	7	9	4
9	7	1	4	3	8	2	5	6
4	5	2	7	6	9	3	1	8
3	6	5	2	9	1	4	8	7
2	4	9	5	8	7	6	3	1
1	8	7	6	4	3	5	2	9
7	1	3	9	5	6	8	4	2
5	9	4	8	7	2	1	6	3
8	2	6	3	1	4	9	7	5

Puzzle 142

1	3	9	6	2	7	8	5	4
5	6	7	1	8	4	2	3	9
4	2	8	5	9	3	7	6	1
9	4	2	7	3	6	1	8	5
6	1	5	2	4	8	3	9	7
7	8	3	9	1	5	4	2	6
2	9	4	3	6	1	5	7	8
3	7	1	8	5	9	6	4	2
8	5	6	4	7	2	9	1	3

Puzzle 143

4	7	3	6	1	8	5	9	2
8	6	1	2	9	5	3	4	7
5	2	9	3	7	4	8	1	6
7	3	5	4	6	9	1	2	8
6	9	8	1	2	3	7	5	4
2	1	4	5	8	7	6	3	9
9	4	6	8	5	1	2	7	3
3	5	2	7	4	6	9	8	1
1	8	7	9	3	2	4	6	5

Puzzle 144

2	1	4	6	7	5	9	3	8
6	9	7	2	3	8	1	4	5
3	8	5	1	4	9	7	2	6
4	7	8	9	2	1	6	5	3
5	2	1	8	6	3	4	7	9
9	6	3	7	5	4	2	8	1
7	5	6	3	9	2	8	1	4
8	3	9	4	1	7	5	6	2
1	4	2	5	8	6	3	9	7

Puzzle 145

8	1	9	5	3	6	4	7	2
5	4	3	9	7	2	6	1	8
2	7	6	4	8	1	3	5	9
1	6	4	3	5	9	2	8	7
7	9	2	6	4	8	5	3	1
3	5	8	2	1	7	9	4	6
6	8	5	1	2	4	7	9	3
9	3	1	7	6	5	8	2	4
4	2	7	8	9	3	1	6	5

Puzzle 146

8	6	3	2	5	9	7	4	1
1	4	7	3	6	8	2	5	9
9	5	2	1	4	7	3	8	6
6	9	5	8	1	2	4	7	3
7	3	4	5	9	6	1	2	8
2	8	1	7	3	4	6	9	5
3	7	8	9	2	1	5	6	4
4	1	9	6	7	5	8	3	2
5	2	6	4	8	3	9	1	7

Puzzle 147

6	9	3	4	5	2	7	8	1
8	4	2	7	9	1	3	6	5
7	1	5	3	8	6	2	4	9
4	5	7	9	3	8	1	2	6
2	3	6	1	7	4	9	5	8
1	8	9	2	6	5	4	3	7
3	6	4	8	1	9	5	7	2
5	7	1	6	2	3	8	9	4
9	2	8	5	4	7	6	1	3

Puzzle 148

4	1	3	2	9	8	5	6	7
2	6	8	5	7	1	3	4	9
9	7	5	3	4	6	2	8	1
6	3	4	9	5	2	1	7	8
7	8	1	6	3	4	9	5	2
5	9	2	1	8	7	4	3	6
1	5	9	7	6	3	8	2	4
3	4	6	8	2	9	7	1	5
8	2	7	4	1	5	6	9	3

Puzzle 149

5	7	6	1	9	2	4	3	8
1	4	2	3	5	8	9	7	6
8	9	3	6	7	4	2	1	5
3	1	4	2	8	9	6	5	7
2	5	7	4	1	6	3	8	9
9	6	8	5	3	7	1	2	4
6	3	1	7	4	5	8	9	2
4	8	5	9	2	3	7	6	1
7	2	9	8	6	1	5	4	3

Puzzle 150

7	8	6	3	1	4	9	5	2
1	9	5	8	7	2	4	6	3
3	2	4	5	6	9	7	1	8
4	7	3	9	5	1	8	2	6
6	1	2	4	3	8	5	7	9
9	5	8	6	2	7	3	4	1
2	6	9	7	4	3	1	8	5
8	4	1	2	9	5	6	3	7
5	3	7	1	8	6	2	9	4

Puzzle 151

9	3	2	8	1	6	5	4	7
5	6	4	3	7	9	8	2	1
8	7	1	4	2	5	9	3	6
1	8	5	2	9	3	7	6	4
4	9	3	1	6	7	2	8	5
7	2	6	5	8	4	3	1	9
6	1	9	7	3	2	4	5	8
2	5	7	6	4	8	1	9	3
3	4	8	9	5	1	6	7	2

Puzzle 152

6	8	9	4	7	5	3	2	1
4	3	1	8	6	2	7	5	9
5	2	7	9	1	3	6	8	4
9	6	4	3	8	1	2	7	5
7	5	2	6	9	4	1	3	8
3	1	8	2	5	7	4	9	6
1	4	3	5	2	8	9	6	7
2	9	5	7	4	6	8	1	3
8	7	6	1	3	9	5	4	2

Puzzle 153

4	6	1	2	3	8	9	5	7
2	9	3	1	5	7	8	4	6
7	8	5	9	4	6	3	2	1
9	1	7	8	2	5	6	3	4
5	3	2	6	7	4	1	8	9
8	4	6	3	9	1	2	7	5
3	7	9	4	6	2	5	1	8
1	2	4	5	8	9	7	6	3
6	5	8	7	1	3	4	9	2

Puzzle 154

2	7	6	9	4	8	3	1	5
1	5	8	7	3	2	6	4	9
3	4	9	6	5	1	7	8	2
6	3	5	4	8	9	2	7	1
8	1	2	3	7	5	9	6	4
4	9	7	2	1	6	5	3	8
7	2	1	8	9	3	4	5	6
9	8	4	5	6	7	1	2	3
5	6	3	1	2	4	8	9	7

Puzzle 155

2	6	5	9	7	3	8	1	4
9	1	3	2	4	8	6	5	7
4	7	8	5	6	1	9	3	2
7	3	6	8	1	5	4	2	9
5	2	4	7	9	6	3	8	1
1	8	9	3	2	4	7	6	5
3	5	7	1	8	9	2	4	6
6	9	1	4	3	2	5	7	8
8	4	2	6	5	7	1	9	3

Puzzle 156

7	5	2	1	6	9	4	8	3
8	9	4	2	5	3	1	7	6
3	6	1	8	7	4	5	9	2
2	7	5	4	9	8	6	3	1
9	4	3	6	2	1	8	5	7
6	1	8	5	3	7	9	2	4
4	3	6	9	8	2	7	1	5
5	2	9	7	1	6	3	4	8
1	8	7	3	4	5	2	6	9

Puzzle 157

8	6	3	1	7	4	2	5	9
1	7	2	8	9	5	6	4	3
5	4	9	6	2	3	8	7	1
2	3	8	5	4	9	7	1	6
7	1	5	2	6	8	3	9	4
4	9	6	7	3	1	5	8	2
3	5	7	9	1	6	4	2	8
9	2	4	3	8	7	1	6	5
6	8	1	4	5	2	9	3	7

Puzzle 158

2	4	7	6	1	3	9	8	5
5	8	6	2	9	7	3	1	4
9	3	1	4	5	8	2	7	6
3	2	4	8	7	6	1	5	9
7	6	9	5	2	1	4	3	8
1	5	8	3	4	9	6	2	7
8	9	2	1	6	5	7	4	3
6	1	5	7	3	4	8	9	2
4	7	3	9	8	2	5	6	1

Puzzle 159

8	3	4	9	2	6	5	1	7
7	9	1	4	8	5	6	3	2
2	5	6	1	7	3	8	4	9
1	7	3	5	6	2	4	9	8
9	6	2	7	4	8	1	5	3
5	4	8	3	1	9	2	7	6
6	1	5	2	3	7	9	8	4
3	2	9	8	5	4	7	6	1
4	8	7	6	9	1	3	2	5

Puzzle 160

6	9	3	1	2	7	5	4	8
5	4	2	6	8	9	1	3	7
1	8	7	5	3	4	9	6	2
9	3	8	2	1	5	4	7	6
7	5	1	3	4	6	8	2	9
2	6	4	7	9	8	3	1	5
8	1	9	4	7	2	6	5	3
3	2	5	9	6	1	7	8	4
4	7	6	8	5	3	2	9	1

Puzzle 161

3	4	5	8	2	1	6	7	9
2	7	1	9	6	3	8	5	4
6	9	8	4	5	7	2	3	1
4	5	6	1	9	2	3	8	7
7	8	9	6	3	4	1	2	5
1	2	3	7	8	5	9	4	6
9	6	4	3	7	8	5	1	2
8	1	2	5	4	9	7	6	3
5	3	7	2	1	6	4	9	8

Puzzle 162

2	8	1	9	7	3	5	4	6
9	3	7	4	5	6	8	1	2
6	5	4	1	2	8	9	3	7
8	9	3	7	4	1	2	6	5
4	6	5	2	8	9	3	7	1
7	1	2	6	3	5	4	9	8
5	2	6	3	1	4	7	8	9
3	7	9	8	6	2	1	5	4
1	4	8	5	9	7	6	2	3

Puzzle 163

8	9	5	3	6	1	2	7	4
1	7	3	2	9	4	6	8	5
6	2	4	7	5	8	1	3	9
7	4	6	9	1	2	3	5	8
5	8	1	4	7	3	9	2	6
9	3	2	6	8	5	4	1	7
4	6	8	1	3	7	5	9	2
3	5	9	8	2	6	7	4	1
2	1	7	5	4	9	8	6	3

Puzzle 164

1	6	4	7	5	8	3	9	2
8	2	9	4	3	6	7	1	5
7	3	5	2	9	1	6	4	8
6	4	1	3	2	7	8	5	9
5	8	7	6	1	9	2	3	4
3	9	2	5	8	4	1	6	7
2	7	3	1	4	5	9	8	6
4	1	8	9	6	2	5	7	3
9	5	6	8	7	3	4	2	1

Puzzle 165

9	4	7	5	1	6	2	8	3
3	8	2	9	7	4	1	5	6
1	6	5	8	3	2	9	7	4
7	1	6	2	4	8	3	9	5
5	2	9	7	6	3	4	1	8
8	3	4	1	9	5	6	2	7
2	5	3	4	8	9	7	6	1
4	7	8	6	2	1	5	3	9
6	9	1	3	5	7	8	4	2

Puzzle 166

9	4	2	8	1	6	3	7	5
6	8	1	7	3	5	4	2	9
3	7	5	9	4	2	8	1	6
5	9	3	1	8	7	2	6	4
2	6	4	5	9	3	7	8	1
8	1	7	6	2	4	9	5	3
1	2	9	3	6	8	5	4	7
7	3	8	4	5	1	6	9	2
4	5	6	2	7	9	1	3	8

Puzzle 167

4	6	5	8	7	1	2	9	3
9	2	8	6	3	4	1	5	7
1	7	3	9	5	2	6	8	4
7	5	2	1	4	9	8	3	6
8	4	6	5	2	3	7	1	9
3	1	9	7	6	8	4	2	5
6	9	7	2	8	5	3	4	1
2	3	1	4	9	7	5	6	8
5	8	4	3	1	6	9	7	2

Puzzle 168

7	2	6	5	8	4	3	9	1
9	1	3	6	7	2	5	4	8
8	4	5	1	3	9	7	6	2
5	7	1	3	4	8	9	2	6
3	9	8	7	2	6	1	5	4
4	6	2	9	5	1	8	3	7
1	5	7	2	6	3	4	8	9
2	3	4	8	9	7	6	1	5
6	8	9	4	1	5	2	7	3

Puzzle 169

6	7	9	5	2	3	4	1	8
5	4	1	8	6	7	2	9	3
8	2	3	9	1	4	5	6	7
4	3	5	7	9	1	8	2	6
1	9	6	3	8	2	7	4	5
7	8	2	6	4	5	1	3	9
9	1	7	4	3	8	6	5	2
3	5	4	2	7	6	9	8	1
2	6	8	1	5	9	3	7	4

Puzzle 170

5	4	1	7	6	2	8	9	3
6	8	2	4	3	9	5	7	1
9	7	3	8	1	5	2	6	4
4	2	5	9	7	3	6	1	8
3	1	7	6	8	4	9	2	5
8	9	6	5	2	1	4	3	7
2	3	9	1	4	8	7	5	6
1	6	4	2	5	7	3	8	9
7	5	8	3	9	6	1	4	2

Puzzle 171

3	1	5	9	4	7	8	6	2
8	2	6	3	1	5	4	9	7
9	7	4	6	2	8	1	5	3
7	8	2	1	6	4	9	3	5
1	5	3	2	7	9	6	8	4
4	6	9	5	8	3	7	2	1
5	9	8	4	3	1	2	7	6
2	3	1	7	9	6	5	4	8
6	4	7	8	5	2	3	1	9

Puzzle 172

7	6	1	2	4	3	9	8	5
3	4	9	5	8	7	6	2	1
8	2	5	9	6	1	3	4	7
9	1	8	4	3	2	7	5	6
6	5	7	1	9	8	4	3	2
2	3	4	6	7	5	1	9	8
5	8	3	7	1	4	2	6	9
1	9	2	3	5	6	8	7	4
4	7	6	8	2	9	5	1	3

Puzzle 173

8	5	1	9	6	2	7	4	3
3	7	6	1	8	4	5	2	9
9	4	2	3	5	7	6	1	8
7	9	8	4	1	3	2	6	5
6	1	5	7	2	8	9	3	4
4	2	3	5	9	6	1	8	7
5	6	4	8	7	1	3	9	2
2	3	9	6	4	5	8	7	1
1	8	7	2	3	9	4	5	6

Puzzle 174

4	2	3	6	8	1	7	9	5
1	6	7	3	5	9	4	2	8
9	8	5	2	7	4	3	1	6
7	3	8	4	9	6	1	5	2
2	1	6	5	3	8	9	7	4
5	4	9	7	1	2	6	8	3
6	9	4	1	2	5	8	3	7
3	5	1	8	6	7	2	4	9
8	7	2	9	4	3	5	6	1

Puzzle 175

6	5	7	4	2	1	8	9	3
1	9	4	6	8	3	5	2	7
8	2	3	7	9	5	4	6	1
5	1	8	9	6	7	2	3	4
2	7	6	1	3	4	9	8	5
4	3	9	2	5	8	7	1	6
9	4	2	3	7	6	1	5	8
7	6	5	8	1	2	3	4	9
3	8	1	5	4	9	6	7	2

Puzzle 176

4	3	8	1	5	9	7	2	6
6	1	7	2	8	3	5	4	9
2	5	9	4	7	6	3	1	8
1	6	5	7	3	2	9	8	4
8	7	3	6	9	4	1	5	2
9	2	4	8	1	5	6	7	3
3	4	2	5	6	1	8	9	7
7	9	1	3	4	8	2	6	5
5	8	6	9	2	7	4	3	1

Puzzle 177

3	6	9	7	2	5	1	8	4
8	7	5	4	6	1	3	9	2
2	4	1	3	9	8	7	5	6
9	3	7	5	1	6	2	4	8
6	2	4	9	8	7	5	3	1
5	1	8	2	3	4	6	7	9
4	9	2	1	5	3	8	6	7
1	8	3	6	7	9	4	2	5
7	5	6	8	4	2	9	1	3

Puzzle 178

1	4	2	7	5	8	9	3	6
3	6	5	9	1	2	8	4	7
8	9	7	3	6	4	5	2	1
4	5	9	6	3	1	7	8	2
6	3	8	2	9	7	4	1	5
7	2	1	4	8	5	6	9	3
2	7	6	8	4	3	1	5	9
5	8	3	1	7	9	2	6	4
9	1	4	5	2	6	3	7	8

Puzzle 179

3	2	4	7	5	9	1	8	6
6	7	1	2	3	8	9	4	5
8	5	9	6	1	4	2	3	7
2	1	8	5	7	6	3	9	4
4	9	6	1	8	3	7	5	2
5	3	7	9	4	2	6	1	8
7	4	3	8	2	1	5	6	9
9	8	5	3	6	7	4	2	1
1	6	2	4	9	5	8	7	3

Puzzle 180

5	6	4	1	8	7	9	2	3
9	8	2	3	4	6	7	5	1
1	7	3	5	2	9	4	6	8
7	2	6	8	3	4	1	9	5
8	9	5	2	7	1	3	4	6
3	4	1	6	9	5	8	7	2
2	3	9	4	6	8	5	1	7
4	1	8	7	5	2	6	3	9
6	5	7	9	1	3	2	8	4

Puzzle 181

9	6	2	1	7	5	8	4	3
4	3	8	6	2	9	7	1	5
5	1	7	8	4	3	6	2	9
6	2	3	4	8	7	5	9	1
7	9	5	2	3	1	4	8	6
8	4	1	9	5	6	3	7	2
2	8	6	5	9	4	1	3	7
3	5	9	7	1	8	2	6	4
1	7	4	3	6	2	9	5	8

Puzzle 182

9	7	8	1	6	4	5	2	3
3	4	2	9	5	8	1	7	6
5	1	6	7	3	2	9	4	8
8	3	5	4	9	6	2	1	7
7	9	1	3	2	5	6	8	4
6	2	4	8	7	1	3	9	5
1	6	9	5	8	7	4	3	2
4	5	7	2	1	3	8	6	9
2	8	3	6	4	9	7	5	1

Puzzle 183

5	1	6	2	9	4	3	8	7
4	7	9	8	6	3	1	5	2
8	3	2	1	7	5	9	4	6
6	2	7	9	4	8	5	3	1
3	4	1	6	5	7	2	9	8
9	8	5	3	1	2	7	6	4
1	6	3	4	2	9	8	7	5
2	5	8	7	3	6	4	1	9
7	9	4	5	8	1	6	2	3

Puzzle 184

5	7	4	6	8	1	2	9	3
6	8	1	9	3	2	5	7	4
2	3	9	7	5	4	1	6	8
1	4	6	3	2	5	7	8	9
7	2	8	4	9	6	3	5	1
3	9	5	1	7	8	4	2	6
9	1	3	5	6	7	8	4	2
4	5	2	8	1	9	6	3	7
8	6	7	2	4	3	9	1	5

Puzzle 185

5	1	9	3	8	6	4	7	2
2	6	8	1	4	7	5	9	3
4	3	7	5	9	2	1	8	6
3	8	1	2	6	5	9	4	7
6	9	5	4	7	1	2	3	8
7	4	2	9	3	8	6	1	5
9	5	4	8	2	3	7	6	1
8	2	6	7	1	9	3	5	4
1	7	3	6	5	4	8	2	9

Puzzle 186

6	9	1	7	3	2	4	5	8
3	4	7	5	8	1	6	2	9
2	8	5	6	4	9	1	3	7
4	2	3	8	5	7	9	1	6
7	5	8	9	1	6	2	4	3
9	1	6	4	2	3	8	7	5
5	6	2	3	9	4	7	8	1
8	7	4	1	6	5	3	9	2
1	3	9	2	7	8	5	6	4

Puzzle 187

4	7	1	5	6	2	8	9	3
6	5	8	9	4	3	7	1	2
3	2	9	8	1	7	6	4	5
9	8	6	7	3	5	4	2	1
2	4	3	1	8	6	5	7	9
5	1	7	4	2	9	3	8	6
8	9	2	6	5	4	1	3	7
7	6	4	3	9	1	2	5	8
1	3	5	2	7	8	9	6	4

Puzzle 188

2	9	7	4	1	8	5	3	6
8	1	4	6	5	3	2	9	7
3	5	6	9	2	7	1	8	4
4	6	8	1	7	9	3	5	2
7	2	9	5	3	6	8	4	1
1	3	5	2	8	4	7	6	9
5	4	2	3	6	1	9	7	8
9	7	1	8	4	5	6	2	3
6	8	3	7	9	2	4	1	5

Puzzle 189

3	6	2	9	7	8	5	4	1
4	1	5	2	3	6	8	7	9
9	7	8	5	4	1	2	6	3
6	9	7	3	5	2	1	8	4
1	2	4	7	8	9	3	5	6
8	5	3	6	1	4	7	9	2
2	3	9	8	6	5	4	1	7
5	4	6	1	2	7	9	3	8
7	8	1	4	9	3	6	2	5

Puzzle 190

3	8	2	6	4	7	9	1	5
9	5	4	8	1	2	6	3	7
1	7	6	3	9	5	4	2	8
6	3	1	9	5	8	2	7	4
7	9	8	2	6	4	1	5	3
2	4	5	7	3	1	8	6	9
8	1	7	5	2	9	3	4	6
4	6	9	1	7	3	5	8	2
5	2	3	4	8	6	7	9	1

Puzzle 191

4	9	6	2	8	5	7	3	1
7	3	8	1	9	6	4	5	2
1	5	2	4	7	3	6	9	8
8	4	5	6	1	2	9	7	3
3	7	9	5	4	8	1	2	6
6	2	1	7	3	9	5	8	4
5	1	4	8	2	7	3	6	9
9	8	7	3	6	4	2	1	5
2	6	3	9	5	1	8	4	7

Puzzle 192

7	5	3	1	9	6	2	4	8
6	9	8	4	3	2	7	1	5
4	2	1	8	7	5	9	6	3
1	8	9	6	2	3	4	5	7
2	4	7	5	1	9	3	8	6
3	6	5	7	8	4	1	9	2
5	3	6	9	4	7	8	2	1
8	7	4	2	6	1	5	3	9
9	1	2	3	5	8	6	7	4

Puzzle 193

2	5	7	3	4	6	9	8	1
3	6	4	8	9	1	5	2	7
9	1	8	7	2	5	3	6	4
6	9	1	5	8	2	7	4	3
4	2	5	9	3	7	8	1	6
7	8	3	6	1	4	2	9	5
1	7	6	2	5	8	4	3	9
8	4	9	1	7	3	6	5	2
5	3	2	4	6	9	1	7	8

Puzzle 194

9	1	3	2	7	5	4	6	8
8	7	5	4	1	6	2	3	9
6	4	2	3	8	9	7	5	1
1	5	8	9	4	7	6	2	3
2	9	6	1	5	3	8	7	4
4	3	7	6	2	8	9	1	5
5	2	4	8	6	1	3	9	7
3	8	1	7	9	2	5	4	6
7	6	9	5	3	4	1	8	2

Puzzle 195

2	1	5	6	9	4	8	7	3
8	7	9	3	5	2	1	4	6
4	6	3	8	1	7	5	9	2
1	9	8	2	3	5	4	6	7
5	4	2	7	8	6	9	3	1
6	3	7	1	4	9	2	5	8
3	5	6	4	2	8	7	1	9
9	8	1	5	7	3	6	2	4
7	2	4	9	6	1	3	8	5

Puzzle 196

3	1	2	5	6	7	9	4	8
9	4	6	1	2	8	3	5	7
8	7	5	4	3	9	1	2	6
6	5	4	2	9	1	8	7	3
2	9	7	8	5	3	4	6	1
1	3	8	7	4	6	2	9	5
5	2	3	6	1	4	7	8	9
7	6	1	9	8	2	5	3	4
4	8	9	3	7	5	6	1	2

Puzzle 197

9	1	4	6	2	3	5	8	7
6	3	5	9	8	7	1	4	2
7	2	8	1	5	4	3	9	6
2	5	9	8	7	1	6	3	4
8	7	6	4	3	9	2	5	1
3	4	1	2	6	5	8	7	9
4	9	2	5	1	8	7	6	3
5	6	7	3	4	2	9	1	8
1	8	3	7	9	6	4	2	5

Puzzle 198

4	2	1	3	7	6	5	8	9
5	6	7	2	9	8	4	3	1
8	9	3	5	4	1	6	2	7
1	5	2	8	3	4	7	9	6
9	8	4	1	6	7	2	5	3
3	7	6	9	2	5	8	1	4
2	4	9	6	5	3	1	7	8
6	3	8	7	1	2	9	4	5
7	1	5	4	8	9	3	6	2

Puzzle 199

6	5	9	3	8	4	7	2	1
7	4	1	9	2	6	8	3	5
8	2	3	7	1	5	4	9	6
3	7	5	2	4	8	6	1	9
1	8	6	5	3	9	2	7	4
2	9	4	1	6	7	3	5	8
5	1	8	6	7	3	9	4	2
4	3	2	8	9	1	5	6	7
9	6	7	4	5	2	1	8	3

Puzzle 200

3	8	5	6	1	9	2	7	4
1	2	9	5	4	7	3	8	6
4	6	7	8	2	3	5	1	9
5	7	4	3	6	1	9	2	8
2	1	3	9	7	8	6	4	5
8	9	6	2	5	4	1	3	7
6	5	1	4	8	2	7	9	3
7	3	8	1	9	6	4	5	2
9	4	2	7	3	5	8	6	1

Puzzle 201

1	4	9	5	8	7	2	6	3
5	3	7	2	6	9	8	4	1
2	6	8	3	4	1	5	9	7
6	9	5	4	7	3	1	2	8
7	8	4	6	1	2	9	3	5
3	2	1	9	5	8	6	7	4
4	5	2	8	3	6	7	1	9
8	1	6	7	9	4	3	5	2
9	7	3	1	2	5	4	8	6

Puzzle 202

6	2	7	3	9	8	5	1	4
4	5	1	6	2	7	8	3	9
8	3	9	4	5	1	7	2	6
1	8	5	9	6	3	4	7	2
9	4	6	7	8	2	1	5	3
2	7	3	5	1	4	9	6	8
7	1	4	8	3	6	2	9	5
5	6	8	2	7	9	3	4	1
3	9	2	1	4	5	6	8	7

Puzzle 203

3	6	7	9	2	8	1	5	4
4	8	2	3	1	5	9	7	6
1	9	5	4	7	6	3	2	8
8	3	4	2	6	9	7	1	5
2	7	1	8	5	3	4	6	9
9	5	6	1	4	7	2	8	3
5	2	3	6	9	1	8	4	7
7	4	8	5	3	2	6	9	1
6	1	9	7	8	4	5	3	2

Puzzle 204

7	9	4	8	5	1	2	6	3
1	8	5	6	2	3	4	7	9
2	3	6	4	9	7	8	5	1
6	1	8	2	4	5	3	9	7
3	2	9	7	8	6	1	4	5
4	5	7	1	3	9	6	2	8
8	4	3	5	7	2	9	1	6
5	6	2	9	1	8	7	3	4
9	7	1	3	6	4	5	8	2

Puzzle 205

7	4	9	1	5	2	8	3	6
6	2	1	3	4	8	7	5	9
8	5	3	9	7	6	1	4	2
4	9	7	8	2	5	3	6	1
1	3	2	4	6	9	5	8	7
5	6	8	7	3	1	9	2	4
9	8	4	2	1	3	6	7	5
2	1	6	5	8	7	4	9	3
3	7	5	6	9	4	2	1	8

Puzzle 206

6	8	2	9	5	7	4	3	1
9	7	5	4	1	3	2	6	8
1	4	3	6	8	2	5	7	9
8	2	4	5	7	9	3	1	6
3	6	1	8	2	4	7	9	5
5	9	7	3	6	1	8	2	4
4	1	9	7	3	8	6	5	2
7	5	8	2	9	6	1	4	3
2	3	6	1	4	5	9	8	7

Puzzle 207

8	7	5	3	6	1	2	4	9
9	3	6	5	2	4	1	7	8
1	4	2	7	9	8	3	6	5
3	1	7	8	4	2	9	5	6
6	8	9	1	3	5	7	2	4
5	2	4	9	7	6	8	3	1
2	5	3	4	1	9	6	8	7
7	9	8	6	5	3	4	1	2
4	6	1	2	8	7	5	9	3

Puzzle 208

8	3	2	4	5	9	6	7	1
4	9	7	2	1	6	5	3	8
6	5	1	8	7	3	4	9	2
7	8	4	3	2	1	9	6	5
3	1	5	9	6	7	8	2	4
9	2	6	5	8	4	7	1	3
5	4	3	6	9	2	1	8	7
1	6	8	7	3	5	2	4	9
2	7	9	1	4	8	3	5	6

Puzzle 209

7	5	3	8	9	6	2	4	1
8	4	1	7	2	3	6	9	5
2	9	6	5	4	1	8	7	3
4	7	2	3	5	8	9	1	6
1	6	5	9	7	2	4	3	8
9	3	8	1	6	4	7	5	2
5	8	7	6	1	9	3	2	4
6	1	4	2	3	7	5	8	9
3	2	9	4	8	5	1	6	7

Puzzle 210

5	9	8	4	7	1	2	3	6
1	3	7	6	2	5	4	9	8
2	6	4	3	8	9	5	7	1
4	8	5	7	1	2	9	6	3
3	2	9	5	6	8	7	1	4
6	7	1	9	4	3	8	5	2
9	4	2	1	5	6	3	8	7
8	1	3	2	9	7	6	4	5
7	5	6	8	3	4	1	2	9

Puzzle 211

5	2	1	3	4	9	6	7	8
8	3	7	5	6	2	1	9	4
4	9	6	8	7	1	2	3	5
6	1	9	4	8	5	3	2	7
7	8	2	1	3	6	5	4	9
3	5	4	2	9	7	8	6	1
2	4	5	7	1	3	9	8	6
9	7	3	6	5	8	4	1	2
1	6	8	9	2	4	7	5	3

Puzzle 212

6	9	2	7	1	8	4	3	5
7	5	1	2	4	3	6	8	9
4	8	3	9	5	6	1	2	7
2	1	7	8	6	4	9	5	3
9	6	5	3	7	2	8	1	4
3	4	8	1	9	5	2	7	6
1	2	4	5	3	9	7	6	8
5	7	6	4	8	1	3	9	2
8	3	9	6	2	7	5	4	1

Puzzle 213

8	6	5	3	7	1	4	2	9
2	9	7	4	6	5	3	1	8
3	4	1	9	2	8	5	7	6
1	8	3	2	9	6	7	4	5
6	2	9	5	4	7	8	3	1
5	7	4	1	8	3	9	6	2
4	3	8	6	1	9	2	5	7
9	5	6	7	3	2	1	8	4
7	1	2	8	5	4	6	9	3

Puzzle 214

8	2	4	6	1	5	9	3	7
1	9	5	7	4	3	6	2	8
6	7	3	9	8	2	4	5	1
5	3	6	8	2	1	7	9	4
2	1	9	5	7	4	8	6	3
4	8	7	3	9	6	5	1	2
7	6	1	2	5	8	3	4	9
3	4	8	1	6	9	2	7	5
9	5	2	4	3	7	1	8	6

Puzzle 215

2	4	6	7	5	1	9	3	8
8	1	9	2	4	3	6	7	5
3	5	7	6	9	8	1	2	4
1	7	3	8	2	6	4	5	9
5	8	2	4	1	9	3	6	7
9	6	4	3	7	5	8	1	2
7	3	8	9	6	2	5	4	1
4	9	5	1	3	7	2	8	6
6	2	1	5	8	4	7	9	3

Puzzle 216

6	9	1	4	7	3	8	5	2
5	7	4	9	8	2	1	6	3
2	8	3	6	1	5	7	4	9
3	1	5	2	4	8	9	7	6
9	6	2	7	5	1	4	3	8
7	4	8	3	9	6	5	2	1
4	5	6	8	2	9	3	1	7
8	3	7	1	6	4	2	9	5
1	2	9	5	3	7	6	8	4

Puzzle 217

5	4	8	6	3	2	1	9	7
3	2	7	5	1	9	4	8	6
1	6	9	4	7	8	3	5	2
4	8	3	2	5	6	9	7	1
2	7	5	3	9	1	8	6	4
6	9	1	7	8	4	2	3	5
9	5	6	1	4	3	7	2	8
7	3	4	8	2	5	6	1	9
8	1	2	9	6	7	5	4	3

Puzzle 218

4	2	7	5	1	8	6	9	3
9	8	6	3	4	7	2	1	5
1	3	5	2	9	6	8	7	4
7	1	4	9	2	5	3	8	6
2	6	3	8	7	1	5	4	9
5	9	8	4	6	3	7	2	1
8	7	1	6	3	9	4	5	2
3	5	2	1	8	4	9	6	7
6	4	9	7	5	2	1	3	8

Puzzle 219

8	2	9	5	3	6	7	4	1
1	5	7	9	2	4	3	6	8
3	6	4	1	7	8	2	9	5
7	8	1	3	6	9	4	5	2
9	4	6	7	5	2	1	8	3
2	3	5	8	4	1	9	7	6
4	7	2	6	1	5	8	3	9
6	1	8	4	9	3	5	2	7
5	9	3	2	8	7	6	1	4

Puzzle 220

3	1	8	6	9	7	5	4	2
9	6	5	8	4	2	1	7	3
2	4	7	3	1	5	9	6	8
1	9	6	5	8	4	3	2	7
8	3	2	7	6	9	4	1	5
7	5	4	1	2	3	8	9	6
6	7	3	9	5	1	2	8	4
5	2	1	4	7	8	6	3	9
4	8	9	2	3	6	7	5	1

Puzzle 221

9	2	7	8	5	6	3	1	4
4	1	6	3	9	2	5	7	8
8	3	5	4	1	7	6	2	9
1	7	2	5	4	9	8	3	6
5	6	9	2	8	3	7	4	1
3	8	4	6	7	1	2	9	5
6	4	3	9	2	5	1	8	7
7	5	8	1	3	4	9	6	2
2	9	1	7	6	8	4	5	3

Puzzle 222

4	1	2	7	6	5	9	8	3
7	6	3	9	2	8	5	1	4
8	5	9	1	4	3	7	2	6
9	8	4	2	7	6	3	5	1
5	3	7	4	8	1	2	6	9
6	2	1	5	3	9	4	7	8
3	7	5	6	1	4	8	9	2
2	4	6	8	9	7	1	3	5
1	9	8	3	5	2	6	4	7

Puzzle 223

8	3	2	4	7	9	6	1	5
5	1	6	2	8	3	7	9	4
9	7	4	1	6	5	3	8	2
3	4	8	9	5	6	2	7	1
6	5	7	8	1	2	9	4	3
2	9	1	7	3	4	5	6	8
7	8	9	5	2	1	4	3	6
1	2	3	6	4	7	8	5	9
4	6	5	3	9	8	1	2	7

Puzzle 224

8	9	4	2	3	7	5	6	1
6	5	1	8	4	9	3	7	2
7	3	2	5	6	1	4	8	9
5	1	6	3	9	4	8	2	7
4	7	8	6	1	2	9	3	5
3	2	9	7	5	8	1	4	6
2	8	3	1	7	5	6	9	4
9	6	5	4	2	3	7	1	8
1	4	7	9	8	6	2	5	3

Puzzle 225

1	6	3	7	9	2	5	4	8
5	7	9	8	1	4	3	6	2
2	8	4	6	5	3	7	1	9
3	2	7	5	4	6	8	9	1
8	9	1	2	3	7	4	5	6
6	4	5	1	8	9	2	7	3
9	5	8	4	2	1	6	3	7
4	1	6	3	7	8	9	2	5
7	3	2	9	6	5	1	8	4

Puzzle 226

2	8	3	6	9	7	1	5	4
6	1	7	3	4	5	9	2	8
9	5	4	1	2	8	7	3	6
7	3	5	4	8	1	2	6	9
4	2	6	9	7	3	5	8	1
1	9	8	5	6	2	4	7	3
5	4	9	7	3	6	8	1	2
3	7	2	8	1	4	6	9	5
8	6	1	2	5	9	3	4	7

Puzzle 227

8	1	5	4	6	3	9	7	2
4	7	2	5	1	9	3	8	6
3	9	6	8	7	2	1	4	5
5	6	8	9	3	1	7	2	4
1	3	7	6	2	4	8	5	9
2	4	9	7	8	5	6	3	1
9	5	3	1	4	7	2	6	8
6	2	1	3	5	8	4	9	7
7	8	4	2	9	6	5	1	3

Puzzle 228

5	2	7	4	3	9	6	1	8
1	6	3	8	7	2	9	5	4
8	4	9	1	5	6	2	3	7
9	7	5	3	2	1	8	4	6
3	1	6	7	8	4	5	2	9
2	8	4	6	9	5	3	7	1
7	5	1	2	6	8	4	9	3
4	9	8	5	1	3	7	6	2
6	3	2	9	4	7	1	8	5

Puzzle 229

2	1	3	7	4	6	9	8	5
9	5	7	1	8	3	2	6	4
4	8	6	5	9	2	3	1	7
6	2	9	4	1	5	8	7	3
7	4	5	6	3	8	1	9	2
8	3	1	9	2	7	5	4	6
5	9	4	3	7	1	6	2	8
1	6	8	2	5	4	7	3	9
3	7	2	8	6	9	4	5	1

Puzzle 230

7	1	6	4	9	2	8	5	3
9	3	8	5	7	1	2	4	6
2	5	4	3	8	6	7	9	1
5	6	9	2	4	3	1	8	7
4	2	1	8	5	7	6	3	9
3	8	7	1	6	9	5	2	4
6	7	2	9	3	8	4	1	5
1	9	5	7	2	4	3	6	8
8	4	3	6	1	5	9	7	2

Puzzle 231

1	4	7	5	2	6	8	3	9
8	6	9	4	1	3	2	7	5
3	5	2	9	7	8	6	1	4
6	1	3	2	8	5	9	4	7
9	7	5	3	6	4	1	2	8
4	2	8	1	9	7	5	6	3
2	3	1	8	4	9	7	5	6
7	9	4	6	5	2	3	8	1
5	8	6	7	3	1	4	9	2

Puzzle 232

4	3	9	7	2	8	1	6	5
8	7	2	6	5	1	9	4	3
5	1	6	3	4	9	2	7	8
2	8	7	9	3	6	4	5	1
1	5	3	2	7	4	8	9	6
6	9	4	1	8	5	7	3	2
7	2	5	8	9	3	6	1	4
9	4	1	5	6	2	3	8	7
3	6	8	4	1	7	5	2	9

Puzzle 233

7	1	6	2	8	3	4	9	5
2	3	9	5	4	1	6	7	8
5	8	4	7	6	9	1	2	3
9	2	3	8	5	4	7	6	1
8	6	7	9	1	2	5	3	4
4	5	1	3	7	6	9	8	2
6	7	5	1	2	8	3	4	9
3	4	8	6	9	5	2	1	7
1	9	2	4	3	7	8	5	6

Puzzle 234

6	2	5	4	3	7	1	8	9
8	7	9	6	1	5	4	2	3
3	4	1	9	8	2	5	7	6
2	1	4	3	7	6	8	9	5
7	6	8	5	9	1	2	3	4
5	9	3	2	4	8	7	6	1
1	3	6	8	2	4	9	5	7
4	5	2	7	6	9	3	1	8
9	8	7	1	5	3	6	4	2

Puzzle 235

3	2	5	9	1	6	4	8	7
9	8	7	3	4	5	2	6	1
6	4	1	7	8	2	3	9	5
4	5	3	6	2	8	1	7	9
7	1	2	5	3	9	6	4	8
8	6	9	1	7	4	5	3	2
2	9	6	4	5	7	8	1	3
1	7	8	2	6	3	9	5	4
5	3	4	8	9	1	7	2	6

Puzzle 236

3	9	6	7	2	8	5	1	4
1	5	2	9	4	3	7	6	8
8	7	4	1	5	6	9	2	3
5	6	3	2	8	9	4	7	1
9	8	7	6	1	4	2	3	5
4	2	1	3	7	5	6	8	9
2	4	8	5	6	1	3	9	7
7	1	9	4	3	2	8	5	6
6	3	5	8	9	7	1	4	2

Puzzle 237

5	1	6	8	7	2	3	9	4
8	2	9	1	3	4	7	5	6
3	4	7	6	9	5	1	8	2
9	5	8	2	4	1	6	7	3
4	7	3	5	6	9	8	2	1
1	6	2	3	8	7	5	4	9
6	9	5	7	2	3	4	1	8
7	3	4	9	1	8	2	6	5
2	8	1	4	5	6	9	3	7

Puzzle 238

2	8	7	5	9	3	1	6	4
1	4	6	7	8	2	9	3	5
3	5	9	6	1	4	8	7	2
5	9	4	2	3	8	7	1	6
7	6	2	1	5	9	4	8	3
8	1	3	4	6	7	2	5	9
4	2	8	3	7	5	6	9	1
6	7	5	9	2	1	3	4	8
9	3	1	8	4	6	5	2	7

Puzzle 239

4	8	6	2	3	5	7	9	1
5	7	9	1	4	6	2	3	8
2	3	1	8	7	9	4	5	6
7	1	5	6	8	3	9	4	2
8	6	3	4	9	2	5	1	7
9	2	4	7	5	1	6	8	3
3	4	7	5	2	8	1	6	9
1	5	8	9	6	7	3	2	4
6	9	2	3	1	4	8	7	5

Puzzle 240

3	8	7	6	2	4	9	5	1
4	2	6	9	1	5	7	8	3
1	5	9	7	8	3	4	6	2
7	6	3	2	4	8	1	9	5
8	1	5	3	7	9	2	4	6
2	9	4	1	5	6	8	3	7
9	3	1	4	6	2	5	7	8
5	4	2	8	3	7	6	1	9
6	7	8	5	9	1	3	2	4

Puzzle 241

1	6	5	3	2	9	4	8	7
8	9	4	1	6	7	3	2	5
7	2	3	8	4	5	9	6	1
2	1	7	6	9	4	5	3	8
9	5	6	7	3	8	2	1	4
4	3	8	2	5	1	6	7	9
3	8	9	4	1	6	7	5	2
6	4	1	5	7	2	8	9	3
5	7	2	9	8	3	1	4	6

Puzzle 242

4	2	6	8	7	9	3	5	1
8	3	9	2	5	1	6	7	4
7	5	1	3	4	6	9	8	2
1	4	8	7	6	5	2	9	3
2	9	7	1	3	8	4	6	5
5	6	3	4	9	2	8	1	7
3	8	5	6	2	7	1	4	9
6	7	4	9	1	3	5	2	8
9	1	2	5	8	4	7	3	6

Puzzle 243

9	8	7	1	6	2	3	5	4
4	3	2	9	8	5	6	1	7
6	5	1	3	7	4	2	9	8
5	9	6	2	3	7	4	8	1
3	2	4	5	1	8	7	6	9
7	1	8	6	4	9	5	2	3
2	7	3	8	9	6	1	4	5
8	4	5	7	2	1	9	3	6
1	6	9	4	5	3	8	7	2

Puzzle 244

7	1	3	5	9	8	6	2	4
4	5	6	1	2	3	7	9	8
9	8	2	7	6	4	5	3	1
1	2	5	3	4	7	8	6	9
6	3	7	8	1	9	4	5	2
8	4	9	2	5	6	1	7	3
3	7	1	6	8	2	9	4	5
2	9	8	4	7	5	3	1	6
5	6	4	9	3	1	2	8	7

Puzzle 245

5	6	3	9	2	7	1	4	8
2	7	8	1	4	6	9	5	3
9	4	1	5	3	8	7	6	2
1	5	4	8	9	2	6	3	7
7	2	6	3	1	4	5	8	9
3	8	9	6	7	5	4	2	1
8	9	7	4	5	3	2	1	6
4	3	2	7	6	1	8	9	5
6	1	5	2	8	9	3	7	4

Puzzle 246

1	8	6	4	3	5	9	7	2
9	4	3	2	7	6	5	1	8
2	7	5	1	9	8	4	3	6
6	1	2	8	4	7	3	5	9
3	5	7	6	1	9	2	8	4
4	9	8	5	2	3	1	6	7
7	6	4	3	5	2	8	9	1
8	3	1	9	6	4	7	2	5
5	2	9	7	8	1	6	4	3

Puzzle 247

4	7	5	8	9	6	2	1	3
8	1	3	4	2	7	6	9	5
2	6	9	5	3	1	8	4	7
7	9	2	1	5	8	4	3	6
3	5	4	6	7	9	1	2	8
6	8	1	3	4	2	7	5	9
1	2	6	9	8	3	5	7	4
5	3	7	2	6	4	9	8	1
9	4	8	7	1	5	3	6	2

Puzzle 248

1	2	5	9	3	4	6	8	7
8	9	4	2	7	6	3	5	1
6	3	7	8	5	1	9	4	2
5	1	2	3	4	8	7	6	9
9	6	8	7	2	5	4	1	3
7	4	3	6	1	9	8	2	5
3	5	9	4	6	2	1	7	8
4	8	1	5	9	7	2	3	6
2	7	6	1	8	3	5	9	4

Puzzle 249

2	7	1	9	4	3	8	6	5
6	3	5	2	7	8	1	9	4
8	4	9	6	5	1	3	2	7
3	9	2	5	6	7	4	1	8
4	1	6	3	8	2	5	7	9
7	5	8	1	9	4	6	3	2
1	6	7	4	2	5	9	8	3
5	8	3	7	1	9	2	4	6
9	2	4	8	3	6	7	5	1

Puzzle 250

1	3	9	6	2	8	4	7	5
2	8	4	1	7	5	9	3	6
5	7	6	3	9	4	1	2	8
8	9	2	5	6	7	3	4	1
4	5	3	9	1	2	6	8	7
6	1	7	4	8	3	5	9	2
7	6	1	2	3	9	8	5	4
3	4	8	7	5	6	2	1	9
9	2	5	8	4	1	7	6	3

Puzzle 251

9	6	1	2	3	5	4	7	8
7	2	4	9	8	6	1	3	5
5	3	8	4	7	1	6	9	2
4	5	3	1	2	8	7	6	9
6	1	7	5	9	3	2	8	4
8	9	2	7	6	4	5	1	3
3	7	5	6	4	9	8	2	1
2	4	9	8	1	7	3	5	6
1	8	6	3	5	2	9	4	7

Puzzle 252

5	4	7	8	1	3	9	2	6
9	2	1	5	7	6	8	3	4
3	8	6	4	9	2	7	5	1
4	6	9	7	8	5	2	1	3
7	5	8	3	2	1	4	6	9
1	3	2	9	6	4	5	7	8
8	1	5	6	4	7	3	9	2
2	9	3	1	5	8	6	4	7
6	7	4	2	3	9	1	8	5

Puzzle 253

1	7	2	6	8	3	4	9	5
8	6	5	1	4	9	2	3	7
9	3	4	7	5	2	8	6	1
3	9	1	5	7	4	6	2	8
6	4	7	8	2	1	3	5	9
5	2	8	9	3	6	1	7	4
2	5	3	4	9	8	7	1	6
4	1	9	2	6	7	5	8	3
7	8	6	3	1	5	9	4	2

Puzzle 254

3	6	8	7	1	9	4	5	2
9	5	1	6	2	4	8	3	7
4	7	2	3	8	5	6	1	9
7	9	5	8	3	1	2	4	6
2	4	3	9	7	6	5	8	1
8	1	6	5	4	2	7	9	3
1	8	7	2	5	3	9	6	4
6	2	4	1	9	8	3	7	5
5	3	9	4	6	7	1	2	8

Puzzle 255

6	4	7	1	8	9	5	3	2
9	1	3	2	6	5	7	4	8
8	5	2	3	4	7	1	9	6
3	2	8	7	9	4	6	5	1
7	6	4	8	5	1	9	2	3
1	9	5	6	2	3	4	8	7
5	7	6	4	3	8	2	1	9
2	8	9	5	1	6	3	7	4
4	3	1	9	7	2	8	6	5

Puzzle 256

1	5	4	3	9	2	6	7	8
2	6	9	7	1	8	5	3	4
7	8	3	6	5	4	1	9	2
6	9	1	8	7	3	4	2	5
3	7	5	2	4	1	9	8	6
8	4	2	9	6	5	7	1	3
4	1	8	5	3	7	2	6	9
5	2	6	1	8	9	3	4	7
9	3	7	4	2	6	8	5	1

Puzzle 257

4	2	7	9	5	6	1	8	3
6	9	8	1	2	3	5	7	4
5	1	3	7	4	8	2	6	9
1	4	2	8	7	9	3	5	6
3	5	6	4	1	2	7	9	8
8	7	9	3	6	5	4	1	2
9	6	4	5	3	1	8	2	7
2	3	1	6	8	7	9	4	5
7	8	5	2	9	4	6	3	1

Puzzle 258

9	5	3	4	7	6	1	2	8
8	6	7	5	1	2	3	9	4
2	1	4	3	9	8	6	7	5
6	4	1	7	3	9	5	8	2
3	8	9	2	5	4	7	6	1
7	2	5	6	8	1	4	3	9
5	3	2	9	4	7	8	1	6
4	9	8	1	6	3	2	5	7
1	7	6	8	2	5	9	4	3

Puzzle 259

9	8	2	7	1	6	4	3	5
5	1	4	2	8	3	9	6	7
7	3	6	4	5	9	2	1	8
6	7	8	5	4	2	3	9	1
2	5	9	1	3	8	6	7	4
1	4	3	9	6	7	8	5	2
3	6	7	8	2	1	5	4	9
8	9	5	3	7	4	1	2	6
4	2	1	6	9	5	7	8	3

Puzzle 260

7	9	5	8	4	3	2	6	1
4	8	6	1	7	2	5	3	9
2	3	1	5	9	6	7	8	4
5	2	3	4	6	7	1	9	8
9	1	8	2	3	5	6	4	7
6	7	4	9	1	8	3	5	2
1	5	2	3	8	4	9	7	6
3	4	7	6	2	9	8	1	5
8	6	9	7	5	1	4	2	3

Puzzle 261

9	7	3	8	4	6	1	5	2
4	1	2	3	7	5	9	6	8
8	5	6	1	9	2	3	7	4
1	3	5	2	8	4	6	9	7
7	2	8	5	6	9	4	3	1
6	4	9	7	1	3	2	8	5
5	6	7	4	3	1	8	2	9
3	8	4	9	2	7	5	1	6
2	9	1	6	5	8	7	4	3

Puzzle 262

2	9	4	3	6	5	8	7	1
3	6	1	2	7	8	4	9	5
7	8	5	9	1	4	3	2	6
5	4	8	7	2	9	1	6	3
1	2	3	4	5	6	7	8	9
6	7	9	1	8	3	5	4	2
4	1	2	6	3	7	9	5	8
8	3	7	5	9	2	6	1	4
9	5	6	8	4	1	2	3	7

Puzzle 263

3	8	9	4	7	1	2	6	5
2	7	6	9	8	5	3	4	1
1	4	5	6	3	2	8	9	7
5	2	7	1	9	6	4	3	8
4	9	1	8	2	3	7	5	6
6	3	8	7	5	4	1	2	9
8	5	3	2	1	9	6	7	4
9	1	4	3	6	7	5	8	2
7	6	2	5	4	8	9	1	3

Puzzle 264

6	4	7	2	3	9	5	1	8
1	3	9	4	8	5	2	6	7
5	2	8	7	6	1	9	3	4
8	6	3	5	4	7	1	2	9
7	5	1	6	9	2	4	8	3
4	9	2	3	1	8	6	7	5
2	8	6	9	5	3	7	4	1
3	7	5	1	2	4	8	9	6
9	1	4	8	7	6	3	5	2

Puzzle 265

4	7	9	6	1	3	5	2	8
5	3	1	4	2	8	7	6	9
2	8	6	5	9	7	1	3	4
1	6	3	9	5	2	4	8	7
8	5	2	3	7	4	6	9	1
7	9	4	1	8	6	2	5	3
6	1	5	8	4	9	3	7	2
9	4	7	2	3	5	8	1	6
3	2	8	7	6	1	9	4	5

Puzzle 266

1	2	6	3	7	8	5	4	9
4	8	3	5	9	1	2	6	7
7	5	9	2	6	4	1	8	3
5	3	8	1	2	7	4	9	6
9	6	4	8	5	3	7	1	2
2	1	7	6	4	9	8	3	5
8	4	2	9	3	5	6	7	1
3	7	5	4	1	6	9	2	8
6	9	1	7	8	2	3	5	4

Puzzle 267

6	1	2	4	7	8	3	5	9
3	5	4	6	9	2	7	8	1
7	8	9	1	5	3	2	6	4
8	4	3	5	1	7	6	9	2
9	7	1	3	2	6	5	4	8
5	2	6	9	8	4	1	7	3
4	9	5	2	6	1	8	3	7
2	6	7	8	3	9	4	1	5
1	3	8	7	4	5	9	2	6

Puzzle 268

7	8	1	6	2	4	9	5	3
9	3	2	8	1	5	7	6	4
6	4	5	3	7	9	1	8	2
3	2	6	5	4	7	8	1	9
1	5	9	2	3	8	4	7	6
8	7	4	1	9	6	3	2	5
5	6	7	9	8	3	2	4	1
4	1	3	7	5	2	6	9	8
2	9	8	4	6	1	5	3	7

Puzzle 269

1	3	8	4	5	2	7	9	6
5	9	7	1	8	6	4	3	2
2	6	4	9	7	3	8	1	5
9	2	5	6	1	4	3	8	7
7	8	1	5	3	9	2	6	4
3	4	6	7	2	8	9	5	1
4	7	3	8	6	5	1	2	9
8	5	9	2	4	1	6	7	3
6	1	2	3	9	7	5	4	8

Puzzle 270

1	8	6	4	2	5	3	9	7
9	2	3	6	7	8	5	4	1
4	7	5	1	3	9	8	2	6
2	5	8	3	1	6	9	7	4
3	4	7	9	8	2	6	1	5
6	1	9	7	5	4	2	3	8
5	6	4	2	9	1	7	8	3
8	3	2	5	4	7	1	6	9
7	9	1	8	6	3	4	5	2

Puzzle 271

9	3	4	1	7	6	5	8	2
7	8	6	3	2	5	4	9	1
2	1	5	4	9	8	7	3	6
6	4	1	8	5	2	9	7	3
8	5	7	6	3	9	1	2	4
3	2	9	7	1	4	8	6	5
4	7	8	2	6	1	3	5	9
5	6	3	9	4	7	2	1	8
1	9	2	5	8	3	6	4	7

Puzzle 272

2	6	7	8	4	9	3	5	1
4	8	5	6	1	3	2	7	9
9	1	3	7	2	5	8	6	4
7	9	6	5	8	2	4	1	3
5	3	2	4	7	1	9	8	6
8	4	1	3	9	6	5	2	7
1	7	4	2	3	8	6	9	5
6	2	9	1	5	4	7	3	8
3	5	8	9	6	7	1	4	2

Puzzle 273

4	9	3	2	6	8	1	7	5
1	7	8	9	4	5	3	6	2
2	6	5	3	7	1	9	8	4
3	2	6	7	5	4	8	9	1
5	8	1	6	2	9	7	4	3
9	4	7	8	1	3	2	5	6
8	5	2	1	9	6	4	3	7
7	3	4	5	8	2	6	1	9
6	1	9	4	3	7	5	2	8

Puzzle 274

1	7	4	5	3	6	2	8	9
3	6	5	2	8	9	7	1	4
2	9	8	4	7	1	6	5	3
5	4	3	6	9	8	1	7	2
6	8	1	3	2	7	4	9	5
9	2	7	1	5	4	8	3	6
4	3	6	7	1	5	9	2	8
7	5	9	8	4	2	3	6	1
8	1	2	9	6	3	5	4	7

Puzzle 275

5	2	9	3	8	4	6	7	1
1	6	3	2	9	7	8	5	4
7	8	4	6	5	1	9	2	3
2	1	6	5	7	9	4	3	8
9	5	7	8	4	3	1	6	2
3	4	8	1	2	6	5	9	7
8	7	1	9	6	2	3	4	5
4	9	5	7	3	8	2	1	6
6	3	2	4	1	5	7	8	9

Puzzle 276

3	5	6	9	8	2	1	4	7
9	2	1	6	4	7	3	5	8
4	7	8	3	1	5	2	9	6
5	3	2	7	6	8	9	1	4
6	4	7	1	3	9	5	8	2
8	1	9	5	2	4	7	6	3
7	9	3	8	5	6	4	2	1
1	6	4	2	9	3	8	7	5
2	8	5	4	7	1	6	3	9

Puzzle 277

5	9	4	7	2	3	1	6	8
6	7	3	1	8	4	2	5	9
2	1	8	6	9	5	3	7	4
8	5	2	3	4	7	9	1	6
7	3	6	8	1	9	4	2	5
1	4	9	5	6	2	8	3	7
4	2	7	9	5	1	6	8	3
3	8	1	4	7	6	5	9	2
9	6	5	2	3	8	7	4	1

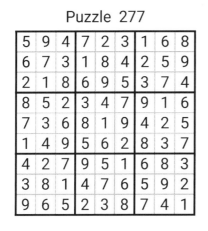

Puzzle 278

4	9	6	1	8	5	2	3	7
8	7	2	6	3	4	1	9	5
5	3	1	2	7	9	8	6	4
9	4	8	7	2	3	5	1	6
7	2	5	4	6	1	9	8	3
6	1	3	9	5	8	4	7	2
1	6	4	3	9	2	7	5	8
3	8	9	5	4	7	6	2	1
2	5	7	8	1	6	3	4	9

Puzzle 279

3	1	4	9	7	6	8	5	2
8	9	6	3	2	5	1	4	7
7	2	5	8	4	1	9	3	6
5	7	9	6	8	2	4	1	3
4	6	3	5	1	9	7	2	8
1	8	2	7	3	4	5	6	9
9	3	1	4	6	8	2	7	5
6	4	8	2	5	7	3	9	1
2	5	7	1	9	3	6	8	4

Puzzle 280

4	5	2	7	9	8	3	1	6
3	6	9	5	2	1	4	8	7
8	7	1	4	3	6	9	5	2
5	1	3	2	7	9	6	4	8
2	9	6	1	8	4	7	3	5
7	4	8	3	6	5	1	2	9
1	8	7	9	4	2	5	6	3
6	3	4	8	5	7	2	9	1
9	2	5	6	1	3	8	7	4

Puzzle 281

8	4	3	6	7	2	9	5	1
9	1	2	3	8	5	6	7	4
7	5	6	4	9	1	8	2	3
3	2	9	1	4	6	5	8	7
1	7	4	5	2	8	3	9	6
6	8	5	9	3	7	4	1	2
2	9	8	7	6	4	1	3	5
4	3	1	2	5	9	7	6	8
5	6	7	8	1	3	2	4	9

Puzzle 282

1	9	4	6	5	7	8	3	2
5	3	2	9	1	8	4	6	7
6	8	7	3	4	2	1	9	5
8	5	6	7	9	3	2	1	4
4	2	3	5	6	1	7	8	9
7	1	9	8	2	4	3	5	6
3	7	5	4	8	9	6	2	1
9	4	1	2	3	6	5	7	8
2	6	8	1	7	5	9	4	3

Puzzle 283

7	5	6	2	3	8	9	1	4
4	9	2	5	6	1	3	7	8
8	3	1	7	4	9	2	5	6
1	4	7	9	2	5	6	8	3
5	2	8	3	1	6	4	9	7
3	6	9	4	8	7	5	2	1
9	1	3	6	7	2	8	4	5
2	8	4	1	5	3	7	6	9
6	7	5	8	9	4	1	3	2

Puzzle 284

9	7	4	2	8	3	1	6	5
5	3	2	4	6	1	7	9	8
8	6	1	7	5	9	2	4	3
1	4	7	3	2	5	9	8	6
6	5	9	8	1	7	3	2	4
3	2	8	9	4	6	5	1	7
2	9	6	5	3	8	4	7	1
4	8	3	1	7	2	6	5	9
7	1	5	6	9	4	8	3	2

Puzzle 285

6	9	2	7	1	4	3	8	5
3	1	8	2	9	5	7	6	4
7	5	4	3	6	8	1	2	9
4	6	9	1	5	2	8	7	3
2	8	5	4	7	3	6	9	1
1	7	3	9	8	6	4	5	2
9	3	1	6	2	7	5	4	8
5	2	6	8	4	1	9	3	7
8	4	7	5	3	9	2	1	6

Puzzle 286

6	4	5	1	9	8	2	7	3
7	9	1	3	5	2	8	6	4
8	2	3	4	7	6	9	5	1
4	3	9	2	1	7	5	8	6
5	1	8	9	6	4	7	3	2
2	6	7	8	3	5	1	4	9
3	8	6	5	2	1	4	9	7
1	7	4	6	8	9	3	2	5
9	5	2	7	4	3	6	1	8

Puzzle 287

1	9	6	7	4	5	8	2	3
4	7	2	3	6	8	9	1	5
8	3	5	2	1	9	4	7	6
6	8	7	5	9	1	3	4	2
9	5	3	6	2	4	1	8	7
2	4	1	8	3	7	5	6	9
5	6	9	1	8	2	7	3	4
7	2	8	4	5	3	6	9	1
3	1	4	9	7	6	2	5	8

Puzzle 288

8	4	7	3	9	6	5	2	1
5	1	9	4	8	2	3	7	6
2	3	6	7	5	1	9	8	4
6	5	4	1	2	7	8	3	9
3	9	1	5	6	8	2	4	7
7	8	2	9	3	4	6	1	5
1	6	5	8	4	3	7	9	2
9	7	8	2	1	5	4	6	3
4	2	3	6	7	9	1	5	8

Puzzle 289

7	9	4	2	1	6	3	5	8
3	5	6	9	4	8	2	1	7
1	8	2	3	7	5	4	9	6
5	6	7	4	3	1	9	8	2
4	1	8	5	9	2	7	6	3
2	3	9	6	8	7	1	4	5
6	7	3	1	5	4	8	2	9
9	2	1	8	6	3	5	7	4
8	4	5	7	2	9	6	3	1

Puzzle 290

7	4	2	8	3	5	1	9	6
1	5	9	7	2	6	4	8	3
3	6	8	1	4	9	5	7	2
8	2	1	3	5	7	6	4	9
6	3	5	9	8	4	7	2	1
9	7	4	6	1	2	3	5	8
2	9	3	5	7	1	8	6	4
4	8	7	2	6	3	9	1	5
5	1	6	4	9	8	2	3	7

Puzzle 291

2	6	8	5	7	3	1	9	4
1	7	3	9	6	4	2	8	5
9	5	4	8	1	2	6	7	3
3	2	9	7	8	1	4	5	6
8	4	6	3	2	5	9	1	7
5	1	7	4	9	6	8	3	2
7	3	1	2	4	9	5	6	8
6	8	2	1	5	7	3	4	9
4	9	5	6	3	8	7	2	1

Puzzle 292

3	5	8	6	9	4	2	7	1
2	1	7	5	8	3	6	9	4
9	4	6	2	1	7	5	8	3
8	7	4	3	6	9	1	2	5
6	2	3	8	5	1	7	4	9
1	9	5	7	4	2	8	3	6
5	3	1	9	2	8	4	6	7
7	6	2	4	3	5	9	1	8
4	8	9	1	7	6	3	5	2

Puzzle 293

2	5	7	8	1	4	9	3	6
4	1	6	9	2	3	5	8	7
9	8	3	7	6	5	4	1	2
6	7	9	4	5	8	3	2	1
8	3	1	2	7	9	6	4	5
5	2	4	6	3	1	7	9	8
1	9	5	3	8	7	2	6	4
3	6	8	5	4	2	1	7	9
7	4	2	1	9	6	8	5	3

Puzzle 294

9	1	7	8	5	3	4	2	6
3	5	8	2	6	4	1	7	9
4	2	6	1	7	9	5	8	3
6	9	1	5	2	7	3	4	8
8	3	2	9	4	6	7	1	5
5	7	4	3	1	8	6	9	2
1	8	3	7	9	5	2	6	4
2	4	9	6	3	1	8	5	7
7	6	5	4	8	2	9	3	1

Puzzle 295

5	1	8	7	4	6	9	2	3
3	4	7	8	2	9	1	6	5
6	9	2	3	1	5	7	4	8
1	8	4	5	7	3	6	9	2
7	6	9	4	8	2	3	5	1
2	5	3	6	9	1	8	7	4
8	3	6	2	5	7	4	1	9
4	2	1	9	6	8	5	3	7
9	7	5	1	3	4	2	8	6

Puzzle 296

7	5	1	9	6	2	3	4	8
3	4	9	8	7	5	2	6	1
2	6	8	1	3	4	9	5	7
6	7	4	5	8	9	1	3	2
1	9	2	7	4	3	6	8	5
8	3	5	6	2	1	4	7	9
5	8	3	2	9	6	7	1	4
9	1	6	4	5	7	8	2	3
4	2	7	3	1	8	5	9	6

Puzzle 297

7	3	6	1	9	4	5	2	8
4	9	2	6	5	8	7	3	1
8	5	1	7	3	2	6	4	9
3	6	5	2	4	1	9	8	7
9	8	4	3	6	7	2	1	5
1	2	7	5	8	9	4	6	3
6	7	9	8	2	3	1	5	4
5	4	3	9	1	6	8	7	2
2	1	8	4	7	5	3	9	6

Puzzle 298

2	9	7	6	4	8	5	1	3
4	1	3	9	7	5	8	6	2
8	6	5	1	2	3	9	4	7
9	2	8	7	3	4	1	5	6
3	5	4	2	6	1	7	9	8
1	7	6	8	5	9	3	2	4
6	4	9	5	8	7	2	3	1
5	8	2	3	1	6	4	7	9
7	3	1	4	9	2	6	8	5

Puzzle 299

5	9	2	1	8	6	7	4	3
6	8	1	3	7	4	2	5	9
4	7	3	9	5	2	1	6	8
1	3	9	4	6	7	8	2	5
7	5	6	8	2	9	4	3	1
2	4	8	5	1	3	9	7	6
8	6	7	2	3	1	5	9	4
9	2	5	6	4	8	3	1	7
3	1	4	7	9	5	6	8	2

Puzzle 300

7	9	8	2	4	1	6	5	3
5	3	1	8	9	6	2	4	7
6	4	2	7	5	3	8	9	1
8	7	3	9	6	4	5	1	2
2	5	9	3	1	7	4	8	6
1	6	4	5	8	2	3	7	9
4	8	7	6	3	9	1	2	5
3	2	5	1	7	8	9	6	4
9	1	6	4	2	5	7	3	8

Puzzle 301

5	3	8	6	9	7	1	2	4
2	1	4	5	3	8	7	6	9
7	9	6	2	4	1	8	5	3
4	5	7	1	2	6	9	3	8
1	8	2	9	7	3	6	4	5
9	6	3	4	8	5	2	1	7
8	4	5	7	1	2	3	9	6
6	7	1	3	5	9	4	8	2
3	2	9	8	6	4	5	7	1

Puzzle 302

9	4	8	1	5	2	3	6	7
6	1	5	8	3	7	4	9	2
3	2	7	6	4	9	5	8	1
1	9	4	5	6	8	2	7	3
7	3	6	4	2	1	8	5	9
5	8	2	7	9	3	1	4	6
8	5	3	9	1	6	7	2	4
4	6	1	2	7	5	9	3	8
2	7	9	3	8	4	6	1	5

Puzzle 303

6	2	9	7	4	3	1	5	8
5	4	8	6	1	9	2	3	7
7	3	1	8	5	2	6	9	4
8	5	4	3	9	1	7	6	2
3	9	6	2	7	4	5	8	1
1	7	2	5	6	8	3	4	9
2	8	5	4	3	7	9	1	6
9	6	7	1	8	5	4	2	3
4	1	3	9	2	6	8	7	5

Puzzle 304

3	1	6	7	8	4	2	5	9
5	8	9	1	2	6	4	3	7
4	2	7	3	9	5	6	1	8
7	6	5	4	3	2	8	9	1
8	3	4	6	1	9	7	2	5
1	9	2	5	7	8	3	6	4
9	4	1	8	6	3	5	7	2
6	7	8	2	5	1	9	4	3
2	5	3	9	4	7	1	8	6

Puzzle 305

7	1	8	6	9	2	4	3	5
3	6	9	8	5	4	1	7	2
5	2	4	3	1	7	9	6	8
4	3	1	5	7	8	6	2	9
9	5	7	2	3	6	8	4	1
6	8	2	9	4	1	7	5	3
1	4	3	7	2	9	5	8	6
8	9	5	4	6	3	2	1	7
2	7	6	1	8	5	3	9	4

Puzzle 306

1	9	4	3	7	6	5	8	2
2	7	5	1	9	8	3	4	6
3	8	6	5	2	4	9	1	7
6	1	9	7	4	2	8	3	5
5	2	3	6	8	1	4	7	9
8	4	7	9	5	3	6	2	1
4	5	1	2	3	9	7	6	8
9	3	2	8	6	7	1	5	4
7	6	8	4	1	5	2	9	3

Puzzle 307

1	9	7	2	8	6	3	5	4
3	6	2	7	5	4	9	8	1
5	4	8	1	3	9	6	7	2
8	7	3	5	9	2	4	1	6
9	2	6	8	4	1	7	3	5
4	1	5	3	6	7	8	2	9
2	3	4	9	7	5	1	6	8
7	5	9	6	1	8	2	4	3
6	8	1	4	2	3	5	9	7

Puzzle 308

1	5	9	6	3	4	7	2	8
7	2	3	5	9	8	6	4	1
4	8	6	1	7	2	5	9	3
9	4	1	3	8	5	2	7	6
8	6	5	9	2	7	1	3	4
3	7	2	4	6	1	9	8	5
2	9	4	8	1	6	3	5	7
6	3	8	7	5	9	4	1	2
5	1	7	2	4	3	8	6	9

Puzzle 309

3	9	2	7	5	1	4	6	8
4	8	6	3	2	9	7	5	1
1	7	5	8	4	6	3	2	9
6	4	8	2	1	3	9	7	5
5	2	7	6	9	4	1	8	3
9	1	3	5	7	8	6	4	2
8	3	4	1	6	5	2	9	7
2	6	1	9	8	7	5	3	4
7	5	9	4	3	2	8	1	6

Puzzle 310

2	6	1	7	8	9	3	4	5
8	5	4	1	2	3	9	7	6
7	3	9	6	5	4	1	2	8
5	7	2	3	9	6	4	8	1
1	8	6	4	7	5	2	3	9
9	4	3	8	1	2	5	6	7
3	1	5	2	6	8	7	9	4
4	9	8	5	3	7	6	1	2
6	2	7	9	4	1	8	5	3

Puzzle 311

5	1	4	7	6	9	8	2	3
7	8	2	5	1	3	9	6	4
9	6	3	8	4	2	5	1	7
3	4	6	1	5	7	2	9	8
8	9	1	6	2	4	7	3	5
2	5	7	9	3	8	6	4	1
4	2	9	3	8	5	1	7	6
1	3	5	2	7	6	4	8	9
6	7	8	4	9	1	3	5	2

Puzzle 312

3	7	9	2	6	4	1	8	5
6	5	4	7	1	8	3	9	2
2	8	1	3	9	5	6	4	7
9	3	2	5	7	1	4	6	8
5	1	7	8	4	6	9	2	3
8	4	6	9	3	2	7	5	1
7	9	5	4	2	3	8	1	6
1	2	3	6	8	9	5	7	4
4	6	8	1	5	7	2	3	9

Puzzle 313

6	4	7	5	9	3	8	2	1
2	8	1	4	6	7	3	5	9
5	3	9	8	1	2	4	6	7
3	9	8	6	5	4	7	1	2
7	6	5	3	2	1	9	4	8
4	1	2	9	7	8	6	3	5
8	5	4	2	3	9	1	7	6
1	2	3	7	8	6	5	9	4
9	7	6	1	4	5	2	8	3

Puzzle 314

5	8	7	1	2	6	9	3	4
6	2	9	4	3	7	1	8	5
3	4	1	8	9	5	6	7	2
7	3	8	5	1	4	2	9	6
9	6	4	2	8	3	7	5	1
2	1	5	7	6	9	3	4	8
4	9	3	6	5	2	8	1	7
8	5	6	3	7	1	4	2	9
1	7	2	9	4	8	5	6	3

Puzzle 315

3	8	2	1	4	7	5	6	9
5	1	9	2	3	6	4	8	7
7	4	6	5	9	8	1	2	3
4	2	1	7	6	9	3	5	8
9	3	5	8	2	1	7	4	6
8	6	7	3	5	4	9	1	2
6	9	3	4	1	2	8	7	5
2	7	4	9	8	5	6	3	1
1	5	8	6	7	3	2	9	4

Puzzle 316

5	4	3	2	7	8	6	1	9
6	8	9	5	3	1	2	7	4
7	2	1	4	6	9	8	5	3
1	9	7	8	2	3	5	4	6
3	6	4	9	1	5	7	8	2
2	5	8	7	4	6	9	3	1
8	7	6	3	9	4	1	2	5
4	1	5	6	8	2	3	9	7
9	3	2	1	5	7	4	6	8

Puzzle 317

8	5	3	4	9	2	1	7	6
9	1	6	8	3	7	4	2	5
2	7	4	5	6	1	9	8	3
7	6	9	3	5	8	2	1	4
5	4	8	2	1	9	6	3	7
3	2	1	6	7	4	8	5	9
4	3	2	9	8	5	7	6	1
1	8	5	7	4	6	3	9	2
6	9	7	1	2	3	5	4	8

Puzzle 318

8	2	6	3	7	4	5	9	1
9	3	7	6	1	5	8	2	4
5	4	1	8	9	2	7	3	6
7	9	4	2	5	8	6	1	3
1	8	2	7	6	3	9	4	5
3	6	5	9	4	1	2	7	8
4	5	8	1	2	9	3	6	7
2	7	3	4	8	6	1	5	9
6	1	9	5	3	7	4	8	2

Puzzle 319

4	1	8	9	2	6	3	5	7
2	3	6	1	7	5	8	4	9
5	7	9	8	3	4	2	6	1
6	5	1	2	4	8	7	9	3
3	8	7	5	6	9	1	2	4
9	4	2	7	1	3	5	8	6
1	9	5	6	8	7	4	3	2
8	2	3	4	9	1	6	7	5
7	6	4	3	5	2	9	1	8

Puzzle 320

9	5	2	6	7	3	4	8	1
1	6	4	8	5	2	3	9	7
8	7	3	4	9	1	6	5	2
4	9	8	3	6	7	1	2	5
6	3	1	5	2	8	7	4	9
7	2	5	9	1	4	8	6	3
5	8	9	7	3	6	2	1	4
2	4	7	1	8	9	5	3	6
3	1	6	2	4	5	9	7	8

Puzzle 321

7	4	6	3	1	5	9	8	2
3	1	2	6	9	8	7	5	4
5	9	8	4	2	7	3	6	1
1	7	5	8	6	9	2	4	3
2	8	9	7	4	3	6	1	5
6	3	4	1	5	2	8	7	9
4	2	1	9	8	6	5	3	7
8	5	7	2	3	1	4	9	6
9	6	3	5	7	4	1	2	8

Puzzle 322

4	2	8	5	3	9	6	1	7
1	9	7	2	8	6	5	4	3
5	6	3	1	7	4	8	2	9
2	4	5	3	6	7	9	8	1
6	8	1	9	5	2	7	3	4
7	3	9	4	1	8	2	5	6
8	5	6	7	4	3	1	9	2
3	7	2	8	9	1	4	6	5
9	1	4	6	2	5	3	7	8

Puzzle 323

9	1	7	2	6	5	8	3	4
3	6	4	8	1	9	7	5	2
8	5	2	3	4	7	9	6	1
6	9	8	4	5	2	3	1	7
7	4	1	9	8	3	6	2	5
5	2	3	6	7	1	4	9	8
1	8	9	7	2	6	5	4	3
2	7	6	5	3	4	1	8	9
4	3	5	1	9	8	2	7	6

Puzzle 324

2	9	6	1	5	4	7	8	3
8	1	4	7	9	3	5	2	6
5	7	3	2	8	6	1	4	9
7	4	9	6	1	2	3	5	8
1	6	2	5	3	8	9	7	4
3	8	5	4	7	9	2	6	1
9	2	1	8	6	7	4	3	5
6	5	7	3	4	1	8	9	2
4	3	8	9	2	5	6	1	7

Puzzle 325

1	6	5	9	3	8	4	7	2
2	4	8	1	7	6	3	9	5
7	3	9	2	4	5	6	1	8
8	9	2	7	5	4	1	6	3
4	7	3	6	2	1	8	5	9
6	5	1	3	8	9	7	2	4
9	1	4	8	6	2	5	3	7
3	8	6	5	9	7	2	4	1
5	2	7	4	1	3	9	8	6

Puzzle 326

6	2	3	5	7	1	8	9	4
5	9	8	4	3	6	7	2	1
4	1	7	2	8	9	3	6	5
3	8	2	9	1	5	4	7	6
7	4	9	6	2	8	1	5	3
1	6	5	3	4	7	9	8	2
8	5	1	7	6	3	2	4	9
2	3	6	8	9	4	5	1	7
9	7	4	1	5	2	6	3	8

Puzzle 327

2	7	9	1	8	5	4	3	6
5	8	3	2	6	4	7	9	1
4	6	1	7	9	3	5	8	2
7	1	6	8	5	9	3	2	4
9	5	8	4	3	2	1	6	7
3	4	2	6	1	7	9	5	8
8	3	4	5	2	1	6	7	9
1	2	5	9	7	6	8	4	3
6	9	7	3	4	8	2	1	5

Puzzle 328

8	3	2	6	9	1	7	5	4
4	1	6	8	5	7	2	9	3
7	5	9	3	2	4	8	6	1
9	6	8	2	1	3	4	7	5
3	4	1	9	7	5	6	8	2
5	2	7	4	6	8	1	3	9
2	8	5	7	4	9	3	1	6
6	9	3	1	8	2	5	4	7
1	7	4	5	3	6	9	2	8

Puzzle 329

3	6	9	7	2	4	8	1	5
2	7	8	3	5	1	9	4	6
1	5	4	8	9	6	3	7	2
5	9	3	6	1	2	7	8	4
4	8	6	5	7	9	2	3	1
7	2	1	4	8	3	5	6	9
8	3	2	1	4	5	6	9	7
6	1	5	9	3	7	4	2	8
9	4	7	2	6	8	1	5	3

Puzzle 330

4	9	6	3	2	1	5	8	7
5	8	1	4	9	7	2	3	6
3	7	2	5	6	8	1	4	9
7	6	9	8	5	3	4	1	2
2	3	4	9	1	6	8	7	5
1	5	8	7	4	2	6	9	3
9	2	3	1	8	5	7	6	4
8	4	5	6	7	9	3	2	1
6	1	7	2	3	4	9	5	8

Puzzle 331

8	5	2	1	7	6	4	3	9
3	1	9	4	2	5	6	8	7
4	7	6	8	9	3	1	2	5
7	6	3	2	8	4	5	9	1
1	2	5	6	3	9	7	4	8
9	4	8	5	1	7	3	6	2
2	8	4	3	5	1	9	7	6
5	3	7	9	6	8	2	1	4
6	9	1	7	4	2	8	5	3

Puzzle 332

6	4	2	1	5	9	7	3	8
1	3	9	4	7	8	5	6	2
8	7	5	6	2	3	4	9	1
2	9	6	7	1	5	3	8	4
3	5	7	2	8	4	9	1	6
4	8	1	3	9	6	2	5	7
7	2	8	9	3	1	6	4	5
5	6	3	8	4	2	1	7	9
9	1	4	5	6	7	8	2	3

Puzzle 333

6	3	4	7	5	9	1	8	2
7	5	9	1	2	8	3	6	4
2	1	8	6	4	3	5	9	7
4	6	7	8	3	2	9	5	1
8	2	1	5	9	7	4	3	6
3	9	5	4	6	1	2	7	8
1	8	2	9	7	5	6	4	3
9	4	3	2	8	6	7	1	5
5	7	6	3	1	4	8	2	9

Puzzle 334

7	4	9	6	3	1	5	8	2
3	6	8	9	5	2	1	4	7
5	1	2	4	8	7	3	9	6
2	9	7	3	4	8	6	5	1
1	5	3	2	9	6	4	7	8
6	8	4	7	1	5	9	2	3
4	3	6	8	2	9	7	1	5
8	7	5	1	6	4	2	3	9
9	2	1	5	7	3	8	6	4

Puzzle 335

8	3	6	9	7	4	2	5	1
2	4	5	8	1	6	9	7	3
9	1	7	5	3	2	4	6	8
4	2	1	7	9	8	5	3	6
7	9	3	1	6	5	8	2	4
5	6	8	4	2	3	1	9	7
1	8	9	3	5	7	6	4	2
3	5	2	6	4	1	7	8	9
6	7	4	2	8	9	3	1	5

Puzzle 336

5	9	4	8	2	1	3	6	7
8	7	1	4	6	3	2	5	9
2	6	3	5	9	7	1	4	8
4	2	8	3	7	6	9	1	5
6	5	9	2	1	8	4	7	3
3	1	7	9	4	5	6	8	2
7	3	6	1	8	2	5	9	4
9	8	5	6	3	4	7	2	1
1	4	2	7	5	9	8	3	6

Puzzle 337

1	3	8	5	2	4	6	7	9
9	2	6	7	3	1	8	5	4
5	7	4	6	8	9	3	2	1
6	9	2	8	7	5	4	1	3
8	5	1	9	4	3	2	6	7
7	4	3	2	1	6	9	8	5
2	1	9	4	5	8	7	3	6
3	6	7	1	9	2	5	4	8
4	8	5	3	6	7	1	9	2

Puzzle 338

2	3	4	6	5	8	9	7	1
7	9	5	3	1	2	4	6	8
8	6	1	4	9	7	3	2	5
1	2	8	9	6	4	5	3	7
9	4	7	8	3	5	6	1	2
6	5	3	7	2	1	8	9	4
3	1	2	5	4	9	7	8	6
5	8	9	2	7	6	1	4	3
4	7	6	1	8	3	2	5	9

Puzzle 339

4	9	8	5	1	3	7	6	2
2	3	1	7	8	6	9	5	4
6	7	5	4	2	9	1	8	3
8	1	9	6	5	2	4	3	7
5	2	3	1	4	7	6	9	8
7	6	4	9	3	8	2	1	5
1	5	7	3	6	4	8	2	9
3	4	2	8	9	1	5	7	6
9	8	6	2	7	5	3	4	1

Puzzle 340

9	7	4	2	1	6	3	8	5
6	1	5	7	8	3	9	4	2
2	3	8	5	9	4	1	6	7
5	4	9	1	3	8	7	2	6
1	2	6	4	7	9	8	5	3
7	8	3	6	2	5	4	1	9
4	5	7	9	6	1	2	3	8
8	6	2	3	4	7	5	9	1
3	9	1	8	5	2	6	7	4

Puzzle 341

2	3	1	9	4	8	6	7	5
7	6	9	3	2	5	4	8	1
4	5	8	7	1	6	9	3	2
1	2	7	6	8	4	5	9	3
3	9	4	2	5	7	8	1	6
5	8	6	1	3	9	2	4	7
6	1	3	4	9	2	7	5	8
9	7	5	8	6	1	3	2	4
8	4	2	5	7	3	1	6	9

Puzzle 342

7	6	5	2	8	3	4	9	1
9	3	8	1	6	4	7	5	2
4	1	2	5	9	7	3	6	8
2	9	1	8	4	5	6	3	7
5	8	6	7	3	2	1	4	9
3	4	7	6	1	9	2	8	5
8	2	4	3	5	1	9	7	6
6	7	3	9	2	8	5	1	4
1	5	9	4	7	6	8	2	3

Puzzle 343

4	6	2	7	1	5	9	3	8
9	3	1	6	4	8	5	2	7
7	5	8	2	3	9	6	4	1
6	9	3	1	8	2	7	5	4
8	1	4	9	5	7	3	6	2
5	2	7	3	6	4	1	8	9
2	7	6	4	9	3	8	1	5
3	8	9	5	2	1	4	7	6
1	4	5	8	7	6	2	9	3

Puzzle 344

9	1	7	5	2	6	3	8	4
8	2	3	7	9	4	6	5	1
6	5	4	8	3	1	2	7	9
4	7	2	3	5	8	1	9	6
5	9	6	2	1	7	4	3	8
3	8	1	4	6	9	7	2	5
2	3	9	6	4	5	8	1	7
1	6	8	9	7	3	5	4	2
7	4	5	1	8	2	9	6	3

Puzzle 345

3	6	9	5	2	4	8	1	7
5	7	2	8	1	6	9	4	3
1	8	4	9	7	3	5	2	6
6	1	8	7	9	5	2	3	4
2	4	3	1	6	8	7	5	9
7	9	5	4	3	2	1	6	8
8	2	1	3	4	7	6	9	5
4	5	6	2	8	9	3	7	1
9	3	7	6	5	1	4	8	2

Puzzle 346

1	2	7	8	9	3	5	4	6
9	8	3	4	6	5	2	7	1
6	4	5	1	7	2	3	9	8
5	9	6	2	8	4	7	1	3
7	3	4	9	5	1	6	8	2
8	1	2	6	3	7	9	5	4
3	5	8	7	4	6	1	2	9
4	6	1	5	2	9	8	3	7
2	7	9	3	1	8	4	6	5

Puzzle 347

7	6	8	5	4	9	2	3	1
1	5	3	2	6	7	4	8	9
4	2	9	1	8	3	7	5	6
2	8	6	9	3	1	5	7	4
9	1	7	4	2	5	3	6	8
5	3	4	8	7	6	1	9	2
6	4	1	7	5	8	9	2	3
8	9	5	3	1	2	6	4	7
3	7	2	6	9	4	8	1	5

Puzzle 348

7	8	9	5	3	2	4	6	1
1	4	6	7	8	9	3	5	2
2	3	5	1	4	6	9	7	8
4	7	8	6	9	5	1	2	3
3	6	2	8	7	1	5	4	9
9	5	1	4	2	3	7	8	6
8	9	3	2	5	7	6	1	4
5	1	4	3	6	8	2	9	7
6	2	7	9	1	4	8	3	5

Puzzle 349

5	3	7	4	6	2	8	9	1
4	6	1	9	5	8	3	2	7
8	2	9	1	3	7	5	6	4
1	9	5	3	7	6	4	8	2
2	8	6	5	1	4	9	7	3
3	7	4	8	2	9	1	5	6
7	4	8	6	9	1	2	3	5
6	1	3	2	8	5	7	4	9
9	5	2	7	4	3	6	1	8

Puzzle 350

9	5	3	6	8	1	7	2	4
7	2	1	4	5	9	6	3	8
8	6	4	7	2	3	9	5	1
2	1	6	5	4	8	3	7	9
4	7	8	9	3	6	5	1	2
3	9	5	2	1	7	4	8	6
1	8	7	3	9	4	2	6	5
5	3	9	8	6	2	1	4	7
6	4	2	1	7	5	8	9	3

Puzzle 351

6	4	7	2	8	9	1	3	5
1	3	8	4	5	6	7	2	9
9	2	5	7	1	3	8	6	4
2	1	9	6	4	8	3	5	7
8	6	4	3	7	5	2	9	1
7	5	3	1	9	2	4	8	6
5	9	1	8	3	4	6	7	2
4	8	2	9	6	7	5	1	3
3	7	6	5	2	1	9	4	8

Puzzle 352

1	2	8	6	9	5	4	7	3
4	9	7	3	8	1	6	5	2
3	6	5	7	2	4	9	1	8
8	7	2	1	5	6	3	4	9
5	3	4	8	7	9	2	6	1
9	1	6	4	3	2	5	8	7
6	8	1	2	4	3	7	9	5
2	4	9	5	1	7	8	3	6
7	5	3	9	6	8	1	2	4

Puzzle 353

5	8	3	4	1	7	6	9	2
2	9	7	6	5	8	3	4	1
4	1	6	2	9	3	7	8	5
3	6	5	7	8	1	9	2	4
9	4	1	5	3	2	8	7	6
7	2	8	9	6	4	1	5	3
8	3	2	1	7	5	4	6	9
1	5	9	8	4	6	2	3	7
6	7	4	3	2	9	5	1	8

Puzzle 354

7	5	9	4	2	1	6	3	8
1	8	6	5	9	3	4	2	7
4	2	3	6	8	7	1	9	5
9	3	5	7	4	2	8	1	6
8	1	2	3	5	6	7	4	9
6	4	7	9	1	8	2	5	3
2	6	1	8	3	5	9	7	4
3	7	4	1	6	9	5	8	2
5	9	8	2	7	4	3	6	1

Puzzle 355

5	3	2	4	7	1	9	8	6
8	4	9	3	6	2	1	7	5
6	1	7	8	9	5	3	2	4
9	8	6	5	1	4	2	3	7
4	7	3	2	8	9	6	5	1
2	5	1	7	3	6	8	4	9
3	6	5	9	4	8	7	1	2
7	9	4	1	2	3	5	6	8
1	2	8	6	5	7	4	9	3

Puzzle 356

1	9	3	4	5	6	2	7	8
7	5	6	1	2	8	9	3	4
2	8	4	3	7	9	6	1	5
9	3	7	2	4	1	8	5	6
5	4	2	6	8	3	7	9	1
8	6	1	7	9	5	3	4	2
4	2	5	8	3	7	1	6	9
6	7	8	9	1	4	5	2	3
3	1	9	5	6	2	4	8	7

Puzzle 357

1	2	7	6	9	8	5	3	4
5	9	3	7	4	1	6	8	2
8	4	6	5	2	3	7	9	1
2	7	8	1	6	9	4	5	3
6	3	4	2	8	5	9	1	7
9	5	1	4	3	7	8	2	6
4	6	5	9	1	2	3	7	8
7	8	2	3	5	6	1	4	9
3	1	9	8	7	4	2	6	5

Puzzle 358

5	4	6	9	8	2	3	1	7
8	9	7	1	5	3	2	4	6
3	2	1	6	7	4	9	8	5
6	1	5	7	2	8	4	3	9
7	8	9	3	4	1	6	5	2
4	3	2	5	6	9	8	7	1
1	6	8	4	9	5	7	2	3
9	5	4	2	3	7	1	6	8
2	7	3	8	1	6	5	9	4

Puzzle 359

6	2	5	3	7	9	4	1	8
7	1	9	5	8	4	3	2	6
4	8	3	2	1	6	7	9	5
9	4	6	8	5	3	1	7	2
8	3	7	9	2	1	5	6	4
2	5	1	4	6	7	9	8	3
3	9	2	7	4	8	6	5	1
1	7	8	6	3	5	2	4	9
5	6	4	1	9	2	8	3	7

Puzzle 360

1	2	7	6	4	9	8	3	5
8	4	5	2	7	3	1	6	9
9	6	3	8	1	5	4	7	2
4	8	9	7	6	1	2	5	3
3	7	2	4	5	8	9	1	6
5	1	6	9	3	2	7	8	4
7	5	1	3	2	4	6	9	8
6	9	4	5	8	7	3	2	1
2	3	8	1	9	6	5	4	7

Puzzle 361

3	9	2	5	1	4	6	7	8
5	1	4	7	8	6	2	9	3
6	8	7	9	3	2	1	4	5
7	2	8	6	4	1	5	3	9
4	3	6	8	9	5	7	2	1
9	5	1	2	7	3	8	6	4
2	4	9	1	5	7	3	8	6
8	6	5	3	2	9	4	1	7
1	7	3	4	6	8	9	5	2

Puzzle 362

6	5	2	3	9	1	4	8	7
4	8	7	6	5	2	1	9	3
3	1	9	4	8	7	6	2	5
5	2	4	9	3	8	7	6	1
1	6	8	5	7	4	9	3	2
9	7	3	1	2	6	8	5	4
7	4	5	2	6	9	3	1	8
2	9	1	8	4	3	5	7	6
8	3	6	7	1	5	2	4	9

Puzzle 363

3	7	1	6	5	2	9	4	8
2	6	9	3	8	4	5	1	7
4	5	8	1	7	9	6	2	3
1	3	2	4	6	8	7	9	5
9	8	5	2	3	7	1	6	4
7	4	6	5	9	1	8	3	2
8	9	4	7	2	6	3	5	1
5	2	7	9	1	3	4	8	6
6	1	3	8	4	5	2	7	9

Puzzle 364

3	6	4	7	8	9	1	5	2
8	2	9	3	5	1	6	7	4
1	7	5	4	2	6	9	3	8
7	1	3	9	4	8	5	2	6
5	4	6	1	7	2	3	8	9
9	8	2	5	6	3	7	4	1
2	3	7	6	9	4	8	1	5
4	9	1	8	3	5	2	6	7
6	5	8	2	1	7	4	9	3

Puzzle 365

1	7	8	2	5	9	4	6	3
6	3	5	7	4	1	9	2	8
2	4	9	6	3	8	7	5	1
7	8	3	5	6	4	2	1	9
5	1	4	3	9	2	8	7	6
9	2	6	8	1	7	5	3	4
8	9	2	1	7	3	6	4	5
3	5	7	4	8	6	1	9	2
4	6	1	9	2	5	3	8	7

Puzzle 366

2	8	1	7	5	4	3	9	6
6	3	7	9	8	2	5	4	1
5	4	9	6	1	3	8	2	7
3	1	8	2	9	6	7	5	4
7	2	6	4	3	5	9	1	8
4	9	5	8	7	1	6	3	2
8	5	4	1	6	9	2	7	3
1	6	3	5	2	7	4	8	9
9	7	2	3	4	8	1	6	5

Puzzle 367

9	2	5	8	4	7	1	6	3
8	6	1	5	2	3	9	4	7
7	3	4	6	9	1	5	8	2
2	5	7	3	6	9	8	1	4
1	8	3	4	5	2	6	7	9
6	4	9	1	7	8	3	2	5
5	1	8	7	3	4	2	9	6
3	7	2	9	1	6	4	5	8
4	9	6	2	8	5	7	3	1

Puzzle 368

6	5	2	1	8	4	7	3	9
3	8	1	7	5	9	6	2	4
7	4	9	6	3	2	5	1	8
1	7	8	3	4	5	2	9	6
2	9	4	8	6	1	3	5	7
5	6	3	9	2	7	4	8	1
8	1	6	5	7	3	9	4	2
9	2	5	4	1	6	8	7	3
4	3	7	2	9	8	1	6	5

Puzzle 369

4	5	3	8	7	2	9	1	6
2	8	1	5	6	9	4	7	3
7	6	9	1	3	4	2	5	8
6	3	2	4	1	7	5	8	9
8	9	5	3	2	6	7	4	1
1	7	4	9	5	8	3	6	2
5	1	8	2	4	3	6	9	7
9	2	6	7	8	5	1	3	4
3	4	7	6	9	1	8	2	5

Puzzle 370

7	5	4	1	8	2	6	9	3
2	3	9	4	7	6	1	8	5
1	6	8	9	5	3	2	7	4
6	7	3	5	1	8	9	4	2
5	4	2	6	3	9	8	1	7
9	8	1	7	2	4	3	5	6
8	2	7	3	9	5	4	6	1
3	1	6	8	4	7	5	2	9
4	9	5	2	6	1	7	3	8

Puzzle 371

1	9	4	2	8	3	7	6	5
8	7	3	6	4	5	2	1	9
5	6	2	1	7	9	3	4	8
6	5	9	4	2	1	8	7	3
4	3	1	8	9	7	5	2	6
7	2	8	5	3	6	1	9	4
2	1	6	3	5	4	9	8	7
9	8	5	7	6	2	4	3	1
3	4	7	9	1	8	6	5	2

Puzzle 372

1	2	8	9	6	7	4	5	3
4	3	9	5	1	2	7	8	6
5	6	7	3	8	4	1	9	2
9	7	2	6	5	3	8	1	4
6	4	3	8	7	1	5	2	9
8	5	1	4	2	9	3	6	7
7	9	6	1	3	5	2	4	8
2	1	4	7	9	8	6	3	5
3	8	5	2	4	6	9	7	1

Puzzle 373

2	7	8	6	4	9	5	1	3
6	3	9	2	1	5	7	4	8
1	4	5	3	8	7	6	9	2
3	5	7	4	6	2	1	8	9
8	2	6	5	9	1	3	7	4
9	1	4	7	3	8	2	5	6
5	9	3	8	7	6	4	2	1
7	6	1	9	2	4	8	3	5
4	8	2	1	5	3	9	6	7

Puzzle 374

8	3	5	2	7	1	9	6	4
4	7	6	8	3	9	5	2	1
1	9	2	5	6	4	7	3	8
5	2	8	1	9	7	6	4	3
7	4	3	6	5	8	2	1	9
6	1	9	3	4	2	8	7	5
3	8	7	9	1	6	4	5	2
9	6	1	4	2	5	3	8	7
2	5	4	7	8	3	1	9	6

Puzzle 375

8	6	7	2	4	1	5	3	9
4	1	3	9	7	5	8	6	2
5	2	9	6	3	8	7	1	4
1	9	2	5	6	4	3	7	8
6	8	4	7	1	3	2	9	5
7	3	5	8	2	9	1	4	6
2	5	1	4	9	7	6	8	3
9	7	8	3	5	6	4	2	1
3	4	6	1	8	2	9	5	7

Puzzle 376

8	6	5	2	4	7	1	3	9
2	3	7	8	1	9	6	5	4
9	4	1	3	5	6	2	8	7
7	2	8	6	3	5	4	9	1
6	1	9	4	7	8	5	2	3
3	5	4	9	2	1	8	7	6
5	8	3	1	9	4	7	6	2
4	9	6	7	8	2	3	1	5
1	7	2	5	6	3	9	4	8

Puzzle 377

1	8	7	6	4	3	2	5	9
2	9	3	8	1	5	4	6	7
6	5	4	7	2	9	8	1	3
3	4	5	1	8	7	9	2	6
9	6	2	3	5	4	1	7	8
8	7	1	2	9	6	3	4	5
4	2	6	5	3	8	7	9	1
5	3	9	4	7	1	6	8	2
7	1	8	9	6	2	5	3	4

Puzzle 378

5	3	7	4	8	6	2	1	9
8	2	4	5	9	1	6	7	3
6	1	9	7	3	2	4	5	8
7	6	3	8	2	4	1	9	5
2	8	5	1	6	9	7	3	4
4	9	1	3	5	7	8	2	6
3	5	6	2	1	8	9	4	7
9	4	2	6	7	5	3	8	1
1	7	8	9	4	3	5	6	2

Puzzle 379

3	1	2	8	9	5	6	7	4
5	8	7	4	6	1	9	2	3
4	6	9	3	7	2	8	1	5
1	2	5	7	4	8	3	9	6
7	3	8	6	1	9	4	5	2
6	9	4	2	5	3	1	8	7
2	5	1	9	3	4	7	6	8
9	4	6	5	8	7	2	3	1
8	7	3	1	2	6	5	4	9

Puzzle 380

2	9	5	4	8	6	3	1	7
7	1	3	5	2	9	4	6	8
4	6	8	3	1	7	2	5	9
3	5	1	7	9	8	6	4	2
8	7	2	6	3	4	5	9	1
9	4	6	2	5	1	7	8	3
5	2	9	8	6	3	1	7	4
1	3	7	9	4	5	8	2	6
6	8	4	1	7	2	9	3	5

Puzzle 381

9	1	3	2	4	5	6	8	7
4	8	6	9	3	7	1	5	2
5	2	7	1	8	6	9	4	3
8	4	1	7	9	3	5	2	6
6	5	9	8	1	2	3	7	4
3	7	2	6	5	4	8	1	9
1	9	4	3	7	8	2	6	5
7	6	8	5	2	9	4	3	1
2	3	5	4	6	1	7	9	8

Puzzle 382

9	6	8	5	2	4	3	7	1
5	4	1	9	3	7	2	6	8
7	2	3	8	1	6	9	4	5
3	8	4	1	6	5	7	2	9
1	5	6	7	9	2	8	3	4
2	9	7	3	4	8	1	5	6
6	3	2	4	8	9	5	1	7
8	1	5	6	7	3	4	9	2
4	7	9	2	5	1	6	8	3

Puzzle 383

9	8	4	1	7	5	3	6	2
1	3	2	8	6	4	7	5	9
5	7	6	9	2	3	1	4	8
6	5	1	4	8	7	2	9	3
2	4	8	5	3	9	6	7	1
7	9	3	2	1	6	4	8	5
4	2	7	3	9	8	5	1	6
8	1	5	6	4	2	9	3	7
3	6	9	7	5	1	8	2	4

Puzzle 384

5	6	1	9	4	7	3	8	2
4	2	3	8	5	6	9	7	1
7	8	9	1	3	2	5	4	6
3	4	8	7	9	1	2	6	5
2	5	6	3	8	4	1	9	7
1	9	7	6	2	5	8	3	4
9	1	2	4	6	8	7	5	3
6	3	5	2	7	9	4	1	8
8	7	4	5	1	3	6	2	9

Puzzle 385

1	5	8	2	9	6	4	7	3
7	3	4	8	1	5	9	6	2
6	2	9	4	3	7	5	1	8
3	8	1	5	7	4	2	9	6
5	7	2	6	8	9	1	3	4
9	4	6	1	2	3	8	5	7
4	9	3	7	5	8	6	2	1
2	6	7	9	4	1	3	8	5
8	1	5	3	6	2	7	4	9

Puzzle 386

3	8	1	4	5	6	7	2	9
6	4	9	3	7	2	8	5	1
7	5	2	1	8	9	6	3	4
9	6	3	7	2	8	4	1	5
1	7	8	9	4	5	2	6	3
4	2	5	6	3	1	9	7	8
5	3	7	2	9	4	1	8	6
2	1	4	8	6	3	5	9	7
8	9	6	5	1	7	3	4	2

Puzzle 387

9	2	7	4	5	6	8	1	3
8	3	5	9	1	7	4	2	6
4	1	6	8	2	3	7	9	5
6	9	3	7	4	5	1	8	2
7	8	2	6	3	1	9	5	4
5	4	1	2	8	9	3	6	7
1	5	4	3	6	8	2	7	9
3	6	9	1	7	2	5	4	8
2	7	8	5	9	4	6	3	1

Puzzle 388

5	7	6	4	8	1	9	3	2
1	3	8	2	9	7	6	4	5
2	9	4	6	5	3	7	8	1
6	2	5	3	7	4	1	9	8
4	1	9	8	2	6	3	5	7
3	8	7	9	1	5	2	6	4
7	5	3	1	4	9	8	2	6
9	4	2	7	6	8	5	1	3
8	6	1	5	3	2	4	7	9

Puzzle 389

1	7	6	5	2	9	8	4	3
5	8	2	7	3	4	6	9	1
3	4	9	6	8	1	5	7	2
7	5	4	8	1	6	3	2	9
8	9	1	2	4	3	7	5	6
6	2	3	9	5	7	1	8	4
2	1	5	3	9	8	4	6	7
9	3	7	4	6	5	2	1	8
4	6	8	1	7	2	9	3	5

Puzzle 390

1	2	3	9	8	5	7	6	4
7	5	8	6	1	4	2	3	9
6	4	9	7	2	3	8	5	1
4	8	2	5	9	1	6	7	3
5	1	7	8	3	6	9	4	2
9	3	6	2	4	7	5	1	8
3	9	5	4	6	8	1	2	7
8	7	1	3	5	2	4	9	6
2	6	4	1	7	9	3	8	5

Puzzle 391

9	1	2	6	5	7	8	4	3
3	7	4	1	2	8	5	9	6
5	8	6	9	4	3	1	2	7
8	4	3	2	7	1	9	6	5
1	5	7	3	6	9	2	8	4
2	6	9	5	8	4	7	3	1
6	3	5	8	1	2	4	7	9
4	2	1	7	9	6	3	5	8
7	9	8	4	3	5	6	1	2

Puzzle 392

4	1	7	2	9	3	8	6	5
9	8	5	6	1	7	4	2	3
2	6	3	4	8	5	1	9	7
7	4	2	8	3	1	6	5	9
1	9	8	7	5	6	2	3	4
3	5	6	9	2	4	7	8	1
6	7	9	3	4	8	5	1	2
5	2	4	1	6	9	3	7	8
8	3	1	5	7	2	9	4	6

Puzzle 393

4	9	5	2	8	1	6	3	7
6	8	1	4	7	3	9	5	2
2	7	3	9	6	5	8	4	1
1	2	6	7	3	8	5	9	4
9	5	7	1	4	6	3	2	8
8	3	4	5	9	2	7	1	6
7	1	8	3	5	4	2	6	9
5	6	2	8	1	9	4	7	3
3	4	9	6	2	7	1	8	5

Puzzle 394

2	6	7	5	1	4	3	9	8
5	8	3	2	6	9	7	4	1
1	9	4	7	3	8	2	6	5
7	5	2	3	8	6	4	1	9
6	4	9	1	5	2	8	3	7
3	1	8	9	4	7	5	2	6
9	2	1	4	7	5	6	8	3
8	3	5	6	2	1	9	7	4
4	7	6	8	9	3	1	5	2

Puzzle 395

7	1	3	8	9	4	5	6	2
8	5	2	7	1	6	9	3	4
6	9	4	5	3	2	8	7	1
2	8	9	4	5	3	6	1	7
3	7	5	6	8	1	4	2	9
4	6	1	2	7	9	3	8	5
5	3	7	9	2	8	1	4	6
9	4	8	1	6	7	2	5	3
1	2	6	3	4	5	7	9	8

Puzzle 396

4	9	5	8	7	6	1	3	2
2	1	7	3	4	5	8	9	6
3	6	8	1	9	2	7	4	5
6	4	2	7	5	3	9	8	1
1	8	9	6	2	4	5	7	3
5	7	3	9	1	8	6	2	4
8	5	1	2	3	9	4	6	7
9	3	4	5	6	7	2	1	8
7	2	6	4	8	1	3	5	9

Puzzle 397

7	6	4	8	2	5	3	9	1
8	1	3	4	7	9	2	6	5
5	2	9	6	1	3	7	4	8
9	7	5	1	6	2	4	8	3
6	3	2	5	4	8	1	7	9
4	8	1	3	9	7	6	5	2
2	4	8	7	5	1	9	3	6
3	9	6	2	8	4	5	1	7
1	5	7	9	3	6	8	2	4

Puzzle 398

7	8	9	3	4	5	2	6	1
6	1	3	7	9	2	4	8	5
2	4	5	8	6	1	7	9	3
9	2	8	6	3	4	1	5	7
3	7	6	1	5	9	8	2	4
4	5	1	2	7	8	9	3	6
1	3	7	9	8	6	5	4	2
5	9	2	4	1	3	6	7	8
8	6	4	5	2	7	3	1	9

Puzzle 399

1	5	9	4	2	7	8	3	6
8	7	2	1	6	3	4	5	9
3	6	4	9	8	5	7	1	2
2	1	6	3	4	8	5	9	7
4	3	8	5	7	9	2	6	1
5	9	7	6	1	2	3	8	4
9	8	1	7	3	4	6	2	5
7	2	5	8	9	6	1	4	3
6	4	3	2	5	1	9	7	8

Puzzle 400

2	4	7	6	3	1	9	8	5
9	8	6	4	5	7	3	2	1
3	1	5	2	8	9	6	7	4
5	9	1	3	7	2	4	6	8
6	3	8	1	9	4	2	5	7
7	2	4	8	6	5	1	3	9
1	7	3	9	2	8	5	4	6
4	5	2	7	1	6	8	9	3
8	6	9	5	4	3	7	1	2

Puzzle 401

1	2	9	5	8	4	7	3	6
5	7	8	9	6	3	4	1	2
6	3	4	2	7	1	9	8	5
7	6	1	4	3	9	2	5	8
2	4	3	8	5	7	1	6	9
9	8	5	6	1	2	3	7	4
3	9	6	7	4	8	5	2	1
4	5	7	1	2	6	8	9	3
8	1	2	3	9	5	6	4	7

Puzzle 402

8	7	9	2	3	4	1	6	5
2	6	5	1	7	8	9	4	3
3	4	1	6	9	5	2	7	8
9	3	4	7	1	2	8	5	6
1	5	6	4	8	3	7	2	9
7	2	8	9	5	6	4	3	1
6	8	2	5	4	9	3	1	7
5	1	3	8	2	7	6	9	4
4	9	7	3	6	1	5	8	2

Puzzle 403

9	8	5	1	7	4	2	6	3
6	3	7	2	9	5	4	1	8
4	2	1	8	3	6	9	5	7
2	9	4	6	5	7	8	3	1
5	1	8	9	2	3	6	7	4
3	7	6	4	1	8	5	9	2
1	4	9	3	6	2	7	8	5
8	5	3	7	4	9	1	2	6
7	6	2	5	8	1	3	4	9

Puzzle 404

4	9	8	6	7	1	3	2	5
7	5	6	4	2	3	1	9	8
3	2	1	8	5	9	4	6	7
1	3	9	7	6	8	2	5	4
5	4	7	3	9	2	8	1	6
6	8	2	5	1	4	9	7	3
9	7	3	2	4	5	6	8	1
8	1	5	9	3	6	7	4	2
2	6	4	1	8	7	5	3	9

Puzzle 405

1	2	5	6	4	7	9	3	8
7	4	8	1	3	9	6	2	5
3	6	9	5	8	2	7	4	1
2	9	7	4	6	8	1	5	3
5	1	6	7	2	3	8	9	4
8	3	4	9	1	5	2	7	6
6	7	2	8	5	4	3	1	9
4	8	3	2	9	1	5	6	7
9	5	1	3	7	6	4	8	2

Puzzle 406

1	5	7	9	6	2	4	8	3
9	4	2	5	3	8	6	1	7
8	3	6	4	7	1	5	9	2
2	6	5	3	9	7	1	4	8
7	9	8	2	1	4	3	5	6
4	1	3	8	5	6	7	2	9
3	7	9	1	2	5	8	6	4
5	2	4	6	8	3	9	7	1
6	8	1	7	4	9	2	3	5

Puzzle 407

2	4	6	7	5	8	1	9	3
1	7	9	3	4	2	5	8	6
5	8	3	6	9	1	2	4	7
7	3	2	8	6	5	9	1	4
6	1	4	2	7	9	8	3	5
9	5	8	4	1	3	7	6	2
4	6	5	1	8	7	3	2	9
8	2	7	9	3	6	4	5	1
3	9	1	5	2	4	6	7	8

Puzzle 408

8	2	7	3	6	9	4	5	1
4	5	3	2	8	1	9	6	7
6	9	1	5	4	7	8	3	2
7	8	2	9	5	6	1	4	3
1	6	4	7	2	3	5	8	9
9	3	5	8	1	4	7	2	6
2	7	6	4	9	8	3	1	5
3	1	8	6	7	5	2	9	4
5	4	9	1	3	2	6	7	8

Puzzle 409

3	6	1	7	5	8	9	4	2
2	4	7	3	1	9	5	6	8
8	9	5	2	6	4	3	1	7
5	8	3	9	7	6	4	2	1
4	2	9	5	8	1	6	7	3
1	7	6	4	3	2	8	5	9
6	1	2	8	9	5	7	3	4
7	5	8	1	4	3	2	9	6
9	3	4	6	2	7	1	8	5

Puzzle 410

5	2	1	9	3	6	4	7	8
8	7	3	4	2	1	9	5	6
6	9	4	8	5	7	3	1	2
7	4	6	2	8	3	1	9	5
1	5	9	7	6	4	2	8	3
3	8	2	1	9	5	7	6	4
4	6	8	3	7	9	5	2	1
9	3	5	6	1	2	8	4	7
2	1	7	5	4	8	6	3	9

Puzzle 411

2	1	6	3	4	8	9	5	7
5	7	9	2	6	1	8	4	3
4	3	8	9	7	5	1	6	2
9	8	7	6	2	4	3	1	5
1	6	2	7	5	3	4	9	8
3	5	4	8	1	9	7	2	6
6	9	3	1	8	2	5	7	4
7	4	1	5	3	6	2	8	9
8	2	5	4	9	7	6	3	1

Puzzle 412

1	2	9	7	4	3	5	8	6
3	6	5	8	1	2	4	7	9
8	4	7	9	6	5	3	2	1
7	8	4	6	9	1	2	3	5
9	5	1	2	3	7	8	6	4
6	3	2	5	8	4	9	1	7
4	9	6	3	7	8	1	5	2
2	1	8	4	5	6	7	9	3
5	7	3	1	2	9	6	4	8

Puzzle 413

3	8	4	5	2	9	1	6	7
5	9	2	6	1	7	4	3	8
7	1	6	8	3	4	2	5	9
1	4	9	7	6	5	8	2	3
8	5	7	3	4	2	6	9	1
2	6	3	9	8	1	7	4	5
4	7	1	2	5	3	9	8	6
6	2	5	1	9	8	3	7	4
9	3	8	4	7	6	5	1	2

Puzzle 414

8	4	6	1	2	9	7	5	3
3	1	5	7	6	8	4	2	9
7	2	9	5	4	3	8	6	1
1	9	7	2	3	6	5	8	4
4	6	8	9	1	5	3	7	2
2	5	3	4	8	7	9	1	6
6	8	4	3	5	1	2	9	7
9	3	1	8	7	2	6	4	5
5	7	2	6	9	4	1	3	8

Puzzle 415

1	2	4	8	6	3	9	7	5
6	7	5	4	9	2	1	8	3
3	8	9	5	7	1	4	2	6
2	5	3	1	4	6	7	9	8
7	6	1	2	8	9	3	5	4
4	9	8	3	5	7	6	1	2
8	3	6	9	1	5	2	4	7
5	1	2	7	3	4	8	6	9
9	4	7	6	2	8	5	3	1

Puzzle 416

7	6	8	4	5	1	2	9	3
5	1	3	6	9	2	7	8	4
2	9	4	3	8	7	5	6	1
1	4	2	9	7	8	6	3	5
8	3	6	5	2	4	9	1	7
9	5	7	1	6	3	4	2	8
6	7	5	8	1	9	3	4	2
3	2	1	7	4	6	8	5	9
4	8	9	2	3	5	1	7	6

Puzzle 417

3	6	2	5	9	4	8	1	7
9	4	1	2	8	7	3	5	6
8	7	5	1	6	3	9	2	4
1	8	9	3	4	6	5	7	2
4	2	3	8	7	5	1	6	9
7	5	6	9	2	1	4	8	3
6	1	8	7	3	9	2	4	5
5	9	7	4	1	2	6	3	8
2	3	4	6	5	8	7	9	1

Puzzle 418

4	1	3	9	5	8	7	6	2
2	5	9	6	4	7	3	8	1
7	6	8	2	1	3	4	9	5
8	9	2	7	3	5	1	4	6
6	3	5	1	2	4	9	7	8
1	7	4	8	9	6	2	5	3
9	2	7	5	8	1	6	3	4
5	4	1	3	6	9	8	2	7
3	8	6	4	7	2	5	1	9

Puzzle 419

3	9	5	2	8	4	1	7	6
2	7	8	6	9	1	4	5	3
1	4	6	7	5	3	2	9	8
6	3	7	8	4	9	5	2	1
5	8	2	1	6	7	3	4	9
9	1	4	5	3	2	8	6	7
4	2	1	3	7	6	9	8	5
7	5	9	4	1	8	6	3	2
8	6	3	9	2	5	7	1	4

Puzzle 420

3	9	7	2	4	8	5	1	6
2	4	8	5	1	6	9	3	7
5	6	1	7	3	9	4	8	2
7	2	5	8	6	1	3	4	9
1	3	9	4	7	2	8	6	5
6	8	4	9	5	3	2	7	1
4	5	3	1	2	7	6	9	8
9	7	6	3	8	5	1	2	4
8	1	2	6	9	4	7	5	3

Puzzle 421

9	7	2	1	4	3	8	6	5
4	1	3	5	6	8	7	9	2
6	5	8	9	7	2	1	4	3
7	8	4	3	5	6	9	2	1
3	6	5	2	9	1	4	8	7
2	9	1	7	8	4	3	5	6
5	4	9	6	3	7	2	1	8
8	2	7	4	1	5	6	3	9
1	3	6	8	2	9	5	7	4

Puzzle 422

2	9	5	3	8	6	1	7	4
4	1	7	9	5	2	6	3	8
6	8	3	1	7	4	5	9	2
9	5	4	7	1	3	2	8	6
1	7	6	2	9	8	3	4	5
8	3	2	6	4	5	7	1	9
3	6	1	8	2	9	4	5	7
7	4	9	5	6	1	8	2	3
5	2	8	4	3	7	9	6	1

Puzzle 423

7	6	1	5	3	9	4	8	2
8	3	4	7	2	6	5	9	1
9	2	5	1	4	8	3	6	7
6	1	9	2	8	4	7	3	5
5	7	3	9	6	1	2	4	8
2	4	8	3	5	7	9	1	6
1	5	6	4	9	2	8	7	3
4	8	2	6	7	3	1	5	9
3	9	7	8	1	5	6	2	4

Puzzle 424

1	3	5	2	9	7	4	6	8
6	7	8	3	1	4	5	2	9
4	9	2	5	6	8	7	1	3
2	1	6	4	3	9	8	5	7
7	8	3	1	5	6	9	4	2
9	5	4	7	8	2	6	3	1
3	4	9	8	2	5	1	7	6
8	2	7	6	4	1	3	9	5
5	6	1	9	7	3	2	8	4

Puzzle 425

2	7	1	5	9	8	3	6	4
8	6	9	1	4	3	7	2	5
5	3	4	6	7	2	1	9	8
6	5	2	7	8	4	9	3	1
9	1	3	2	5	6	4	8	7
4	8	7	9	3	1	6	5	2
7	4	6	3	2	5	8	1	9
1	9	5	8	6	7	2	4	3
3	2	8	4	1	9	5	7	6

Puzzle 426

6	9	1	8	3	5	2	7	4
4	8	2	6	1	7	9	5	3
7	5	3	4	9	2	8	6	1
8	4	7	9	5	3	6	1	2
3	2	5	1	4	6	7	8	9
1	6	9	2	7	8	3	4	5
2	1	6	3	8	4	5	9	7
9	7	8	5	2	1	4	3	6
5	3	4	7	6	9	1	2	8

Puzzle 427

7	2	3	6	8	5	9	4	1
8	9	1	4	2	3	6	7	5
6	5	4	1	9	7	3	2	8
9	3	8	5	6	4	7	1	2
1	7	2	8	3	9	5	6	4
5	4	6	2	7	1	8	3	9
4	8	5	7	1	6	2	9	3
3	1	7	9	5	2	4	8	6
2	6	9	3	4	8	1	5	7

Puzzle 428

3	2	1	4	8	9	5	7	6
9	8	4	5	6	7	2	1	3
6	7	5	3	1	2	8	9	4
8	5	2	9	7	4	3	6	1
1	6	7	8	5	3	9	4	2
4	9	3	1	2	6	7	5	8
5	4	6	2	9	8	1	3	7
2	3	9	7	4	1	6	8	5
7	1	8	6	3	5	4	2	9

Puzzle 429

7	5	6	8	1	3	2	4	9
9	1	4	7	2	6	3	5	8
8	2	3	9	4	5	7	6	1
4	3	1	5	7	8	6	9	2
2	7	5	1	6	9	4	8	3
6	8	9	4	3	2	5	1	7
1	4	2	6	9	7	8	3	5
5	9	7	3	8	4	1	2	6
3	6	8	2	5	1	9	7	4

Puzzle 430

6	7	2	5	9	1	3	8	4
3	4	9	8	6	2	1	5	7
5	8	1	4	7	3	9	6	2
7	5	6	1	8	9	2	4	3
1	2	3	6	4	5	7	9	8
8	9	4	3	2	7	6	1	5
9	1	8	7	3	4	5	2	6
2	6	7	9	5	8	4	3	1
4	3	5	2	1	6	8	7	9

Puzzle 431

1	8	4	3	5	9	2	6	7
7	5	9	1	2	6	3	8	4
3	2	6	4	8	7	9	1	5
9	1	2	5	3	8	4	7	6
5	7	3	6	4	2	8	9	1
6	4	8	9	7	1	5	3	2
8	6	5	7	9	4	1	2	3
2	3	1	8	6	5	7	4	9
4	9	7	2	1	3	6	5	8

Puzzle 432

3	6	1	9	7	2	5	4	8
5	8	2	1	4	3	6	7	9
9	4	7	8	5	6	1	3	2
2	7	6	4	1	9	3	8	5
4	5	8	3	6	7	9	2	1
1	9	3	5	2	8	7	6	4
7	3	9	2	8	1	4	5	6
8	1	4	6	3	5	2	9	7
6	2	5	7	9	4	8	1	3

Puzzle 433

4	6	2	3	7	5	9	8	1
1	7	9	8	4	6	3	5	2
3	8	5	2	9	1	7	6	4
7	9	1	4	8	2	6	3	5
2	5	8	1	6	3	4	7	9
6	4	3	9	5	7	1	2	8
5	1	7	6	2	4	8	9	3
8	2	4	7	3	9	5	1	6
9	3	6	5	1	8	2	4	7

Puzzle 434

5	3	4	7	2	1	8	9	6
1	8	6	5	4	9	7	3	2
2	7	9	6	8	3	1	4	5
7	4	3	1	5	8	6	2	9
6	1	5	9	3	2	4	8	7
8	9	2	4	7	6	3	5	1
4	6	1	8	9	5	2	7	3
9	2	8	3	1	7	5	6	4
3	5	7	2	6	4	9	1	8

Puzzle 435

6	8	2	3	1	4	7	9	5
7	3	4	9	6	5	1	8	2
5	9	1	7	8	2	6	4	3
3	1	6	2	4	7	9	5	8
9	4	5	6	3	8	2	7	1
2	7	8	1	5	9	4	3	6
8	2	7	5	9	1	3	6	4
4	6	9	8	2	3	5	1	7
1	5	3	4	7	6	8	2	9

Puzzle 436

9	3	4	7	2	5	6	8	1
1	7	8	9	3	6	5	4	2
6	2	5	4	8	1	3	7	9
3	8	7	5	4	2	1	9	6
5	9	6	1	7	8	2	3	4
4	1	2	3	6	9	8	5	7
2	4	3	6	5	7	9	1	8
7	6	9	8	1	3	4	2	5
8	5	1	2	9	4	7	6	3

Puzzle 437

8	7	5	3	1	2	4	9	6
1	3	6	8	4	9	7	2	5
9	4	2	6	7	5	1	8	3
2	6	7	9	5	8	3	4	1
5	1	8	7	3	4	9	6	2
3	9	4	1	2	6	5	7	8
4	2	3	5	6	7	8	1	9
7	8	1	2	9	3	6	5	4
6	5	9	4	8	1	2	3	7

Puzzle 438

4	7	6	5	3	2	9	1	8
5	2	8	9	6	1	3	7	4
1	3	9	7	8	4	6	5	2
8	6	2	1	7	9	5	4	3
9	5	1	4	2	3	8	6	7
3	4	7	8	5	6	2	9	1
6	9	4	2	1	8	7	3	5
2	1	5	3	9	7	4	8	6
7	8	3	6	4	5	1	2	9

Puzzle 439

2	3	9	6	1	8	7	4	5
5	1	4	2	3	7	6	9	8
6	8	7	5	4	9	1	3	2
3	4	2	8	5	6	9	7	1
9	5	1	3	7	2	8	6	4
8	7	6	4	9	1	5	2	3
1	9	3	7	2	5	4	8	6
7	2	8	1	6	4	3	5	9
4	6	5	9	8	3	2	1	7

Puzzle 440

4	2	8	7	1	6	5	9	3
1	3	6	5	2	9	7	8	4
5	7	9	3	8	4	6	1	2
8	5	1	9	3	2	4	6	7
6	4	2	1	7	5	8	3	9
3	9	7	4	6	8	2	5	1
2	1	4	8	5	3	9	7	6
7	6	5	2	9	1	3	4	8
9	8	3	6	4	7	1	2	5

Puzzle 441

8	3	7	2	1	6	4	5	9
2	6	1	4	9	5	7	3	8
4	9	5	3	8	7	2	1	6
6	4	3	5	2	9	1	8	7
7	8	2	1	6	3	9	4	5
5	1	9	8	7	4	3	6	2
3	7	4	6	5	2	8	9	1
1	2	6	9	3	8	5	7	4
9	5	8	7	4	1	6	2	3

Puzzle 442

8	9	2	6	3	5	1	4	7
6	5	4	9	1	7	2	8	3
7	1	3	8	2	4	6	5	9
5	2	8	7	4	1	9	3	6
3	4	7	2	9	6	8	1	5
1	6	9	3	5	8	4	7	2
9	3	5	1	8	2	7	6	4
2	7	1	4	6	3	5	9	8
4	8	6	5	7	9	3	2	1

Puzzle 443

6	9	7	4	5	3	8	2	1
1	2	8	6	9	7	4	5	3
5	3	4	1	8	2	7	9	6
2	1	6	5	3	8	9	7	4
9	7	3	2	6	4	5	1	8
8	4	5	7	1	9	3	6	2
7	6	9	8	4	1	2	3	5
4	5	2	3	7	6	1	8	9
3	8	1	9	2	5	6	4	7

Puzzle 444

5	1	8	4	3	9	7	2	6
9	2	7	1	8	6	3	4	5
4	3	6	2	5	7	9	8	1
3	8	5	9	4	2	6	1	7
2	7	9	8	6	1	4	5	3
1	6	4	3	7	5	2	9	8
6	9	2	7	1	8	5	3	4
7	4	1	5	9	3	8	6	2
8	5	3	6	2	4	1	7	9

Puzzle 445

5	6	8	2	7	1	9	4	3
4	3	1	5	9	8	2	7	6
9	7	2	6	4	3	1	8	5
2	8	3	4	1	7	5	6	9
6	9	5	3	8	2	7	1	4
1	4	7	9	5	6	8	3	2
3	1	9	8	2	4	6	5	7
7	2	4	1	6	5	3	9	8
8	5	6	7	3	9	4	2	1

Puzzle 446

1	9	4	3	5	6	2	7	8
3	2	8	1	9	7	6	5	4
7	6	5	8	4	2	3	1	9
2	5	3	9	1	8	7	4	6
4	7	6	5	2	3	9	8	1
8	1	9	7	6	4	5	3	2
9	4	1	6	7	5	8	2	3
6	8	7	2	3	1	4	9	5
5	3	2	4	8	9	1	6	7

Puzzle 447

8	3	4	7	6	2	1	5	9
6	7	5	4	9	1	2	8	3
2	9	1	5	8	3	4	6	7
4	6	3	9	2	5	8	7	1
9	5	7	6	1	8	3	2	4
1	8	2	3	4	7	5	9	6
5	1	9	8	3	6	7	4	2
7	2	6	1	5	4	9	3	8
3	4	8	2	7	9	6	1	5

Puzzle 448

7	6	9	8	3	1	4	5	2
2	1	5	4	7	6	3	8	9
8	4	3	5	2	9	1	6	7
9	7	1	2	6	8	5	3	4
4	5	8	7	1	3	9	2	6
6	3	2	9	4	5	7	1	8
3	2	7	1	8	4	6	9	5
5	8	6	3	9	7	2	4	1
1	9	4	6	5	2	8	7	3

Puzzle 449

8	1	5	7	9	6	4	2	3
9	7	3	5	2	4	1	8	6
2	6	4	3	8	1	7	5	9
6	8	1	9	5	3	2	4	7
7	4	2	1	6	8	3	9	5
5	3	9	2	4	7	8	6	1
1	2	6	4	3	5	9	7	8
4	5	7	8	1	9	6	3	2
3	9	8	6	7	2	5	1	4

Puzzle 450

8	9	7	4	5	1	2	3	6
6	5	3	9	8	2	4	1	7
4	2	1	7	3	6	9	5	8
5	3	8	6	2	9	7	4	1
7	4	2	3	1	8	6	9	5
1	6	9	5	4	7	8	2	3
2	8	6	1	9	5	3	7	4
3	7	5	2	6	4	1	8	9
9	1	4	8	7	3	5	6	2

Puzzle 451

4	9	7	5	3	2	6	8	1
1	8	3	6	4	7	9	5	2
5	6	2	1	9	8	7	3	4
7	1	9	2	5	4	3	6	8
3	5	8	7	6	1	2	4	9
6	2	4	9	8	3	5	1	7
9	3	1	8	7	6	4	2	5
8	4	5	3	2	9	1	7	6
2	7	6	4	1	5	8	9	3

Puzzle 452

2	3	8	4	7	5	9	6	1
9	1	6	8	2	3	4	5	7
7	4	5	6	9	1	8	3	2
5	9	2	3	1	7	6	8	4
8	6	3	5	4	2	1	7	9
4	7	1	9	8	6	3	2	5
3	8	9	7	5	4	2	1	6
6	2	7	1	3	9	5	4	8
1	5	4	2	6	8	7	9	3

Puzzle 453

9	3	6	1	4	5	8	7	2
4	8	7	2	6	3	9	1	5
1	2	5	8	7	9	6	4	3
7	5	4	6	8	1	2	3	9
6	1	2	9	3	7	5	8	4
3	9	8	5	2	4	7	6	1
8	4	3	7	5	2	1	9	6
5	6	9	3	1	8	4	2	7
2	7	1	4	9	6	3	5	8

Puzzle 454

3	9	1	7	4	8	6	2	5
7	6	2	5	9	3	8	1	4
8	5	4	6	1	2	7	9	3
2	8	5	9	3	7	4	6	1
6	1	3	4	2	5	9	7	8
9	4	7	8	6	1	3	5	2
1	2	6	3	8	9	5	4	7
5	3	9	2	7	4	1	8	6
4	7	8	1	5	6	2	3	9

Puzzle 455

5	4	6	8	7	3	9	1	2
7	9	2	4	5	1	3	8	6
3	1	8	6	2	9	5	4	7
4	6	7	9	8	2	1	5	3
9	2	1	5	3	4	6	7	8
8	5	3	7	1	6	2	9	4
1	3	4	2	9	7	8	6	5
6	8	9	3	4	5	7	2	1
2	7	5	1	6	8	4	3	9

Puzzle 456

8	2	1	6	9	7	4	5	3
6	3	9	5	1	4	2	8	7
7	4	5	2	3	8	9	6	1
2	7	3	8	6	5	1	9	4
9	5	6	3	4	1	8	7	2
4	1	8	9	7	2	5	3	6
5	8	7	4	2	6	3	1	9
1	9	4	7	8	3	6	2	5
3	6	2	1	5	9	7	4	8

Puzzle 457

5	7	3	9	8	1	4	6	2
1	2	8	4	6	7	9	5	3
9	4	6	5	2	3	8	7	1
3	5	4	2	7	8	1	9	6
7	9	1	6	5	4	3	2	8
6	8	2	3	1	9	5	4	7
4	3	7	8	9	6	2	1	5
2	6	9	1	3	5	7	8	4
8	1	5	7	4	2	6	3	9

Puzzle 458

7	5	1	2	8	4	6	3	9
4	6	9	3	1	5	8	7	2
8	2	3	6	7	9	4	5	1
2	3	8	4	9	1	5	6	7
9	4	5	8	6	7	2	1	3
1	7	6	5	3	2	9	8	4
6	9	7	1	2	8	3	4	5
3	1	4	9	5	6	7	2	8
5	8	2	7	4	3	1	9	6

Puzzle 459

8	9	7	3	5	4	2	1	6
6	2	4	7	8	1	5	3	9
5	1	3	6	2	9	7	4	8
1	6	8	2	7	3	4	9	5
7	5	2	9	4	8	3	6	1
4	3	9	1	6	5	8	2	7
3	7	6	8	1	2	9	5	4
9	8	5	4	3	6	1	7	2
2	4	1	5	9	7	6	8	3

Puzzle 460

7	1	5	8	2	4	9	3	6
6	8	3	9	1	7	5	4	2
2	9	4	5	3	6	1	7	8
3	7	9	4	8	5	6	2	1
8	2	1	3	6	9	7	5	4
5	4	6	2	7	1	3	8	9
1	6	2	7	5	8	4	9	3
4	5	8	1	9	3	2	6	7
9	3	7	6	4	2	8	1	5

Puzzle 461

8	1	6	7	4	3	9	2	5
4	7	9	5	2	8	1	6	3
3	2	5	9	6	1	7	4	8
5	6	3	8	1	2	4	9	7
2	8	7	4	3	9	5	1	6
9	4	1	6	7	5	8	3	2
7	5	2	3	9	4	6	8	1
1	9	8	2	5	6	3	7	4
6	3	4	1	8	7	2	5	9

Puzzle 462

6	7	4	9	8	2	1	5	3
5	9	1	3	7	4	6	8	2
8	3	2	1	5	6	4	7	9
4	1	5	6	3	7	9	2	8
2	8	7	5	1	9	3	6	4
9	6	3	4	2	8	5	1	7
3	4	8	7	6	5	2	9	1
1	2	6	8	9	3	7	4	5
7	5	9	2	4	1	8	3	6

Puzzle 463

7	1	6	4	9	5	8	2	3
3	9	8	6	7	2	1	5	4
2	5	4	8	1	3	6	9	7
1	4	5	7	8	6	2	3	9
6	2	7	9	3	1	4	8	5
8	3	9	2	5	4	7	1	6
4	7	1	5	2	9	3	6	8
9	8	2	3	6	7	5	4	1
5	6	3	1	4	8	9	7	2

Puzzle 464

8	3	9	4	6	5	7	2	1
5	4	2	8	7	1	6	3	9
7	6	1	3	2	9	4	5	8
1	8	7	5	3	4	9	6	2
2	9	6	1	8	7	3	4	5
3	5	4	2	9	6	8	1	7
6	7	5	9	4	2	1	8	3
9	2	3	6	1	8	5	7	4
4	1	8	7	5	3	2	9	6

Puzzle 465

2	7	6	9	1	5	4	8	3
1	3	8	6	2	4	7	5	9
5	4	9	3	8	7	1	2	6
4	6	2	1	5	3	9	7	8
8	9	7	4	6	2	5	3	1
3	1	5	8	7	9	6	4	2
7	8	4	2	9	1	3	6	5
6	5	1	7	3	8	2	9	4
9	2	3	5	4	6	8	1	7

Puzzle 466

1	6	8	3	4	9	2	5	7
4	9	3	7	2	5	8	6	1
7	2	5	6	8	1	9	4	3
2	1	4	9	7	3	5	8	6
9	3	7	5	6	8	1	2	4
5	8	6	4	1	2	7	3	9
6	5	2	1	3	7	4	9	8
3	7	9	8	5	4	6	1	2
8	4	1	2	9	6	3	7	5

Puzzle 467

5	6	4	2	3	8	7	9	1
9	3	1	7	6	5	2	4	8
2	8	7	4	1	9	5	6	3
4	2	3	5	9	1	8	7	6
6	9	5	8	7	3	1	2	4
7	1	8	6	4	2	3	5	9
8	5	6	3	2	4	9	1	7
3	4	9	1	5	7	6	8	2
1	7	2	9	8	6	4	3	5

Puzzle 468

9	1	3	4	2	5	7	6	8
6	2	8	7	1	9	4	3	5
5	7	4	8	3	6	1	2	9
2	6	1	5	9	7	8	4	3
7	8	5	6	4	3	9	1	2
3	4	9	1	8	2	5	7	6
8	3	6	9	7	1	2	5	4
4	5	7	2	6	8	3	9	1
1	9	2	3	5	4	6	8	7

Puzzle 469

7	2	8	9	3	1	4	6	5
6	4	3	8	7	5	9	2	1
1	9	5	4	6	2	3	7	8
8	1	9	7	2	3	6	5	4
2	5	6	1	4	8	7	3	9
3	7	4	6	5	9	8	1	2
4	8	2	3	1	6	5	9	7
9	3	1	5	8	7	2	4	6
5	6	7	2	9	4	1	8	3

Puzzle 470

2	7	4	3	6	9	5	8	1
3	1	6	4	5	8	9	2	7
5	8	9	7	1	2	4	6	3
7	5	3	1	2	4	8	9	6
6	9	8	5	3	7	1	4	2
4	2	1	9	8	6	7	3	5
9	6	2	8	7	5	3	1	4
1	4	5	6	9	3	2	7	8
8	3	7	2	4	1	6	5	9

Puzzle 471

3	6	5	9	7	8	4	2	1
4	8	9	1	2	5	7	3	6
2	1	7	3	4	6	5	8	9
7	4	1	5	6	2	8	9	3
5	3	6	4	8	9	2	1	7
8	9	2	7	3	1	6	4	5
6	5	4	8	1	3	9	7	2
9	7	3	2	5	4	1	6	8
1	2	8	6	9	7	3	5	4

Puzzle 472

4	6	5	7	1	9	2	3	8
2	9	8	3	4	5	7	6	1
3	7	1	2	8	6	4	9	5
5	2	4	8	3	7	9	1	6
7	1	6	9	5	4	3	8	2
8	3	9	6	2	1	5	4	7
1	5	2	4	9	8	6	7	3
6	4	3	1	7	2	8	5	9
9	8	7	5	6	3	1	2	4

Puzzle 473

8	1	9	5	3	7	6	2	4
7	2	3	8	6	4	1	5	9
5	4	6	1	9	2	8	7	3
4	5	7	9	8	6	2	3	1
1	9	2	3	4	5	7	8	6
3	6	8	2	7	1	4	9	5
6	3	4	7	5	8	9	1	2
9	8	1	4	2	3	5	6	7
2	7	5	6	1	9	3	4	8

Puzzle 474

1	4	9	6	2	7	5	3	8
2	7	6	8	5	3	4	9	1
3	8	5	9	1	4	6	2	7
8	5	7	2	6	1	9	4	3
6	1	2	4	3	9	7	8	5
9	3	4	5	7	8	2	1	6
5	2	3	1	9	6	8	7	4
7	9	8	3	4	5	1	6	2
4	6	1	7	8	2	3	5	9

Puzzle 475

7	5	2	8	1	9	3	4	6
8	4	3	6	7	2	5	1	9
6	1	9	4	3	5	2	8	7
5	3	1	9	8	6	7	2	4
4	6	8	5	2	7	1	9	3
2	9	7	3	4	1	8	6	5
3	2	4	7	6	8	9	5	1
1	7	5	2	9	4	6	3	8
9	8	6	1	5	3	4	7	2

Puzzle 476

8	9	4	5	7	1	6	3	2
3	7	6	2	8	9	5	1	4
1	2	5	4	3	6	8	9	7
6	3	7	9	1	2	4	5	8
5	8	2	6	4	3	1	7	9
4	1	9	7	5	8	3	2	6
9	5	1	8	2	4	7	6	3
2	4	3	1	6	7	9	8	5
7	6	8	3	9	5	2	4	1

Puzzle 477

2	7	4	1	5	9	6	3	8
1	8	5	2	3	6	4	7	9
9	6	3	8	7	4	1	5	2
6	4	7	9	2	5	3	8	1
8	9	2	3	1	7	5	6	4
5	3	1	4	6	8	9	2	7
3	1	9	5	8	2	7	4	6
7	5	8	6	4	1	2	9	3
4	2	6	7	9	3	8	1	5

Puzzle 478

6	1	3	4	5	7	2	9	8
4	2	9	8	6	1	5	7	3
7	5	8	2	9	3	4	6	1
3	9	5	7	8	6	1	4	2
8	7	6	1	2	4	9	3	5
2	4	1	5	3	9	7	8	6
1	8	4	3	7	5	6	2	9
9	3	7	6	1	2	8	5	4
5	6	2	9	4	8	3	1	7

Puzzle 479

4	6	3	1	2	9	7	8	5
9	5	2	3	7	8	1	6	4
7	1	8	6	4	5	3	2	9
6	3	7	9	8	1	4	5	2
8	9	5	4	3	2	6	1	7
1	2	4	7	5	6	8	9	3
2	4	9	8	1	7	5	3	6
5	7	1	2	6	3	9	4	8
3	8	6	5	9	4	2	7	1

Puzzle 480

4	7	8	5	9	3	2	6	1
3	1	9	6	8	2	5	7	4
5	2	6	7	4	1	3	8	9
8	6	3	4	5	7	1	9	2
1	4	7	8	2	9	6	3	5
9	5	2	1	3	6	8	4	7
2	9	5	3	7	8	4	1	6
7	3	1	2	6	4	9	5	8
6	8	4	9	1	5	7	2	3

Puzzle 481

3	4	2	7	1	9	6	8	5
9	7	5	3	6	8	1	4	2
1	6	8	2	5	4	9	7	3
2	5	3	8	9	7	4	6	1
7	1	4	5	3	6	2	9	8
6	8	9	4	2	1	3	5	7
4	9	7	1	8	2	5	3	6
5	2	6	9	7	3	8	1	4
8	3	1	6	4	5	7	2	9

Puzzle 482

6	1	5	9	7	4	2	8	3
9	4	2	8	1	3	6	5	7
8	7	3	6	2	5	9	4	1
1	9	7	4	5	6	8	3	2
2	5	4	7	3	8	1	9	6
3	8	6	2	9	1	4	7	5
7	3	9	1	4	2	5	6	8
4	2	8	5	6	7	3	1	9
5	6	1	3	8	9	7	2	4

Puzzle 483

1	8	5	7	4	9	2	6	3
3	9	7	1	2	6	8	4	5
2	4	6	3	8	5	7	1	9
8	5	4	9	6	7	1	3	2
9	2	1	8	3	4	5	7	6
7	6	3	5	1	2	4	9	8
6	7	8	4	5	3	9	2	1
4	1	2	6	9	8	3	5	7
5	3	9	2	7	1	6	8	4

Puzzle 484

3	7	5	4	6	9	8	2	1
6	9	4	1	8	2	3	7	5
8	1	2	7	3	5	4	6	9
1	2	8	6	7	4	5	9	3
9	6	3	5	2	1	7	4	8
5	4	7	8	9	3	2	1	6
7	8	1	3	4	6	9	5	2
4	5	9	2	1	8	6	3	7
2	3	6	9	5	7	1	8	4

Puzzle 485

4	2	1	3	8	5	9	7	6
6	3	8	7	1	9	4	2	5
9	7	5	6	2	4	3	1	8
1	6	4	2	9	7	5	8	3
5	9	7	4	3	8	2	6	1
2	8	3	1	5	6	7	4	9
3	4	2	9	6	1	8	5	7
7	5	6	8	4	3	1	9	2
8	1	9	5	7	2	6	3	4

Puzzle 486

6	1	3	4	7	8	2	9	5
5	9	7	3	2	6	4	8	1
4	8	2	9	5	1	7	6	3
8	4	5	7	1	3	6	2	9
9	3	6	5	4	2	1	7	8
2	7	1	6	8	9	5	3	4
1	6	4	8	3	7	9	5	2
3	2	9	1	6	5	8	4	7
7	5	8	2	9	4	3	1	6

Puzzle 487

6	2	8	7	9	5	1	3	4
4	3	1	8	2	6	5	7	9
9	7	5	4	3	1	6	8	2
8	4	2	6	1	9	3	5	7
7	1	6	3	5	4	9	2	8
5	9	3	2	8	7	4	1	6
3	5	4	9	7	2	8	6	1
1	6	7	5	4	8	2	9	3
2	8	9	1	6	3	7	4	5

Puzzle 488

5	4	1	6	8	3	7	9	2
6	3	7	2	4	9	8	1	5
2	8	9	7	1	5	6	4	3
9	7	3	1	5	6	2	8	4
8	6	4	9	2	7	3	5	1
1	2	5	4	3	8	9	7	6
3	1	8	5	9	2	4	6	7
4	9	6	3	7	1	5	2	8
7	5	2	8	6	4	1	3	9

Puzzle 489

9	4	1	2	6	5	8	3	7
8	2	3	7	4	9	5	6	1
7	5	6	3	1	8	2	9	4
5	1	4	6	3	2	7	8	9
2	9	8	5	7	4	6	1	3
3	6	7	8	9	1	4	2	5
6	8	9	1	5	7	3	4	2
4	7	2	9	8	3	1	5	6
1	3	5	4	2	6	9	7	8

Puzzle 490

8	6	3	9	7	5	4	1	2
7	9	5	2	4	1	6	3	8
1	4	2	6	8	3	7	5	9
9	8	4	5	1	7	2	6	3
5	1	7	3	2	6	8	9	4
3	2	6	4	9	8	5	7	1
4	7	9	1	5	2	3	8	6
2	3	8	7	6	9	1	4	5
6	5	1	8	3	4	9	2	7

Puzzle 491

5	3	8	1	2	7	4	9	6
2	4	7	5	9	6	3	1	8
9	6	1	4	3	8	2	5	7
4	8	5	6	1	9	7	2	3
1	9	2	3	7	4	6	8	5
6	7	3	2	8	5	1	4	9
3	1	9	8	6	2	5	7	4
8	2	4	7	5	3	9	6	1
7	5	6	9	4	1	8	3	2

Puzzle 492

1	3	8	6	7	5	9	4	2
4	7	6	8	2	9	1	5	3
9	2	5	3	1	4	8	6	7
8	4	1	2	9	3	6	7	5
2	9	7	1	5	6	4	3	8
6	5	3	7	4	8	2	9	1
3	1	9	4	8	7	5	2	6
5	6	2	9	3	1	7	8	4
7	8	4	5	6	2	3	1	9

Puzzle 493

1	6	2	9	4	8	7	3	5
7	4	5	3	2	1	8	6	9
3	9	8	5	7	6	2	4	1
2	8	4	6	5	3	9	1	7
9	7	6	2	1	4	3	5	8
5	3	1	7	8	9	6	2	4
6	1	9	8	3	5	4	7	2
4	2	3	1	9	7	5	8	6
8	5	7	4	6	2	1	9	3

Puzzle 494

3	2	5	1	6	4	9	8	7
8	1	9	3	2	7	4	5	6
7	4	6	9	5	8	2	1	3
5	9	4	8	3	1	6	7	2
1	3	2	6	7	5	8	9	4
6	7	8	2	4	9	5	3	1
9	8	3	4	1	6	7	2	5
2	6	7	5	9	3	1	4	8
4	5	1	7	8	2	3	6	9

Puzzle 495

1	3	4	5	9	6	8	7	2
5	2	6	4	8	7	9	3	1
9	7	8	1	2	3	4	6	5
6	5	2	7	3	8	1	9	4
8	4	7	9	5	1	6	2	3
3	9	1	6	4	2	7	5	8
2	1	5	8	7	9	3	4	6
4	6	9	3	1	5	2	8	7
7	8	3	2	6	4	5	1	9

Puzzle 496

4	7	3	8	9	1	6	5	2
2	8	1	4	5	6	7	3	9
5	6	9	2	3	7	1	4	8
1	4	2	3	7	9	5	8	6
9	3	8	6	4	5	2	1	7
6	5	7	1	8	2	4	9	3
7	2	4	9	1	3	8	6	5
8	9	5	7	6	4	3	2	1
3	1	6	5	2	8	9	7	4

Puzzle 497

9	4	8	3	2	6	7	1	5
2	7	3	4	5	1	9	6	8
5	1	6	9	8	7	2	4	3
8	6	9	2	1	4	3	5	7
7	5	1	6	3	9	4	8	2
4	3	2	8	7	5	6	9	1
6	8	5	7	4	3	1	2	9
3	2	4	1	9	8	5	7	6
1	9	7	5	6	2	8	3	4

Puzzle 498

6	8	7	2	3	9	1	5	4
2	3	1	4	5	7	6	9	8
5	9	4	6	1	8	3	7	2
8	5	3	9	7	2	4	6	1
4	7	9	3	6	1	8	2	5
1	6	2	8	4	5	9	3	7
7	1	6	5	9	4	2	8	3
3	4	8	7	2	6	5	1	9
9	2	5	1	8	3	7	4	6

Puzzle 499

3	7	2	1	4	9	6	5	8
4	9	1	6	8	5	7	2	3
5	6	8	2	3	7	1	4	9
2	5	4	7	6	3	9	8	1
1	3	6	4	9	8	5	7	2
7	8	9	5	2	1	3	6	4
6	2	5	3	1	4	8	9	7
9	1	7	8	5	2	4	3	6
8	4	3	9	7	6	2	1	5

Puzzle 500

3	9	1	5	4	7	2	6	8
5	4	2	1	8	6	7	3	9
8	7	6	9	3	2	4	5	1
9	6	5	4	2	3	1	8	7
7	8	4	6	5	1	3	9	2
1	2	3	8	7	9	6	4	5
2	3	9	7	6	8	5	1	4
4	1	7	3	9	5	8	2	6
6	5	8	2	1	4	9	7	3

Puzzle 501

3	6	5	7	1	4	2	9	8
1	4	8	2	6	9	3	5	7
7	2	9	8	3	5	6	4	1
8	7	2	4	9	1	5	6	3
4	1	3	5	8	6	7	2	9
5	9	6	3	7	2	1	8	4
6	5	7	9	4	3	8	1	2
9	3	1	6	2	8	4	7	5
2	8	4	1	5	7	9	3	6

Puzzle 502

4	8	1	9	3	2	5	6	7
7	3	5	1	6	8	9	4	2
2	9	6	5	7	4	1	8	3
9	4	7	6	8	5	2	3	1
8	6	3	2	9	1	7	5	4
1	5	2	7	4	3	6	9	8
5	2	4	8	1	9	3	7	6
6	1	8	3	5	7	4	2	9
3	7	9	4	2	6	8	1	5

Puzzle 503

1	2	3	6	5	4	8	9	7
5	6	8	2	9	7	4	1	3
9	4	7	3	1	8	6	5	2
2	7	9	1	8	3	5	6	4
4	1	6	7	2	5	3	8	9
3	8	5	4	6	9	2	7	1
8	9	2	5	4	1	7	3	6
7	5	4	9	3	6	1	2	8
6	3	1	8	7	2	9	4	5

Puzzle 504

9	5	1	4	3	8	7	2	6
3	2	8	1	6	7	5	9	4
6	7	4	2	9	5	3	8	1
5	8	3	9	7	1	4	6	2
1	4	2	6	5	3	9	7	8
7	6	9	8	4	2	1	5	3
2	3	7	5	8	4	6	1	9
8	9	5	3	1	6	2	4	7
4	1	6	7	2	9	8	3	5

Puzzle 505

7	9	2	6	8	3	1	5	4
6	4	5	7	1	2	3	9	8
3	8	1	4	9	5	7	2	6
1	6	9	3	4	8	2	7	5
5	3	7	9	2	6	8	4	1
8	2	4	5	7	1	9	6	3
9	7	3	8	5	4	6	1	2
4	1	6	2	3	9	5	8	7
2	5	8	1	6	7	4	3	9

Puzzle 506

3	1	9	5	2	7	8	6	4
5	6	7	4	8	9	2	1	3
2	4	8	3	1	6	5	9	7
1	8	6	7	3	4	9	5	2
7	3	5	2	9	1	4	8	6
4	9	2	6	5	8	7	3	1
9	2	4	8	6	3	1	7	5
8	5	3	1	7	2	6	4	9
6	7	1	9	4	5	3	2	8

Puzzle 507

8	2	4	1	5	9	7	6	3
9	6	1	7	2	3	5	8	4
7	5	3	8	4	6	9	1	2
6	3	7	5	9	8	2	4	1
5	8	2	4	3	1	6	9	7
1	4	9	2	6	7	8	3	5
4	1	8	6	7	2	3	5	9
3	7	6	9	1	5	4	2	8
2	9	5	3	8	4	1	7	6

Puzzle 508

4	3	5	8	9	6	2	7	1
7	8	2	1	3	5	9	4	6
6	1	9	4	7	2	5	3	8
1	6	7	9	4	3	8	5	2
5	2	4	6	8	1	3	9	7
3	9	8	5	2	7	1	6	4
2	7	1	3	6	9	4	8	5
8	5	3	7	1	4	6	2	9
9	4	6	2	5	8	7	1	3

Puzzle 509

9	7	2	5	3	6	8	1	4
1	6	3	9	8	4	5	2	7
4	8	5	2	7	1	6	3	9
7	4	1	3	5	9	2	8	6
5	3	9	8	6	2	7	4	1
8	2	6	4	1	7	9	5	3
2	1	7	6	4	8	3	9	5
6	5	8	1	9	3	4	7	2
3	9	4	7	2	5	1	6	8

Puzzle 510

1	7	2	6	5	9	3	8	4
3	8	4	7	2	1	6	5	9
6	5	9	3	4	8	7	1	2
9	4	7	8	1	2	5	6	3
8	2	3	4	6	5	9	7	1
5	1	6	9	7	3	2	4	8
4	6	8	2	3	7	1	9	5
7	3	1	5	9	4	8	2	6
2	9	5	1	8	6	4	3	7

Puzzle 511

4	3	7	8	2	5	1	9	6
1	9	6	3	7	4	2	5	8
8	2	5	9	6	1	3	4	7
9	6	4	1	8	3	7	2	5
3	8	1	7	5	2	9	6	4
7	5	2	6	4	9	8	3	1
5	4	3	2	1	8	6	7	9
6	1	9	5	3	7	4	8	2
2	7	8	4	9	6	5	1	3

Puzzle 512

2	8	9	5	6	7	1	3	4
3	7	5	2	4	1	8	9	6
4	6	1	3	9	8	2	5	7
9	4	3	1	2	6	5	7	8
6	1	2	8	7	5	9	4	3
8	5	7	9	3	4	6	2	1
7	9	4	6	8	2	3	1	5
1	2	8	4	5	3	7	6	9
5	3	6	7	1	9	4	8	2

Puzzle 513

5	7	9	1	2	6	8	4	3
1	6	3	8	5	4	7	9	2
8	4	2	9	3	7	6	1	5
2	1	4	3	6	8	5	7	9
9	8	7	2	1	5	4	3	6
3	5	6	7	4	9	1	2	8
6	3	8	4	7	2	9	5	1
7	9	1	5	8	3	2	6	4
4	2	5	6	9	1	3	8	7

Puzzle 514

1	8	7	5	6	9	2	4	3
6	3	4	7	8	2	5	9	1
2	9	5	4	1	3	7	8	6
9	5	1	8	2	7	6	3	4
7	2	8	6	3	4	1	5	9
4	6	3	1	9	5	8	7	2
8	7	2	3	4	6	9	1	5
5	4	9	2	7	1	3	6	8
3	1	6	9	5	8	4	2	7

Puzzle 515

9	8	2	4	3	5	1	6	7
7	4	6	8	1	9	5	2	3
5	3	1	6	2	7	9	4	8
1	7	8	2	4	3	6	5	9
4	5	9	1	7	6	8	3	2
2	6	3	5	9	8	4	7	1
3	1	7	9	5	4	2	8	6
8	9	4	3	6	2	7	1	5
6	2	5	7	8	1	3	9	4

Puzzle 516

9	6	3	8	4	1	2	7	5
2	1	8	5	7	6	4	9	3
7	5	4	3	9	2	6	1	8
6	8	2	1	5	7	9	3	4
1	3	7	4	2	9	8	5	6
4	9	5	6	3	8	7	2	1
8	2	6	7	1	3	5	4	9
3	4	9	2	8	5	1	6	7
5	7	1	9	6	4	3	8	2

Puzzle 517

8	2	1	5	9	6	3	4	7
5	6	7	2	4	3	8	1	9
3	4	9	1	7	8	6	5	2
7	3	6	9	8	5	4	2	1
4	9	8	7	2	1	5	3	6
1	5	2	3	6	4	7	9	8
6	7	3	4	1	2	9	8	5
2	8	5	6	3	9	1	7	4
9	1	4	8	5	7	2	6	3

Puzzle 518

7	6	8	5	2	1	4	3	9
5	9	4	8	7	3	2	6	1
1	3	2	6	9	4	8	5	7
8	1	6	4	5	2	7	9	3
3	5	9	1	8	7	6	4	2
2	4	7	3	6	9	1	8	5
4	8	3	7	1	5	9	2	6
9	7	5	2	4	6	3	1	8
6	2	1	9	3	8	5	7	4

Puzzle 519

3	5	6	1	9	8	2	4	7
7	8	9	3	4	2	5	1	6
1	2	4	6	5	7	9	3	8
8	6	2	9	7	1	3	5	4
4	3	1	2	8	5	6	7	9
5	9	7	4	6	3	8	2	1
2	7	5	8	1	9	4	6	3
9	4	3	7	2	6	1	8	5
6	1	8	5	3	4	7	9	2

Puzzle 520

8	6	7	1	9	3	2	4	5
2	1	5	7	4	6	9	8	3
3	9	4	2	8	5	7	6	1
6	5	3	4	1	7	8	2	9
9	2	1	5	6	8	4	3	7
7	4	8	9	3	2	5	1	6
5	8	6	3	7	4	1	9	2
4	7	9	6	2	1	3	5	8
1	3	2	8	5	9	6	7	4

Puzzle 521

8	6	1	3	5	7	2	4	9
7	2	4	1	6	9	8	5	3
9	5	3	4	2	8	7	6	1
6	7	2	5	8	1	9	3	4
1	8	5	9	4	3	6	7	2
3	4	9	6	7	2	5	1	8
4	9	6	8	1	5	3	2	7
2	1	8	7	3	6	4	9	5
5	3	7	2	9	4	1	8	6

Puzzle 522

3	9	1	6	4	5	8	2	7
5	2	4	8	1	7	6	3	9
7	6	8	9	3	2	4	5	1
1	7	2	4	5	9	3	8	6
4	8	9	2	6	3	1	7	5
6	3	5	1	7	8	9	4	2
8	1	7	5	9	4	2	6	3
9	4	3	7	2	6	5	1	8
2	5	6	3	8	1	7	9	4

Puzzle 523

7	2	3	8	9	4	6	5	1
9	4	1	5	7	6	3	2	8
5	6	8	1	2	3	7	9	4
4	7	2	9	5	8	1	6	3
3	9	6	4	1	7	2	8	5
8	1	5	3	6	2	9	4	7
6	3	7	2	4	5	8	1	9
2	5	9	7	8	1	4	3	6
1	8	4	6	3	9	5	7	2

Puzzle 524

8	3	4	6	9	1	5	2	7
1	5	9	7	3	2	4	6	8
6	7	2	8	4	5	1	3	9
2	9	8	4	1	3	7	5	6
7	6	3	2	5	8	9	4	1
5	4	1	9	6	7	3	8	2
3	2	5	1	7	6	8	9	4
4	1	6	5	8	9	2	7	3
9	8	7	3	2	4	6	1	5

Puzzle 525

8	4	3	2	7	5	6	9	1
6	7	1	8	4	9	2	5	3
9	5	2	3	6	1	8	4	7
1	2	9	7	3	8	4	6	5
7	8	4	1	5	6	3	2	9
3	6	5	9	2	4	1	7	8
5	1	7	6	8	2	9	3	4
4	9	6	5	1	3	7	8	2
2	3	8	4	9	7	5	1	6

Puzzle 526

4	7	1	6	2	9	3	8	5
6	9	3	8	1	5	7	2	4
2	5	8	3	4	7	6	1	9
1	2	9	7	8	4	5	6	3
7	8	5	2	6	3	9	4	1
3	4	6	9	5	1	8	7	2
8	3	4	5	7	2	1	9	6
9	6	2	1	3	8	4	5	7
5	1	7	4	9	6	2	3	8

Puzzle 527

3	5	4	8	7	6	9	2	1
2	6	9	3	5	1	4	7	8
7	1	8	9	2	4	3	5	6
4	3	7	1	8	2	5	6	9
6	8	5	7	4	9	2	1	3
9	2	1	5	6	3	8	4	7
8	4	3	6	1	5	7	9	2
5	7	6	2	9	8	1	3	4
1	9	2	4	3	7	6	8	5

Puzzle 528

7	3	1	2	6	5	9	8	4
8	5	9	3	7	4	2	1	6
2	6	4	8	1	9	7	3	5
1	7	5	6	8	2	4	9	3
6	4	8	7	9	3	1	5	2
3	9	2	5	4	1	6	7	8
4	1	6	9	3	8	5	2	7
5	8	7	1	2	6	3	4	9
9	2	3	4	5	7	8	6	1

Puzzle 529

5	7	4	9	8	1	2	6	3
2	3	1	5	6	4	9	8	7
8	6	9	7	3	2	1	5	4
4	9	7	8	1	5	3	2	6
6	2	3	4	7	9	8	1	5
1	8	5	6	2	3	4	7	9
9	5	8	2	4	7	6	3	1
3	4	6	1	5	8	7	9	2
7	1	2	3	9	6	5	4	8

Puzzle 530

5	9	4	7	8	1	2	6	3
2	8	6	4	5	3	9	7	1
3	7	1	6	9	2	8	5	4
8	2	5	1	4	6	3	9	7
4	6	9	8	3	7	5	1	2
1	3	7	5	2	9	4	8	6
9	1	3	2	6	8	7	4	5
6	4	8	3	7	5	1	2	9
7	5	2	9	1	4	6	3	8

Puzzle 531

4	5	7	6	3	2	9	1	8
9	2	6	4	8	1	7	5	3
1	8	3	7	9	5	6	4	2
5	7	9	8	2	4	3	6	1
8	6	2	3	1	9	5	7	4
3	4	1	5	7	6	2	8	9
6	9	4	2	5	8	1	3	7
7	1	8	9	6	3	4	2	5
2	3	5	1	4	7	8	9	6

Puzzle 532

3	1	6	2	5	8	4	9	7
7	8	4	3	9	1	5	6	2
5	2	9	7	4	6	8	3	1
4	5	2	6	8	7	3	1	9
8	7	3	4	1	9	2	5	6
9	6	1	5	3	2	7	8	4
2	4	5	1	6	3	9	7	8
1	9	7	8	2	5	6	4	3
6	3	8	9	7	4	1	2	5

Puzzle 533

5	9	6	3	7	8	1	2	4
7	3	4	5	2	1	6	8	9
1	8	2	9	4	6	3	7	5
2	6	3	1	9	4	7	5	8
4	1	5	6	8	7	2	9	3
8	7	9	2	5	3	4	6	1
6	4	8	7	3	9	5	1	2
9	2	7	4	1	5	8	3	6
3	5	1	8	6	2	9	4	7

Puzzle 534

2	7	1	5	8	4	3	9	6
5	3	6	2	9	1	4	8	7
9	4	8	7	6	3	5	2	1
3	6	5	8	1	9	7	4	2
8	2	9	3	4	7	1	6	5
7	1	4	6	2	5	9	3	8
1	9	2	4	7	8	6	5	3
6	5	7	9	3	2	8	1	4
4	8	3	1	5	6	2	7	9

Puzzle 535

9	8	2	3	4	7	1	5	6
5	1	7	8	9	6	3	4	2
4	3	6	5	1	2	8	7	9
7	2	3	1	8	4	9	6	5
1	9	4	2	6	5	7	3	8
6	5	8	9	7	3	4	2	1
3	6	9	4	5	1	2	8	7
2	7	1	6	3	8	5	9	4
8	4	5	7	2	9	6	1	3

Puzzle 536

7	3	1	4	8	2	6	5	9
6	8	2	3	9	5	1	7	4
5	9	4	6	7	1	3	8	2
1	5	9	8	2	6	7	4	3
2	4	8	9	3	7	5	6	1
3	6	7	1	5	4	2	9	8
4	1	5	2	6	9	8	3	7
9	7	3	5	1	8	4	2	6
8	2	6	7	4	3	9	1	5

Puzzle 537

4	2	3	1	5	9	6	8	7
5	9	8	7	6	4	3	2	1
1	7	6	3	2	8	9	4	5
9	3	2	8	4	7	5	1	6
8	6	1	9	3	5	4	7	2
7	4	5	6	1	2	8	9	3
3	5	7	4	9	1	2	6	8
6	1	9	2	8	3	7	5	4
2	8	4	5	7	6	1	3	9

Puzzle 538

8	5	1	9	7	6	3	2	4
7	3	4	2	1	5	8	6	9
6	2	9	8	3	4	5	7	1
9	1	2	4	8	3	7	5	6
5	7	6	1	2	9	4	8	3
4	8	3	6	5	7	1	9	2
3	6	8	7	9	1	2	4	5
2	9	5	3	4	8	6	1	7
1	4	7	5	6	2	9	3	8

Puzzle 539

9	4	5	1	6	7	8	3	2
7	3	8	2	9	5	4	1	6
1	6	2	3	4	8	5	9	7
3	9	1	5	7	2	6	8	4
6	8	7	9	1	4	3	2	5
5	2	4	6	8	3	9	7	1
8	5	6	7	3	1	2	4	9
4	7	9	8	2	6	1	5	3
2	1	3	4	5	9	7	6	8

Puzzle 540

9	1	8	3	5	7	2	6	4
5	2	7	1	6	4	3	9	8
6	4	3	2	9	8	1	7	5
8	9	1	7	2	5	6	4	3
4	5	2	8	3	6	7	1	9
7	3	6	9	4	1	8	5	2
3	7	5	4	1	2	9	8	6
1	6	9	5	8	3	4	2	7
2	8	4	6	7	9	5	3	1

Puzzle 541

8	4	5	6	7	9	1	3	2
1	3	9	2	8	4	5	7	6
2	7	6	3	5	1	4	8	9
5	2	8	9	1	6	7	4	3
3	9	4	8	2	7	6	5	1
6	1	7	4	3	5	9	2	8
4	8	1	7	9	3	2	6	5
7	5	3	1	6	2	8	9	4
9	6	2	5	4	8	3	1	7

Puzzle 542

1	7	4	8	6	3	5	9	2
2	8	3	9	4	5	6	1	7
6	5	9	2	7	1	4	8	3
8	2	7	4	5	6	1	3	9
5	9	6	1	3	2	8	7	4
3	4	1	7	8	9	2	6	5
9	1	8	5	2	7	3	4	6
4	3	2	6	9	8	7	5	1
7	6	5	3	1	4	9	2	8

Puzzle 543

7	8	6	2	9	4	5	1	3
5	9	1	8	6	3	7	2	4
2	4	3	5	1	7	6	8	9
4	2	7	1	5	8	9	3	6
3	5	9	4	2	6	8	7	1
1	6	8	7	3	9	4	5	2
6	1	4	3	8	5	2	9	7
9	3	5	6	7	2	1	4	8
8	7	2	9	4	1	3	6	5

Puzzle 544

9	8	6	3	2	1	4	5	7
5	1	7	6	4	8	2	9	3
3	2	4	5	9	7	8	6	1
2	3	9	1	7	5	6	4	8
7	5	1	8	6	4	3	2	9
6	4	8	2	3	9	7	1	5
1	7	5	4	8	2	9	3	6
8	6	2	9	1	3	5	7	4
4	9	3	7	5	6	1	8	2

Puzzle 545

6	7	2	3	4	5	9	1	8
9	1	5	2	6	8	4	3	7
4	8	3	1	7	9	6	5	2
1	4	9	7	2	6	5	8	3
5	3	7	8	1	4	2	9	6
2	6	8	5	9	3	7	4	1
7	2	4	9	3	1	8	6	5
3	5	6	4	8	2	1	7	9
8	9	1	6	5	7	3	2	4

Puzzle 546

8	9	7	5	1	4	6	2	3
3	1	5	6	9	2	8	7	4
2	6	4	3	8	7	1	5	9
5	8	1	9	2	3	7	4	6
9	4	6	8	7	5	3	1	2
7	2	3	4	6	1	5	9	8
4	3	9	1	5	6	2	8	7
1	7	8	2	3	9	4	6	5
6	5	2	7	4	8	9	3	1

Puzzle 547

2	9	5	1	8	4	7	3	6
8	3	4	2	6	7	9	5	1
1	6	7	3	5	9	4	8	2
4	8	9	7	2	5	6	1	3
7	1	2	8	3	6	5	4	9
6	5	3	9	4	1	8	2	7
5	7	1	4	9	3	2	6	8
3	2	6	5	7	8	1	9	4
9	4	8	6	1	2	3	7	5

Puzzle 548

5	9	8	7	6	4	3	1	2
7	2	6	5	3	1	8	9	4
4	1	3	9	2	8	6	7	5
8	3	9	6	5	7	4	2	1
2	4	5	3	1	9	7	6	8
1	6	7	4	8	2	5	3	9
9	5	1	8	7	3	2	4	6
6	7	4	2	9	5	1	8	3
3	8	2	1	4	6	9	5	7

Puzzle 549

8	6	2	9	5	1	4	3	7
7	3	9	2	6	4	8	1	5
5	4	1	8	7	3	9	2	6
3	5	4	6	8	9	2	7	1
2	9	6	4	1	7	5	8	3
1	7	8	3	2	5	6	4	9
6	8	7	1	9	2	3	5	4
9	1	3	5	4	8	7	6	2
4	2	5	7	3	6	1	9	8

Puzzle 550

3	8	6	4	7	9	1	2	5
1	9	5	2	6	3	4	8	7
4	2	7	5	8	1	6	9	3
5	6	3	9	1	7	8	4	2
8	1	9	3	4	2	7	5	6
2	7	4	6	5	8	3	1	9
7	4	2	8	9	6	5	3	1
6	3	8	1	2	5	9	7	4
9	5	1	7	3	4	2	6	8

Puzzle 551

5	8	2	6	4	9	1	3	7
3	9	1	2	5	7	6	4	8
4	7	6	8	1	3	2	9	5
9	2	8	1	6	4	7	5	3
6	3	7	9	2	5	8	1	4
1	5	4	3	7	8	9	2	6
8	6	3	5	9	2	4	7	1
2	4	5	7	8	1	3	6	9
7	1	9	4	3	6	5	8	2

Puzzle 552

1	3	6	2	8	7	4	9	5
9	7	5	6	4	3	2	1	8
4	2	8	5	9	1	6	7	3
2	6	7	9	1	8	3	5	4
5	1	3	7	2	4	8	6	9
8	9	4	3	6	5	1	2	7
7	8	2	4	5	6	9	3	1
3	4	9	1	7	2	5	8	6
6	5	1	8	3	9	7	4	2

Puzzle 553

2	1	7	8	6	9	5	3	4
6	4	9	2	3	5	7	8	1
3	5	8	4	1	7	2	6	9
8	7	4	5	9	1	6	2	3
1	3	6	7	4	2	8	9	5
5	9	2	3	8	6	4	1	7
7	8	5	9	2	3	1	4	6
9	2	1	6	5	4	3	7	8
4	6	3	1	7	8	9	5	2

Puzzle 554

4	6	5	3	8	2	9	7	1
9	8	7	1	6	4	3	5	2
1	2	3	7	9	5	8	4	6
5	9	2	8	3	7	6	1	4
8	4	6	9	5	1	2	3	7
3	7	1	4	2	6	5	8	9
7	3	8	6	4	9	1	2	5
6	5	4	2	1	3	7	9	8
2	1	9	5	7	8	4	6	3

Puzzle 555

5	3	7	4	8	2	9	1	6
8	6	2	3	1	9	7	5	4
9	1	4	7	5	6	8	3	2
4	8	5	1	6	3	2	7	9
2	9	6	8	7	5	3	4	1
3	7	1	9	2	4	5	6	8
1	2	3	5	4	8	6	9	7
6	4	9	2	3	7	1	8	5
7	5	8	6	9	1	4	2	3

Puzzle 556

1	7	5	2	4	6	8	9	3
8	2	6	9	1	3	4	7	5
3	9	4	7	5	8	6	2	1
5	8	9	1	6	7	2	3	4
7	1	2	4	3	9	5	6	8
4	6	3	5	8	2	9	1	7
6	5	8	3	9	1	7	4	2
9	3	7	8	2	4	1	5	6
2	4	1	6	7	5	3	8	9

Puzzle 557

6	8	9	1	4	2	5	3	7
5	2	3	9	6	7	1	8	4
1	7	4	8	5	3	2	9	6
9	6	7	5	3	4	8	2	1
2	3	5	6	1	8	7	4	9
8	4	1	7	2	9	6	5	3
7	1	2	3	9	5	4	6	8
4	9	8	2	7	6	3	1	5
3	5	6	4	8	1	9	7	2

Puzzle 558

1	4	7	6	5	8	9	2	3
2	5	8	1	9	3	4	6	7
3	6	9	2	4	7	1	5	8
6	2	5	9	3	1	7	8	4
8	9	1	5	7	4	6	3	2
7	3	4	8	6	2	5	1	9
4	1	6	3	8	9	2	7	5
9	8	2	7	1	5	3	4	6
5	7	3	4	2	6	8	9	1

Puzzle 559

6	9	8	7	2	3	4	5	1
7	5	3	8	4	1	9	6	2
1	2	4	9	5	6	3	8	7
5	8	6	1	9	7	2	4	3
9	7	2	6	3	4	8	1	5
4	3	1	5	8	2	6	7	9
3	4	7	2	1	8	5	9	6
2	6	9	4	7	5	1	3	8
8	1	5	3	6	9	7	2	4

Puzzle 560

5	9	6	3	4	7	1	8	2
7	8	3	6	2	1	4	5	9
2	1	4	5	9	8	3	6	7
6	4	8	9	5	3	7	2	1
1	7	9	8	6	2	5	4	3
3	5	2	7	1	4	8	9	6
8	3	5	2	7	6	9	1	4
4	6	7	1	8	9	2	3	5
9	2	1	4	3	5	6	7	8

Puzzle 561

8	5	7	3	2	1	4	6	9
9	3	2	8	4	6	1	7	5
6	1	4	5	9	7	2	3	8
3	7	5	6	8	4	9	2	1
1	4	6	2	3	9	5	8	7
2	8	9	1	7	5	6	4	3
4	2	8	9	5	3	7	1	6
5	6	3	7	1	2	8	9	4
7	9	1	4	6	8	3	5	2

Puzzle 562

1	9	4	2	6	3	8	7	5
6	2	5	1	8	7	3	9	4
3	7	8	4	9	5	6	2	1
4	8	7	9	1	2	5	6	3
5	6	2	8	3	4	9	1	7
9	1	3	5	7	6	2	4	8
2	5	9	3	4	1	7	8	6
7	3	1	6	2	8	4	5	9
8	4	6	7	5	9	1	3	2

Puzzle 563

8	5	9	1	7	2	4	6	3
4	2	3	6	5	8	1	9	7
7	1	6	4	9	3	8	2	5
9	7	2	8	3	5	6	4	1
5	4	1	9	6	7	3	8	2
6	3	8	2	4	1	5	7	9
3	8	7	5	2	4	9	1	6
2	9	4	3	1	6	7	5	8
1	6	5	7	8	9	2	3	4

Puzzle 564

4	9	1	3	6	2	7	5	8
8	5	6	7	4	9	1	3	2
3	2	7	8	1	5	4	9	6
5	8	4	1	2	7	9	6	3
6	1	3	5	9	8	2	7	4
2	7	9	6	3	4	5	8	1
1	6	2	9	5	3	8	4	7
7	3	5	4	8	1	6	2	9
9	4	8	2	7	6	3	1	5

Puzzle 565

3	1	8	5	9	2	7	6	4
9	2	6	4	7	3	1	5	8
7	5	4	6	1	8	2	3	9
6	3	9	1	4	5	8	7	2
5	8	1	3	2	7	9	4	6
2	4	7	9	8	6	5	1	3
1	6	2	8	5	4	3	9	7
8	9	3	7	6	1	4	2	5
4	7	5	2	3	9	6	8	1

Puzzle 566

1	8	9	7	3	5	2	4	6
2	5	6	9	4	1	3	8	7
7	4	3	2	6	8	5	9	1
5	1	2	3	9	7	8	6	4
4	6	8	5	1	2	9	7	3
9	3	7	4	8	6	1	5	2
6	7	5	1	2	9	4	3	8
8	2	4	6	5	3	7	1	9
3	9	1	8	7	4	6	2	5

Puzzle 567

8	3	6	5	2	4	7	1	9
1	9	7	8	6	3	4	5	2
2	5	4	9	1	7	6	8	3
6	4	1	2	8	5	9	3	7
3	2	5	1	7	9	8	4	6
7	8	9	4	3	6	5	2	1
5	7	8	3	9	2	1	6	4
4	6	3	7	5	1	2	9	8
9	1	2	6	4	8	3	7	5

Puzzle 568

9	5	4	8	6	7	1	2	3
8	6	1	3	5	2	9	7	4
2	3	7	4	9	1	8	5	6
3	7	8	1	2	4	5	6	9
5	9	2	7	3	6	4	1	8
1	4	6	9	8	5	2	3	7
6	2	9	5	4	3	7	8	1
4	1	5	6	7	8	3	9	2
7	8	3	2	1	9	6	4	5

Puzzle 569

2	1	8	3	6	5	4	7	9
3	4	9	7	1	2	6	8	5
6	5	7	9	8	4	3	2	1
8	6	4	2	9	7	1	5	3
1	2	5	6	4	3	8	9	7
9	7	3	1	5	8	2	4	6
4	9	2	5	3	6	7	1	8
5	8	6	4	7	1	9	3	2
7	3	1	8	2	9	5	6	4

Puzzle 570

4	3	8	1	5	2	6	7	9
6	2	9	8	7	4	5	1	3
1	5	7	3	9	6	8	2	4
7	4	3	5	8	1	2	9	6
2	1	6	9	4	3	7	5	8
8	9	5	2	6	7	4	3	1
5	7	4	6	1	9	3	8	2
9	6	2	7	3	8	1	4	5
3	8	1	4	2	5	9	6	7

Puzzle 571

5	2	8	7	4	1	3	9	6
4	7	1	9	3	6	5	2	8
9	3	6	2	5	8	7	1	4
2	8	7	3	1	9	4	6	5
3	1	5	8	6	4	2	7	9
6	4	9	5	2	7	1	8	3
8	9	3	1	7	5	6	4	2
7	5	4	6	8	2	9	3	1
1	6	2	4	9	3	8	5	7

Puzzle 572

2	1	3	4	5	6	7	9	8
8	6	9	2	1	7	5	4	3
7	5	4	8	9	3	6	1	2
5	4	8	6	7	9	2	3	1
6	2	1	5	3	8	4	7	9
9	3	7	1	2	4	8	6	5
3	8	5	7	6	1	9	2	4
4	9	6	3	8	2	1	5	7
1	7	2	9	4	5	3	8	6

Puzzle 573

1	3	5	7	6	4	9	8	2
6	2	8	3	9	1	4	7	5
7	4	9	5	8	2	3	6	1
9	6	1	4	3	5	8	2	7
2	5	3	1	7	8	6	9	4
8	7	4	9	2	6	5	1	3
4	1	2	8	5	9	7	3	6
3	9	6	2	4	7	1	5	8
5	8	7	6	1	3	2	4	9

Puzzle 574

1	8	5	7	9	3	2	4	6
9	2	7	4	8	6	5	3	1
3	4	6	2	5	1	9	7	8
8	9	4	1	3	2	6	5	7
2	7	1	9	6	5	3	8	4
6	5	3	8	4	7	1	2	9
7	1	8	5	2	9	4	6	3
5	3	9	6	7	4	8	1	2
4	6	2	3	1	8	7	9	5

Puzzle 575

5	3	8	1	2	9	6	7	4
4	2	6	8	7	5	3	1	9
7	1	9	3	6	4	2	8	5
3	9	7	6	8	2	4	5	1
2	5	1	7	4	3	8	9	6
6	8	4	5	9	1	7	3	2
8	4	3	9	1	6	5	2	7
9	7	2	4	5	8	1	6	3
1	6	5	2	3	7	9	4	8

Puzzle 576

4	9	5	6	2	7	3	1	8
7	6	3	8	4	1	9	2	5
8	1	2	9	5	3	4	6	7
2	4	8	5	6	9	7	3	1
6	5	1	3	7	8	2	4	9
9	3	7	2	1	4	5	8	6
1	8	9	7	3	2	6	5	4
3	7	6	4	8	5	1	9	2
5	2	4	1	9	6	8	7	3

Puzzle 577

9	3	7	2	5	1	8	4	6
6	1	2	4	3	8	9	7	5
8	5	4	7	9	6	1	2	3
2	8	6	3	1	9	4	5	7
5	9	3	6	4	7	2	1	8
7	4	1	8	2	5	6	3	9
1	2	8	5	6	3	7	9	4
3	6	9	1	7	4	5	8	2
4	7	5	9	8	2	3	6	1

Puzzle 578

6	7	3	2	5	9	4	1	8
4	1	8	7	3	6	9	5	2
5	2	9	8	4	1	3	6	7
9	3	6	5	2	7	1	8	4
2	4	7	1	9	8	5	3	6
8	5	1	4	6	3	2	7	9
1	8	4	3	7	2	6	9	5
3	6	2	9	8	5	7	4	1
7	9	5	6	1	4	8	2	3

Puzzle 579

3	9	6	4	2	8	7	1	5
1	7	2	6	3	5	8	4	9
4	5	8	1	7	9	2	6	3
8	3	1	7	5	4	9	2	6
9	6	7	3	8	2	1	5	4
2	4	5	9	6	1	3	8	7
6	1	9	2	4	3	5	7	8
5	2	4	8	9	7	6	3	1
7	8	3	5	1	6	4	9	2

Puzzle 580

7	4	6	1	5	8	9	2	3
2	1	9	7	4	3	5	8	6
5	8	3	9	6	2	4	1	7
6	2	7	4	9	5	1	3	8
8	5	1	2	3	7	6	4	9
3	9	4	6	8	1	7	5	2
9	7	8	5	2	4	3	6	1
1	3	5	8	7	6	2	9	4
4	6	2	3	1	9	8	7	5

Puzzle 581

7	1	3	5	6	9	8	2	4
6	4	9	2	7	8	1	5	3
5	8	2	3	4	1	9	6	7
2	3	8	9	1	6	4	7	5
4	9	6	7	5	3	2	8	1
1	7	5	4	8	2	3	9	6
3	2	7	6	9	4	5	1	8
8	5	4	1	2	7	6	3	9
9	6	1	8	3	5	7	4	2

Puzzle 582

4	8	1	6	3	9	2	5	7
7	3	2	5	8	4	1	6	9
6	5	9	2	7	1	4	3	8
3	7	6	1	4	5	8	9	2
5	2	4	9	6	8	3	7	1
1	9	8	7	2	3	6	4	5
2	6	3	8	5	7	9	1	4
8	1	5	4	9	6	7	2	3
9	4	7	3	1	2	5	8	6

Puzzle 583

3	8	4	6	1	7	9	2	5
9	2	7	4	8	5	1	3	6
1	5	6	9	3	2	7	8	4
8	4	9	3	6	1	5	7	2
7	3	1	2	5	4	6	9	8
5	6	2	7	9	8	4	1	3
4	9	3	1	2	6	8	5	7
6	1	8	5	7	3	2	4	9
2	7	5	8	4	9	3	6	1

Puzzle 584

9	4	2	1	6	7	8	3	5
6	1	5	8	9	3	7	4	2
8	3	7	4	2	5	1	9	6
7	2	1	5	4	6	9	8	3
3	6	4	7	8	9	5	2	1
5	9	8	3	1	2	6	7	4
4	5	6	2	7	8	3	1	9
2	8	3	9	5	1	4	6	7
1	7	9	6	3	4	2	5	8

Puzzle 585

3	6	8	2	4	7	9	1	5
4	7	1	5	9	6	3	8	2
5	2	9	8	1	3	6	7	4
9	3	4	1	5	2	8	6	7
2	5	6	3	7	8	4	9	1
1	8	7	4	6	9	2	5	3
6	9	2	7	3	5	1	4	8
7	1	3	6	8	4	5	2	9
8	4	5	9	2	1	7	3	6

Puzzle 586

9	1	5	8	4	3	6	2	7
6	8	4	5	7	2	9	3	1
3	2	7	6	9	1	8	5	4
1	5	3	2	6	8	7	4	9
7	9	6	1	5	4	2	8	3
8	4	2	7	3	9	1	6	5
5	7	1	3	8	6	4	9	2
4	3	8	9	2	7	5	1	6
2	6	9	4	1	5	3	7	8

Puzzle 587

4	2	7	1	9	6	5	3	8
8	9	6	5	3	2	1	4	7
3	5	1	8	7	4	6	9	2
6	7	3	2	4	1	9	8	5
9	8	2	7	5	3	4	6	1
1	4	5	6	8	9	2	7	3
2	6	8	4	1	7	3	5	9
7	1	9	3	6	5	8	2	4
5	3	4	9	2	8	7	1	6

Puzzle 588

5	4	7	1	3	6	2	9	8
9	6	2	4	8	5	3	1	7
1	3	8	9	2	7	5	4	6
2	7	6	3	5	1	4	8	9
3	1	4	2	9	8	7	6	5
8	9	5	6	7	4	1	2	3
4	8	3	7	6	2	9	5	1
6	2	9	5	1	3	8	7	4
7	5	1	8	4	9	6	3	2

Puzzle 589

3	4	7	1	5	8	9	2	6
1	5	9	2	4	6	3	8	7
6	2	8	9	7	3	1	5	4
4	8	5	6	3	1	2	7	9
9	3	6	4	2	7	5	1	8
2	7	1	5	8	9	6	4	3
8	6	2	3	1	4	7	9	5
5	9	4	7	6	2	8	3	1
7	1	3	8	9	5	4	6	2

Puzzle 590

4	5	9	3	1	6	8	2	7
8	3	1	2	7	4	6	9	5
2	7	6	9	5	8	3	4	1
3	2	7	5	8	1	4	6	9
5	9	4	7	6	3	1	8	2
1	6	8	4	2	9	5	7	3
9	8	3	1	4	7	2	5	6
7	4	2	6	3	5	9	1	8
6	1	5	8	9	2	7	3	4

Puzzle 591

7	1	3	6	8	2	9	4	5
6	4	5	9	3	7	2	1	8
2	8	9	5	4	1	7	3	6
8	5	2	1	9	4	3	6	7
3	7	1	8	5	6	4	2	9
9	6	4	7	2	3	5	8	1
5	2	8	3	6	9	1	7	4
4	9	7	2	1	8	6	5	3
1	3	6	4	7	5	8	9	2

Puzzle 592

5	7	8	6	1	2	3	4	9
6	9	4	7	3	8	1	2	5
1	3	2	4	9	5	7	6	8
2	4	1	3	6	9	5	8	7
7	8	3	1	5	4	6	9	2
9	5	6	8	2	7	4	3	1
3	1	5	2	8	6	9	7	4
4	2	9	5	7	3	8	1	6
8	6	7	9	4	1	2	5	3

Puzzle 593

7	4	5	6	2	8	1	3	9
3	1	8	9	4	7	6	5	2
2	6	9	3	5	1	4	7	8
9	3	6	4	8	2	5	1	7
1	7	4	5	6	9	8	2	3
8	5	2	1	7	3	9	4	6
4	9	3	7	1	6	2	8	5
5	2	7	8	9	4	3	6	1
6	8	1	2	3	5	7	9	4

Puzzle 594

4	1	6	8	2	3	5	7	9
2	8	5	7	6	9	4	3	1
9	7	3	5	4	1	6	8	2
5	2	8	3	9	6	7	1	4
6	9	7	4	1	8	3	2	5
1	3	4	2	5	7	8	9	6
3	5	9	1	8	4	2	6	7
8	6	2	9	7	5	1	4	3
7	4	1	6	3	2	9	5	8

Puzzle 595

4	8	6	1	3	5	2	9	7
3	5	2	8	7	9	1	6	4
9	1	7	2	6	4	5	8	3
5	7	9	3	2	1	8	4	6
2	4	8	6	5	7	3	1	9
1	6	3	4	9	8	7	5	2
8	3	4	9	1	2	6	7	5
6	9	5	7	8	3	4	2	1
7	2	1	5	4	6	9	3	8

Puzzle 596

9	2	8	7	1	5	3	6	4
7	5	1	6	3	4	9	2	8
4	6	3	2	8	9	5	7	1
3	9	4	1	2	8	7	5	6
1	8	2	5	6	7	4	3	9
5	7	6	9	4	3	1	8	2
6	4	5	8	7	1	2	9	3
8	3	7	4	9	2	6	1	5
2	1	9	3	5	6	8	4	7

Puzzle 597

4	5	9	7	8	1	3	6	2
1	2	6	4	9	3	7	5	8
3	7	8	5	2	6	1	9	4
9	6	4	2	5	7	8	3	1
2	8	1	9	3	4	6	7	5
7	3	5	1	6	8	4	2	9
6	1	2	8	7	5	9	4	3
5	4	3	6	1	9	2	8	7
8	9	7	3	4	2	5	1	6

Puzzle 598

1	2	8	6	3	5	9	4	7
3	4	6	1	9	7	8	5	2
5	9	7	2	8	4	6	3	1
2	3	5	4	7	8	1	6	9
6	1	9	3	5	2	7	8	4
8	7	4	9	6	1	3	2	5
4	5	3	8	1	9	2	7	6
7	6	1	5	2	3	4	9	8
9	8	2	7	4	6	5	1	3

Puzzle 599

2	4	7	5	8	9	3	1	6
9	5	3	2	6	1	7	8	4
6	8	1	4	7	3	5	2	9
5	7	2	1	3	6	4	9	8
8	9	6	7	4	2	1	3	5
1	3	4	8	9	5	2	6	7
7	1	9	3	5	8	6	4	2
3	6	5	9	2	4	8	7	1
4	2	8	6	1	7	9	5	3

Puzzle 600

4	6	9	2	5	8	3	1	7
1	3	7	9	4	6	5	8	2
5	2	8	3	7	1	4	6	9
3	5	2	7	1	9	8	4	6
6	7	4	5	8	3	2	9	1
9	8	1	4	6	2	7	5	3
2	4	5	1	9	7	6	3	8
8	9	3	6	2	4	1	7	5
7	1	6	8	3	5	9	2	4

Puzzle 601

5	1	8	2	4	9	6	7	3
6	3	7	8	1	5	4	2	9
9	4	2	3	7	6	1	5	8
2	8	4	5	3	1	7	9	6
1	9	5	4	6	7	3	8	2
3	7	6	9	8	2	5	4	1
8	5	3	6	2	4	9	1	7
4	2	1	7	9	3	8	6	5
7	6	9	1	5	8	2	3	4

Puzzle 602

9	5	2	7	1	3	6	4	8
3	8	6	4	5	9	7	1	2
7	4	1	8	6	2	3	9	5
4	2	8	5	3	7	1	6	9
6	9	3	2	4	1	5	8	7
1	7	5	9	8	6	2	3	4
8	6	7	1	2	4	9	5	3
5	3	9	6	7	8	4	2	1
2	1	4	3	9	5	8	7	6

Puzzle 603

6	8	5	7	9	2	3	1	4
2	1	7	4	3	6	5	9	8
4	9	3	8	1	5	6	7	2
7	2	8	5	4	3	1	6	9
1	4	6	9	7	8	2	3	5
3	5	9	2	6	1	4	8	7
9	3	4	6	5	7	8	2	1
5	6	2	1	8	9	7	4	3
8	7	1	3	2	4	9	5	6

Puzzle 604

7	5	6	3	4	8	9	1	2
8	1	9	6	2	5	7	3	4
2	4	3	1	9	7	6	8	5
5	6	1	7	3	9	4	2	8
9	3	8	4	6	2	1	5	7
4	2	7	8	5	1	3	9	6
6	9	4	2	8	3	5	7	1
3	7	2	5	1	4	8	6	9
1	8	5	9	7	6	2	4	3

Puzzle 605

8	1	3	5	4	6	9	2	7
7	9	2	3	8	1	5	4	6
6	5	4	9	2	7	3	8	1
3	4	6	2	1	8	7	5	9
2	7	5	4	3	9	6	1	8
1	8	9	7	6	5	2	3	4
9	3	7	1	5	4	8	6	2
4	2	8	6	9	3	1	7	5
5	6	1	8	7	2	4	9	3

Puzzle 606

3	7	9	8	4	5	6	2	1
6	8	2	1	9	7	5	3	4
4	5	1	3	2	6	7	9	8
8	9	5	2	1	4	3	6	7
7	4	6	5	3	8	2	1	9
1	2	3	7	6	9	4	8	5
5	1	7	6	8	2	9	4	3
2	3	4	9	7	1	8	5	6
9	6	8	4	5	3	1	7	2

Puzzle 607

6	5	2	1	7	9	4	8	3
9	4	8	6	2	3	5	7	1
3	1	7	4	8	5	6	2	9
5	7	9	3	1	6	2	4	8
2	3	1	7	4	8	9	5	6
4	8	6	9	5	2	3	1	7
8	6	5	2	3	7	1	9	4
7	9	4	5	6	1	8	3	2
1	2	3	8	9	4	7	6	5

Puzzle 608

7	8	5	2	1	3	6	9	4
9	1	2	5	4	6	8	3	7
4	6	3	7	9	8	1	2	5
8	3	7	4	5	1	2	6	9
5	4	1	9	6	2	3	7	8
2	9	6	8	3	7	5	4	1
3	5	4	1	2	9	7	8	6
1	2	8	6	7	4	9	5	3
6	7	9	3	8	5	4	1	2

Puzzle 609

4	3	9	7	6	8	5	1	2
7	1	5	4	2	9	8	6	3
6	2	8	5	1	3	4	9	7
2	5	6	9	8	1	7	3	4
9	4	7	2	3	5	1	8	6
3	8	1	6	4	7	2	5	9
5	7	2	8	9	6	3	4	1
1	9	4	3	5	2	6	7	8
8	6	3	1	7	4	9	2	5

Puzzle 610

6	4	8	9	1	2	5	7	3
5	7	3	8	4	6	1	9	2
2	9	1	7	5	3	6	8	4
8	2	6	3	9	1	7	4	5
9	1	4	5	7	8	2	3	6
3	5	7	6	2	4	9	1	8
4	6	5	1	8	7	3	2	9
1	3	2	4	6	9	8	5	7
7	8	9	2	3	5	4	6	1

Puzzle 611

8	9	1	7	6	4	3	5	2
5	7	6	3	2	9	4	1	8
2	4	3	8	5	1	6	7	9
9	3	5	4	7	2	1	8	6
7	6	2	9	1	8	5	3	4
1	8	4	6	3	5	2	9	7
3	2	9	5	8	6	7	4	1
6	5	8	1	4	7	9	2	3
4	1	7	2	9	3	8	6	5

Puzzle 612

9	8	4	3	7	1	6	2	5
2	1	7	9	6	5	4	8	3
3	6	5	4	2	8	9	7	1
6	5	2	8	1	7	3	9	4
1	9	3	2	4	6	8	5	7
4	7	8	5	9	3	1	6	2
8	3	1	6	5	2	7	4	9
7	2	9	1	8	4	5	3	6
5	4	6	7	3	9	2	1	8

Puzzle 613

4	1	9	7	5	3	6	8	2
8	2	3	9	4	6	5	7	1
5	7	6	8	1	2	3	9	4
7	8	1	6	3	9	4	2	5
3	6	2	5	8	4	7	1	9
9	5	4	1	2	7	8	6	3
2	9	8	3	6	5	1	4	7
6	3	7	4	9	1	2	5	8
1	4	5	2	7	8	9	3	6

Puzzle 614

3	8	7	5	6	1	2	9	4
6	2	4	7	3	9	5	1	8
5	1	9	4	2	8	3	6	7
2	6	3	8	7	4	1	5	9
7	9	1	2	5	3	4	8	6
4	5	8	9	1	6	7	3	2
8	3	6	1	4	2	9	7	5
1	7	2	6	9	5	8	4	3
9	4	5	3	8	7	6	2	1

Puzzle 615

4	9	3	8	7	6	2	1	5
7	6	5	2	3	1	9	8	4
1	2	8	4	5	9	3	7	6
2	1	7	5	9	4	6	3	8
9	8	6	1	2	3	4	5	7
5	3	4	6	8	7	1	9	2
8	7	1	9	6	2	5	4	3
3	4	2	7	1	5	8	6	9
6	5	9	3	4	8	7	2	1

Puzzle 616

5	4	2	6	9	8	3	1	7
7	9	3	5	4	1	2	6	8
8	1	6	7	2	3	5	4	9
9	6	1	4	3	2	8	7	5
2	5	4	8	7	9	6	3	1
3	7	8	1	5	6	4	9	2
1	8	7	2	6	4	9	5	3
4	2	9	3	1	5	7	8	6
6	3	5	9	8	7	1	2	4

Puzzle 617

2	3	4	9	6	5	7	1	8
9	7	8	4	3	1	5	2	6
1	5	6	2	7	8	4	9	3
4	6	3	8	9	7	1	5	2
8	1	5	6	4	2	9	3	7
7	9	2	5	1	3	8	6	4
5	8	9	7	2	6	3	4	1
3	2	7	1	5	4	6	8	9
6	4	1	3	8	9	2	7	5

Puzzle 618

6	4	2	9	8	5	7	1	3
3	7	8	4	6	1	5	9	2
9	5	1	3	7	2	4	6	8
4	9	6	1	3	8	2	5	7
2	1	3	6	5	7	8	4	9
5	8	7	2	9	4	1	3	6
7	3	4	8	1	9	6	2	5
1	6	5	7	2	3	9	8	4
8	2	9	5	4	6	3	7	1

Puzzle 619

7	5	3	8	4	6	1	9	2
2	1	8	9	3	7	6	5	4
4	6	9	2	5	1	3	7	8
3	9	2	7	1	8	4	6	5
8	4	1	6	9	5	2	3	7
5	7	6	4	2	3	8	1	9
1	2	4	3	7	9	5	8	6
9	8	5	1	6	2	7	4	3
6	3	7	5	8	4	9	2	1

Puzzle 620

1	7	3	4	9	2	8	5	6
9	8	5	7	6	1	2	4	3
6	2	4	5	8	3	7	9	1
5	3	9	1	7	4	6	2	8
7	1	2	8	5	6	4	3	9
8	4	6	3	2	9	5	1	7
2	9	7	6	1	5	3	8	4
4	5	8	9	3	7	1	6	2
3	6	1	2	4	8	9	7	5

Puzzle 621

8	5	9	7	4	6	2	3	1
1	3	4	5	2	8	7	9	6
7	6	2	1	3	9	5	8	4
5	9	3	8	6	2	4	1	7
2	8	1	9	7	4	6	5	3
6	4	7	3	1	5	8	2	9
4	1	5	6	8	3	9	7	2
9	7	6	2	5	1	3	4	8
3	2	8	4	9	7	1	6	5

Puzzle 622

9	1	2	7	6	8	5	3	4
5	8	4	1	3	2	7	6	9
7	3	6	5	9	4	8	1	2
8	2	1	9	7	6	3	4	5
4	9	5	2	8	3	1	7	6
6	7	3	4	5	1	9	2	8
2	4	8	3	1	5	6	9	7
3	5	7	6	4	9	2	8	1
1	6	9	8	2	7	4	5	3

Puzzle 623

7	3	6	4	5	1	8	2	9
1	8	9	7	3	2	4	5	6
4	2	5	8	6	9	1	3	7
3	1	7	5	8	6	9	4	2
8	9	4	3	2	7	5	6	1
6	5	2	9	1	4	3	7	8
9	7	3	6	4	8	2	1	5
2	4	8	1	7	5	6	9	3
5	6	1	2	9	3	7	8	4

Puzzle 624

6	1	8	7	5	4	9	2	3
5	4	7	2	9	3	6	8	1
3	9	2	8	1	6	7	4	5
9	3	5	1	2	8	4	6	7
8	6	1	5	4	7	2	3	9
2	7	4	6	3	9	1	5	8
1	2	9	4	8	5	3	7	6
7	8	3	9	6	2	5	1	4
4	5	6	3	7	1	8	9	2

Puzzle 625

9	2	4	8	1	3	5	6	7
7	5	8	9	6	2	3	1	4
6	1	3	5	4	7	2	8	9
3	8	7	6	5	1	9	4	2
4	6	2	3	9	8	7	5	1
5	9	1	7	2	4	6	3	8
2	3	9	1	8	5	4	7	6
1	7	6	4	3	9	8	2	5
8	4	5	2	7	6	1	9	3

Puzzle 626

2	4	5	3	6	7	1	8	9
6	8	9	1	4	2	7	3	5
7	3	1	8	5	9	6	4	2
3	9	6	5	1	4	2	7	8
5	1	4	7	2	8	3	9	6
8	7	2	6	9	3	4	5	1
4	5	7	2	8	6	9	1	3
1	2	3	9	7	5	8	6	4
9	6	8	4	3	1	5	2	7

Puzzle 627

7	2	1	8	6	3	5	4	9
4	5	3	2	9	1	8	7	6
9	8	6	4	5	7	3	2	1
1	7	4	3	8	9	6	5	2
3	6	8	1	2	5	7	9	4
5	9	2	7	4	6	1	3	8
8	1	9	5	3	2	4	6	7
2	3	7	6	1	4	9	8	5
6	4	5	9	7	8	2	1	3

Puzzle 628

4	2	3	1	6	7	9	5	8
5	6	9	4	8	2	3	1	7
8	7	1	9	3	5	6	2	4
3	8	7	5	9	1	4	6	2
2	5	4	3	7	6	1	8	9
1	9	6	2	4	8	7	3	5
9	1	5	7	2	3	8	4	6
7	3	8	6	5	4	2	9	1
6	4	2	8	1	9	5	7	3

Puzzle 629

8	3	5	7	9	6	2	1	4
2	4	7	1	3	5	9	6	8
6	9	1	4	8	2	3	7	5
9	8	6	2	7	4	1	5	3
4	7	3	8	5	1	6	2	9
1	5	2	3	6	9	8	4	7
5	1	9	6	4	3	7	8	2
7	6	4	9	2	8	5	3	1
3	2	8	5	1	7	4	9	6

Puzzle 630

2	5	8	9	7	3	1	4	6
3	9	1	2	6	4	8	5	7
4	6	7	8	1	5	9	3	2
8	3	6	7	9	1	5	2	4
5	2	9	6	4	8	7	1	3
7	1	4	3	5	2	6	8	9
1	7	5	4	3	9	2	6	8
9	4	2	5	8	6	3	7	1
6	8	3	1	2	7	4	9	5

Puzzle 631

6	2	8	1	5	3	7	4	9
3	5	7	6	9	4	8	2	1
4	9	1	2	8	7	6	5	3
1	8	5	3	2	9	4	7	6
9	3	6	4	7	5	2	1	8
7	4	2	8	1	6	3	9	5
5	7	4	9	3	8	1	6	2
8	1	9	7	6	2	5	3	4
2	6	3	5	4	1	9	8	7

Puzzle 632

7	1	2	4	8	5	6	3	9
8	4	9	3	2	6	5	1	7
5	6	3	1	9	7	4	2	8
1	3	6	9	7	4	8	5	2
4	5	8	2	1	3	9	7	6
2	9	7	5	6	8	3	4	1
6	2	5	8	3	1	7	9	4
9	8	4	7	5	2	1	6	3
3	7	1	6	4	9	2	8	5

Puzzle 633

8	9	6	2	5	4	1	3	7
4	2	5	7	1	3	8	6	9
7	1	3	6	9	8	4	2	5
2	8	7	9	6	1	3	5	4
6	3	9	8	4	5	2	7	1
1	5	4	3	7	2	9	8	6
5	7	8	4	3	9	6	1	2
3	4	1	5	2	6	7	9	8
9	6	2	1	8	7	5	4	3

Puzzle 634

8	6	1	9	2	7	4	5	3
7	3	2	4	5	1	8	6	9
9	4	5	3	6	8	7	2	1
3	2	8	6	9	5	1	7	4
5	9	6	1	7	4	2	3	8
4	1	7	2	8	3	6	9	5
2	8	3	7	4	9	5	1	6
6	5	9	8	1	2	3	4	7
1	7	4	5	3	6	9	8	2

Puzzle 635

2	6	8	7	3	4	1	5	9
9	1	5	8	2	6	7	4	3
3	4	7	9	1	5	6	8	2
8	7	9	3	5	1	2	6	4
4	5	6	2	8	9	3	7	1
1	2	3	6	4	7	5	9	8
7	8	4	1	6	3	9	2	5
6	3	2	5	9	8	4	1	7
5	9	1	4	7	2	8	3	6

Puzzle 636

9	5	4	2	1	8	3	6	7
7	8	3	5	9	6	2	1	4
6	2	1	4	3	7	9	5	8
5	1	2	6	7	4	8	9	3
3	7	9	8	2	1	5	4	6
4	6	8	9	5	3	7	2	1
2	3	7	1	4	5	6	8	9
8	4	5	3	6	9	1	7	2
1	9	6	7	8	2	4	3	5

Puzzle 637

1	9	8	7	6	4	3	5	2
5	4	6	1	3	2	9	8	7
2	7	3	8	9	5	1	6	4
6	5	2	3	8	9	4	7	1
9	3	4	5	7	1	6	2	8
7	8	1	2	4	6	5	3	9
3	2	9	4	5	8	7	1	6
4	1	7	6	2	3	8	9	5
8	6	5	9	1	7	2	4	3

Puzzle 638

1	8	9	6	7	3	5	4	2
3	4	7	9	5	2	6	1	8
2	6	5	8	1	4	9	3	7
9	1	8	5	2	7	4	6	3
5	3	2	1	4	6	8	7	9
4	7	6	3	9	8	2	5	1
7	2	1	4	6	9	3	8	5
6	9	3	7	8	5	1	2	4
8	5	4	2	3	1	7	9	6

Puzzle 639

1	5	7	3	6	9	2	4	8
4	6	8	2	7	5	1	9	3
9	3	2	4	1	8	7	5	6
5	9	1	7	2	6	8	3	4
7	8	6	9	4	3	5	1	2
2	4	3	8	5	1	9	6	7
8	7	5	1	3	4	6	2	9
6	2	4	5	9	7	3	8	1
3	1	9	6	8	2	4	7	5

Puzzle 640

8	2	7	5	9	4	1	3	6
9	3	4	7	1	6	8	2	5
5	1	6	8	2	3	7	9	4
4	9	5	3	6	1	2	8	7
7	6	3	4	8	2	5	1	9
1	8	2	9	7	5	6	4	3
3	4	8	2	5	7	9	6	1
2	7	1	6	4	9	3	5	8
6	5	9	1	3	8	4	7	2

Puzzle 641

1	4	8	5	9	2	7	6	3
9	3	7	6	1	8	4	2	5
2	6	5	4	3	7	9	1	8
6	8	9	3	7	4	2	5	1
3	7	2	9	5	1	6	8	4
5	1	4	2	8	6	3	7	9
4	2	1	8	6	3	5	9	7
8	9	3	7	2	5	1	4	6
7	5	6	1	4	9	8	3	2

Puzzle 642

8	6	3	9	1	4	7	5	2
1	9	4	2	7	5	8	3	6
7	5	2	8	3	6	1	4	9
3	1	9	6	8	7	4	2	5
5	4	7	1	9	2	3	6	8
2	8	6	5	4	3	9	7	1
9	3	5	7	6	1	2	8	4
6	7	1	4	2	8	5	9	3
4	2	8	3	5	9	6	1	7

Puzzle 643

8	9	1	2	3	5	4	6	7
4	7	3	6	9	8	1	5	2
2	5	6	1	4	7	8	3	9
5	2	9	8	7	3	6	1	4
1	4	7	9	5	6	3	2	8
3	6	8	4	1	2	7	9	5
9	8	5	7	6	1	2	4	3
6	3	2	5	8	4	9	7	1
7	1	4	3	2	9	5	8	6

Puzzle 644

3	1	7	2	8	4	5	9	6
8	4	2	6	5	9	1	7	3
9	5	6	1	3	7	8	4	2
4	2	8	9	1	6	3	5	7
6	3	9	8	7	5	4	2	1
5	7	1	3	4	2	6	8	9
7	8	3	4	9	1	2	6	5
2	9	4	5	6	3	7	1	8
1	6	5	7	2	8	9	3	4

Puzzle 645

1	2	7	4	6	3	8	9	5
4	9	3	2	5	8	6	1	7
8	6	5	7	1	9	2	4	3
3	7	4	9	8	2	1	5	6
6	1	9	5	7	4	3	8	2
2	5	8	6	3	1	9	7	4
7	4	1	3	9	6	5	2	8
5	8	6	1	2	7	4	3	9
9	3	2	8	4	5	7	6	1

Puzzle 646

5	4	3	2	6	1	9	8	7
9	7	2	8	4	3	1	6	5
6	8	1	5	9	7	2	4	3
4	2	6	9	1	5	3	7	8
3	5	7	4	8	2	6	9	1
8	1	9	3	7	6	5	2	4
7	9	5	1	2	4	8	3	6
1	6	8	7	3	9	4	5	2
2	3	4	6	5	8	7	1	9

Puzzle 647

4	3	7	1	2	5	6	9	8
6	2	1	4	8	9	7	3	5
9	8	5	6	7	3	2	4	1
8	1	2	9	3	6	5	7	4
3	7	6	2	5	4	1	8	9
5	4	9	7	1	8	3	2	6
7	5	4	8	6	2	9	1	3
1	9	3	5	4	7	8	6	2
2	6	8	3	9	1	4	5	7

Puzzle 648

2	9	5	6	1	4	7	3	8
4	3	1	8	5	7	9	2	6
6	8	7	3	9	2	1	4	5
3	6	2	1	8	9	5	7	4
1	4	8	5	7	3	6	9	2
7	5	9	2	4	6	8	1	3
8	1	3	7	2	5	4	6	9
5	2	4	9	6	1	3	8	7
9	7	6	4	3	8	2	5	1

Puzzle 649

5	6	2	7	8	4	9	3	1
9	3	7	5	6	1	4	8	2
8	1	4	3	2	9	6	5	7
7	8	5	1	3	6	2	4	9
4	9	1	2	7	8	3	6	5
6	2	3	4	9	5	1	7	8
3	7	9	8	4	2	5	1	6
1	4	6	9	5	7	8	2	3
2	5	8	6	1	3	7	9	4

Puzzle 650

4	8	2	5	1	6	3	7	9
5	6	9	2	7	3	1	4	8
7	1	3	4	8	9	6	2	5
9	3	8	7	2	5	4	6	1
1	4	6	9	3	8	2	5	7
2	5	7	6	4	1	8	9	3
3	9	4	8	5	2	7	1	6
6	2	1	3	9	7	5	8	4
8	7	5	1	6	4	9	3	2

Puzzle 651

8	9	6	7	5	1	2	4	3
4	3	7	8	2	6	5	9	1
2	1	5	4	3	9	8	6	7
1	4	9	2	6	5	3	7	8
6	7	3	9	1	8	4	2	5
5	2	8	3	4	7	9	1	6
3	6	4	5	7	2	1	8	9
7	8	2	1	9	3	6	5	4
9	5	1	6	8	4	7	3	2

Puzzle 652

7	5	3	6	8	9	1	2	4
4	1	8	2	5	7	6	3	9
9	2	6	4	1	3	7	5	8
8	3	9	7	4	1	2	6	5
5	7	2	3	9	6	4	8	1
1	6	4	8	2	5	3	9	7
6	4	7	5	3	8	9	1	2
2	8	1	9	6	4	5	7	3
3	9	5	1	7	2	8	4	6

Puzzle 653

8	1	6	4	3	9	2	7	5
9	7	5	8	1	2	3	6	4
4	2	3	6	5	7	9	1	8
1	6	8	5	7	3	4	9	2
7	9	2	1	8	4	5	3	6
5	3	4	9	2	6	1	8	7
6	4	7	3	9	5	8	2	1
3	5	1	2	6	8	7	4	9
2	8	9	7	4	1	6	5	3

Puzzle 654

8	9	4	6	2	7	1	3	5
5	7	2	8	3	1	6	9	4
3	6	1	5	4	9	7	8	2
6	8	9	7	1	5	2	4	3
4	2	7	3	8	6	9	5	1
1	5	3	2	9	4	8	7	6
2	4	6	9	5	8	3	1	7
7	1	8	4	6	3	5	2	9
9	3	5	1	7	2	4	6	8

Puzzle 655

8	5	9	4	1	2	6	3	7
3	7	4	6	5	9	8	2	1
2	1	6	3	8	7	5	9	4
7	6	8	2	9	1	4	5	3
9	2	5	7	3	4	1	6	8
4	3	1	5	6	8	9	7	2
5	9	7	1	4	3	2	8	6
1	8	3	9	2	6	7	4	5
6	4	2	8	7	5	3	1	9

Puzzle 656

2	9	6	5	4	3	1	7	8
4	1	5	6	8	7	2	3	9
3	7	8	1	9	2	4	6	5
6	5	7	9	2	4	8	1	3
8	2	9	7	3	1	5	4	6
1	3	4	8	6	5	9	2	7
5	6	3	4	1	9	7	8	2
9	8	1	2	7	6	3	5	4
7	4	2	3	5	8	6	9	1

Puzzle 657

6	9	1	8	2	7	4	5	3
7	3	2	5	4	6	1	8	9
5	8	4	1	9	3	2	7	6
9	6	7	2	1	5	3	4	8
1	2	8	7	3	4	6	9	5
3	4	5	9	6	8	7	2	1
4	1	9	3	5	2	8	6	7
2	7	3	6	8	9	5	1	4
8	5	6	4	7	1	9	3	2

Puzzle 658

6	1	3	4	7	2	9	5	8
5	2	4	3	8	9	7	1	6
8	9	7	5	1	6	4	2	3
7	5	2	6	3	4	8	9	1
4	6	8	1	9	7	5	3	2
1	3	9	8	2	5	6	7	4
2	8	6	9	5	3	1	4	7
9	7	1	2	4	8	3	6	5
3	4	5	7	6	1	2	8	9

Puzzle 659

7	4	1	3	2	6	8	5	9
2	6	8	5	9	1	4	3	7
5	9	3	4	7	8	1	2	6
8	3	6	7	5	4	2	9	1
9	5	7	6	1	2	3	8	4
1	2	4	9	8	3	6	7	5
6	1	9	2	3	5	7	4	8
4	7	2	8	6	9	5	1	3
3	8	5	1	4	7	9	6	2

Puzzle 660

2	7	1	9	8	3	4	6	5
9	5	6	4	7	2	3	8	1
4	8	3	5	1	6	2	7	9
5	4	2	6	3	7	1	9	8
3	9	7	8	5	1	6	2	4
1	6	8	2	4	9	5	3	7
8	1	9	3	6	4	7	5	2
6	2	4	7	9	5	8	1	3
7	3	5	1	2	8	9	4	6

Puzzle 661

9	2	7	5	6	4	1	8	3
5	1	8	2	9	3	6	4	7
6	3	4	7	1	8	9	2	5
8	4	6	3	7	5	2	1	9
2	5	3	9	8	1	4	7	6
1	7	9	4	2	6	3	5	8
3	8	5	1	4	9	7	6	2
4	9	2	6	5	7	8	3	1
7	6	1	8	3	2	5	9	4

Puzzle 662

6	8	9	5	1	2	3	7	4
1	2	5	3	4	7	8	9	6
3	4	7	8	9	6	2	1	5
7	1	2	9	6	5	4	3	8
4	3	6	7	2	8	1	5	9
9	5	8	1	3	4	7	6	2
8	9	3	4	5	1	6	2	7
5	6	4	2	7	3	9	8	1
2	7	1	6	8	9	5	4	3

Puzzle 663

4	8	1	6	7	2	5	3	9
2	5	7	3	8	9	1	4	6
3	6	9	4	1	5	7	2	8
7	9	2	1	6	8	3	5	4
8	3	5	7	2	4	9	6	1
6	1	4	5	9	3	2	8	7
5	4	6	9	3	1	8	7	2
9	2	3	8	4	7	6	1	5
1	7	8	2	5	6	4	9	3

Puzzle 664

8	2	7	4	1	6	5	3	9
4	5	1	9	3	8	2	7	6
6	3	9	2	5	7	1	4	8
1	7	3	6	4	9	8	2	5
9	6	5	8	2	3	7	1	4
2	8	4	5	7	1	9	6	3
3	4	2	1	9	5	6	8	7
5	1	8	7	6	4	3	9	2
7	9	6	3	8	2	4	5	1

Puzzle 665

4	6	3	8	2	1	5	7	9
2	8	7	4	9	5	3	6	1
5	9	1	3	7	6	8	2	4
3	7	9	6	8	2	4	1	5
1	4	2	5	3	7	9	8	6
8	5	6	9	1	4	7	3	2
6	1	8	7	4	9	2	5	3
7	2	4	1	5	3	6	9	8
9	3	5	2	6	8	1	4	7

Puzzle 666

7	5	8	2	3	9	6	1	4
1	6	3	4	5	8	2	7	9
9	2	4	7	1	6	3	5	8
5	9	6	1	2	3	8	4	7
2	4	1	8	9	7	5	6	3
8	3	7	6	4	5	1	9	2
6	8	5	9	7	2	4	3	1
3	1	9	5	8	4	7	2	6
4	7	2	3	6	1	9	8	5

Puzzle 667

6	9	7	2	4	5	1	3	8
8	2	1	7	9	3	6	4	5
3	4	5	8	6	1	9	7	2
9	7	4	1	8	6	2	5	3
2	8	3	5	7	9	4	6	1
1	5	6	4	3	2	7	8	9
7	3	8	9	1	4	5	2	6
5	6	9	3	2	7	8	1	4
4	1	2	6	5	8	3	9	7

Puzzle 668

1	8	2	9	4	7	3	5	6
6	3	9	5	2	1	7	4	8
7	5	4	8	3	6	1	9	2
2	4	6	1	5	3	9	8	7
5	7	3	4	8	9	2	6	1
9	1	8	6	7	2	5	3	4
3	9	7	2	6	8	4	1	5
4	6	1	7	9	5	8	2	3
8	2	5	3	1	4	6	7	9

Puzzle 669

9	3	1	7	6	5	2	8	4
4	7	5	2	8	3	6	1	9
8	2	6	4	9	1	7	5	3
3	5	4	9	1	2	8	7	6
7	9	2	8	5	6	4	3	1
1	6	8	3	4	7	5	9	2
6	8	9	1	7	4	3	2	5
2	4	7	5	3	9	1	6	8
5	1	3	6	2	8	9	4	7

Puzzle 670

6	3	7	8	2	9	5	1	4
5	8	4	3	7	1	6	9	2
9	2	1	4	6	5	8	3	7
2	6	8	7	3	4	1	5	9
7	4	5	9	1	6	3	2	8
3	1	9	5	8	2	7	4	6
8	5	6	2	9	3	4	7	1
4	7	2	1	5	8	9	6	3
1	9	3	6	4	7	2	8	5

Puzzle 671

2	5	8	4	7	1	6	3	9
4	3	9	8	2	6	1	5	7
6	7	1	5	3	9	8	4	2
1	2	3	9	4	8	5	7	6
9	4	5	2	6	7	3	8	1
7	8	6	1	5	3	2	9	4
5	9	2	3	1	4	7	6	8
8	1	7	6	9	5	4	2	3
3	6	4	7	8	2	9	1	5

Puzzle 672

3	4	8	1	2	5	9	6	7
2	1	7	8	9	6	5	4	3
5	6	9	3	4	7	1	8	2
9	3	2	5	7	4	6	1	8
6	8	1	9	3	2	7	5	4
7	5	4	6	1	8	2	3	9
4	7	5	2	8	1	3	9	6
8	9	6	7	5	3	4	2	1
1	2	3	4	6	9	8	7	5

Puzzle 673

4	9	6	7	2	5	3	8	1
7	5	3	9	1	8	4	2	6
1	8	2	3	6	4	5	9	7
3	6	9	2	7	1	8	5	4
5	2	7	4	8	6	9	1	3
8	4	1	5	3	9	6	7	2
9	7	5	1	4	3	2	6	8
6	1	4	8	9	2	7	3	5
2	3	8	6	5	7	1	4	9

Puzzle 674

2	9	8	5	4	6	3	7	1
4	6	3	8	7	1	9	5	2
7	1	5	2	9	3	4	6	8
8	7	9	3	6	4	2	1	5
3	5	1	9	2	8	7	4	6
6	4	2	1	5	7	8	3	9
9	3	7	6	1	2	5	8	4
5	8	6	4	3	9	1	2	7
1	2	4	7	8	5	6	9	3

Puzzle 675

4	5	7	2	3	8	6	9	1
9	3	8	4	1	6	7	5	2
6	2	1	7	5	9	4	3	8
2	7	5	6	9	1	8	4	3
8	9	3	5	2	4	1	6	7
1	6	4	3	8	7	5	2	9
7	1	6	9	4	3	2	8	5
5	4	9	8	7	2	3	1	6
3	8	2	1	6	5	9	7	4

Puzzle 676

4	6	9	5	1	8	7	3	2
1	2	3	9	7	6	4	5	8
8	7	5	3	4	2	9	6	1
3	1	2	4	9	5	6	8	7
6	4	7	2	8	1	5	9	3
5	9	8	6	3	7	1	2	4
2	3	1	7	5	9	8	4	6
7	5	6	8	2	4	3	1	9
9	8	4	1	6	3	2	7	5

Puzzle 677

8	5	6	3	1	9	7	2	4
9	3	7	5	4	2	8	6	1
1	4	2	8	7	6	5	9	3
7	9	8	4	3	1	2	5	6
6	1	4	2	5	8	9	3	7
5	2	3	9	6	7	1	4	8
4	8	9	7	2	3	6	1	5
2	6	5	1	8	4	3	7	9
3	7	1	6	9	5	4	8	2

Puzzle 678

1	6	9	8	3	4	7	5	2
3	4	5	9	7	2	8	1	6
8	2	7	5	1	6	3	4	9
7	3	1	4	9	8	6	2	5
4	9	2	3	6	5	1	7	8
5	8	6	1	2	7	9	3	4
9	5	4	7	8	3	2	6	1
6	1	3	2	4	9	5	8	7
2	7	8	6	5	1	4	9	3

Puzzle 679

5	8	9	1	2	3	7	4	6
7	4	1	8	9	6	5	2	3
2	3	6	7	5	4	9	8	1
3	9	4	2	6	1	8	7	5
8	6	5	4	3	7	2	1	9
1	7	2	9	8	5	3	6	4
9	1	3	6	7	8	4	5	2
4	2	8	5	1	9	6	3	7
6	5	7	3	4	2	1	9	8

Puzzle 680

8	4	1	2	7	6	9	3	5
5	9	2	8	4	3	6	1	7
6	3	7	5	1	9	2	4	8
3	7	9	1	8	4	5	6	2
2	8	5	6	3	7	1	9	4
4	1	6	9	5	2	8	7	3
7	2	8	3	9	1	4	5	6
9	6	4	7	2	5	3	8	1
1	5	3	4	6	8	7	2	9

Puzzle 681

2	1	9	3	7	6	4	5	8
4	3	6	8	5	1	2	7	9
7	5	8	9	4	2	1	6	3
5	7	3	1	8	9	6	4	2
8	9	2	7	6	4	3	1	5
1	6	4	2	3	5	8	9	7
9	2	5	6	1	8	7	3	4
6	4	7	5	2	3	9	8	1
3	8	1	4	9	7	5	2	6

Puzzle 682

8	2	4	1	9	3	5	6	7
1	7	9	5	4	6	3	8	2
3	5	6	8	7	2	1	4	9
2	4	7	6	3	1	9	5	8
6	8	3	2	5	9	7	1	4
5	9	1	7	8	4	6	2	3
9	6	8	3	2	5	4	7	1
4	1	2	9	6	7	8	3	5
7	3	5	4	1	8	2	9	6

Puzzle 683

1	8	2	4	7	6	3	9	5
7	5	9	8	1	3	4	2	6
3	4	6	2	9	5	7	1	8
9	3	4	7	2	8	5	6	1
5	7	8	3	6	1	9	4	2
6	2	1	9	5	4	8	3	7
8	9	5	6	4	2	1	7	3
2	1	7	5	3	9	6	8	4
4	6	3	1	8	7	2	5	9

Puzzle 684

5	7	9	1	4	8	3	2	6
4	6	3	2	5	9	7	1	8
1	2	8	3	7	6	4	9	5
7	3	2	4	9	5	6	8	1
6	9	4	7	8	1	5	3	2
8	5	1	6	3	2	9	4	7
9	4	6	8	2	7	1	5	3
2	1	5	9	6	3	8	7	4
3	8	7	5	1	4	2	6	9

Puzzle 685

7	3	4	2	9	1	8	5	6
8	5	2	3	7	6	4	1	9
1	6	9	8	4	5	7	3	2
4	8	5	6	3	2	1	9	7
3	1	7	4	5	9	6	2	8
2	9	6	1	8	7	5	4	3
5	2	8	9	6	4	3	7	1
6	7	1	5	2	3	9	8	4
9	4	3	7	1	8	2	6	5

Puzzle 686

6	7	1	8	4	9	2	5	3
4	5	8	6	3	2	9	7	1
3	2	9	1	7	5	4	8	6
9	4	3	7	1	8	6	2	5
2	1	7	4	5	6	3	9	8
5	8	6	2	9	3	7	1	4
8	6	5	9	2	4	1	3	7
7	3	2	5	6	1	8	4	9
1	9	4	3	8	7	5	6	2

Puzzle 687

3	1	8	5	6	2	7	4	9
2	5	6	4	7	9	8	1	3
7	9	4	8	1	3	6	5	2
6	7	9	3	4	5	1	2	8
8	2	1	6	9	7	5	3	4
5	4	3	2	8	1	9	7	6
9	6	5	1	2	4	3	8	7
1	8	2	7	3	6	4	9	5
4	3	7	9	5	8	2	6	1

Puzzle 688

9	1	6	8	4	7	5	3	2
8	7	4	5	2	3	9	1	6
5	2	3	6	9	1	8	4	7
1	8	9	7	3	5	6	2	4
6	4	5	2	1	9	3	7	8
2	3	7	4	6	8	1	5	9
4	9	8	3	5	2	7	6	1
3	6	1	9	7	4	2	8	5
7	5	2	1	8	6	4	9	3

Puzzle 689

8	3	5	1	7	6	9	4	2
1	9	4	2	3	5	6	8	7
7	2	6	9	4	8	1	3	5
5	6	3	4	1	7	8	2	9
4	1	9	6	8	2	7	5	3
2	8	7	5	9	3	4	6	1
9	5	1	3	6	4	2	7	8
6	7	2	8	5	9	3	1	4
3	4	8	7	2	1	5	9	6

Puzzle 690

6	8	5	1	7	4	9	2	3
2	9	1	3	6	5	8	7	4
3	7	4	8	9	2	5	6	1
5	1	7	2	8	3	4	9	6
8	4	2	9	5	6	3	1	7
9	6	3	7	4	1	2	5	8
7	3	6	5	2	8	1	4	9
1	5	9	4	3	7	6	8	2
4	2	8	6	1	9	7	3	5

Puzzle 691

4	8	1	7	5	3	6	2	9
3	5	6	8	9	2	1	4	7
2	7	9	4	6	1	8	5	3
5	3	7	6	4	8	2	9	1
8	9	4	2	1	7	3	6	5
6	1	2	5	3	9	4	7	8
9	2	3	1	7	4	5	8	6
1	4	5	9	8	6	7	3	2
7	6	8	3	2	5	9	1	4

Puzzle 692

5	9	7	2	8	3	6	1	4
1	2	4	7	9	6	3	5	8
6	8	3	1	5	4	9	7	2
2	7	5	4	1	9	8	3	6
8	3	9	6	2	7	1	4	5
4	1	6	8	3	5	2	9	7
3	6	8	5	4	1	7	2	9
7	5	1	9	6	2	4	8	3
9	4	2	3	7	8	5	6	1

Puzzle 693

2	8	4	1	5	3	6	7	9
6	1	3	8	7	9	5	4	2
5	7	9	2	4	6	1	3	8
7	2	6	3	9	8	4	1	5
3	9	5	6	1	4	2	8	7
8	4	1	5	2	7	3	9	6
9	3	7	4	6	5	8	2	1
1	5	8	7	3	2	9	6	4
4	6	2	9	8	1	7	5	3

Puzzle 694

7	4	2	8	6	3	1	5	9
3	5	9	2	1	4	8	6	7
8	1	6	5	7	9	2	4	3
6	2	7	4	3	8	9	1	5
1	8	5	9	2	6	3	7	4
9	3	4	1	5	7	6	8	2
2	7	8	3	4	1	5	9	6
4	9	3	6	8	5	7	2	1
5	6	1	7	9	2	4	3	8

Puzzle 695

9	4	6	5	7	2	3	1	8
1	5	2	3	6	8	9	7	4
3	8	7	1	9	4	6	5	2
2	9	1	6	8	3	7	4	5
6	3	4	2	5	7	1	8	9
5	7	8	4	1	9	2	6	3
7	2	5	8	3	6	4	9	1
4	1	9	7	2	5	8	3	6
8	6	3	9	4	1	5	2	7

Puzzle 696

5	6	8	3	4	2	7	1	9
3	7	1	6	9	8	2	4	5
9	4	2	5	7	1	3	6	8
2	5	9	8	3	6	1	7	4
7	1	4	9	2	5	8	3	6
8	3	6	4	1	7	5	9	2
4	2	5	1	6	3	9	8	7
1	9	7	2	8	4	6	5	3
6	8	3	7	5	9	4	2	1

Puzzle 697

4	6	5	1	7	9	8	2	3
3	7	8	4	5	2	6	9	1
9	1	2	8	3	6	7	5	4
8	9	6	2	1	3	5	4	7
2	5	3	7	6	4	9	1	8
7	4	1	9	8	5	2	3	6
6	8	4	5	2	1	3	7	9
5	3	9	6	4	7	1	8	2
1	2	7	3	9	8	4	6	5

Puzzle 698

1	9	2	3	4	5	6	7	8
4	8	7	9	1	6	5	2	3
3	5	6	2	7	8	4	9	1
5	4	8	7	3	2	1	6	9
9	6	3	4	8	1	7	5	2
7	2	1	5	6	9	3	8	4
2	1	9	6	5	3	8	4	7
6	3	4	8	2	7	9	1	5
8	7	5	1	9	4	2	3	6

Puzzle 699

9	5	4	3	8	1	2	7	6
8	1	3	6	2	7	4	9	5
2	6	7	4	9	5	3	1	8
1	4	2	8	3	6	7	5	9
5	3	9	7	1	2	6	8	4
6	7	8	9	5	4	1	3	2
3	8	1	2	6	9	5	4	7
4	2	5	1	7	8	9	6	3
7	9	6	5	4	3	8	2	1

Puzzle 700

5	6	7	4	8	2	1	3	9
4	1	3	9	6	5	8	2	7
2	8	9	7	3	1	6	4	5
6	3	2	5	7	4	9	8	1
7	4	1	6	9	8	2	5	3
8	9	5	2	1	3	7	6	4
9	5	4	8	2	7	3	1	6
3	7	8	1	5	6	4	9	2
1	2	6	3	4	9	5	7	8

thank you!

Dear Sudoku Enthusiast,

At Prodigy Paper Editions, we're more than just a publishing company – we're a team dedicated to bringing you quality puzzles that **ignite joy and challenge your mind.**

Your experience with our Sudoku book matters deeply to us. Whether you found the puzzles exhilarating or have suggestions for improvement, **your feedback is invaluable**.

Please take a moment to share your experience by leaving a **review on Amazon**. Your words guide other puzzle lovers and inspire us to strive for excellence.

Rest assured, **every review is carefully read and considered by our team**, shaping the future of our publications.

Thank you for choosing us for your Sudoku journey. We eagerly await your feedback. Happy solving!

Scan the QR code and share your thoughts on our Amazon page in the blink of an eye. It's as easy as solving a Sudoku!